はじめに

　「特別の教科化　道徳」としての方向性が中央教育審議会で示された。だが，校内研修等で道徳を扱う学校は必ずしも多くない。若年教員が増え，道徳の授業技術や豊かな指導方法等の伝授も難しい状況である。また，香川県の道徳教育関連研究団体等における若手教員の参加についても伸び悩んでいる状況である。そして，道徳教育を担う教師はいかにキャリア形成しつつ実践力を継承するかが，重要な課題となっている。このような状況ではあるが，香川大学教育学部では，附属学校教員の協力を得て，教育実習中に道徳の授業実践に取り組む姿が増えつつある。
　本書は，香川大学教育学部の道徳教育関係教員と同附属小・中学校道徳教育関係教員との協働による研究の成果を基盤とし，県内道徳教育関係教員及び県内外の香川大学教育学部出身の道徳教育関係教員の研究成果も組み込み，6章で構成した。

　第1章「道徳教育への誘い」では，道徳教育の重要性や現代社会の諸問題に迫る道徳教育，教育活動全体で取り組むために重要なポイント等を中心に述べている。
　第2章「道徳教育の現状と改善への期待」では，道徳授業への不安や悩みからみえる課題，若年教員への期待，道徳教育推進教師の役割と今後への期待等を分かりやすく述べている。若い教員や教員を目指す者が，道徳教育や教科化の背景に関しても理解を深められるように心がけたつもりである。
　第3章「道徳教育の充実と広がり」では，道徳教育と深いかかわりのある生徒指導，学級経営や新しい課題であるＥＳＤ，ケア，学校経営等との立場から道徳教育について述べている。さらに，環境問題等についても言及している。
　第4章「小学校の部屋」では，若年教員でも分かるような記述に心がけつつ，具体的な実践をもとに授業実践を紹介している。
　第5章「中学校の部屋」では，中学校の実態に応じた多様な方法による道徳授業や教育実習生の道徳授業も紹介している。若年教員や中学校での道徳の授業の充実に貢献できるものと考えている。
　最後の第6章「広がりの部屋」では，幼稚園，高等学校，少年院での取組を具体的に紹介している。従来の類書では，幼児期から高校までの取組を掲載したものは見られないことから，貴重なものとなりうると確信している。

　以上，本書では，道徳教育に関する現状の課題を見すえ，教科化の方針を踏まえた実践づくりの実際を分りやすく提示することに心がけた。
　最後に，本書の刊行にあたり，香川大学教育学部学術基金より出版助成金をいただいた。記して感謝の意を表するものである。

2014年11月23日
七條　正典
伊藤　裕康

目次

はじめに

第1章　道徳教育への誘い
1. 道徳教育の重要性～道徳教育の実質化：心に響く魅力ある道徳授業～ ……… 3
2. 現代社会の諸問題に迫る道徳教育 ……… 5
3. 哲学・倫理学から道徳教育を考える ……… 7
4. 教育課程における位置づけと今後の課題 ……… 13
5. 教育活動全体で取り組む道徳教育の充実をめざして ……… 15

第2章　道徳教育の現状と改善への期待
1. 教員養成における道徳教育の課題と改善への視点 ……… 17
2. 道徳授業に対する不安や悩みからみえる課題 ……… 21
3. 管理職から若年教員への期待 ……… 23
4. 道徳教育推進教師の役割と今後への期待 ……… 25

第3章　道徳教育の充実と広がり
1. 道徳教育と生徒指導 ……… 27
2. 道徳教育と学級経営 ……… 29
3. 道徳教育におけるESD（持続発展教育） ……… 31
4. 道徳教育とケア ……… 37
5. 道徳教育と学校経営 ……… 39

第4章　小学校の部屋
1. 小学校における道徳教育での実践の充実のために ……… 41
2. 児童が主体的に考え，学ぶ道徳授業 ……… 48
3. 生活科との連携による道徳授業 ……… 50
4. 総合的な学習の時間との連携による道徳授業 ……… 56
5. 社会の問題から学ぶ道徳の授業～NIEファミリーフォーカスを活用して～ ……… 62
6. 郷土の自作資料の開発 ……… 67
7. 教育実習生の道徳授業から ……… 74
8. 『私たちの道徳』を活用した道徳授業 ……… 76
9. 資料　いのちに関するブックリスト ……… 82
10. 資料　『こころのノート』と『わたしたちの道徳』の比較　3-(1)の内容 ……… 84

第5章　中学校の部屋
1. 中学校における道徳教育での実践の充実のために ……… 87
2. 宗教に関わる問題と道徳教育 ……… 92
3. 多様な方法による道徳授業 ……… 96
4. 学校経営と道徳教育～全校集会・学年団道徳・全校道徳からの発信～ ……… 104
5. 命の大切さを学ぶ道徳教育 ……… 106
6. 教育実習生の道徳授業から ……… 110
7. 『私たちの道徳』の活用 ……… 114

第6章　広がりの部屋～幼稚園、高等学校、少年院での取り組み～
1. 幼児期に大切にしたい視点～道徳性の芽生えを大切に～ ……… 115
2. 附属幼稚園における実践～保育記録・事例研究を大切にした取り組み～ ……… 117
3. 幼稚園での実践～「朝市」をとおして道徳性の芽生えを～ ……… 119
4. 高等学校における道徳教育の実践について ……… 124
5. 少年院におけるモラルジレンマ集会の実践について ……… 132

おわりに ……… 136

資料 ……… 137

第1章

道徳教育への誘い

第一章

電波兵器への誘い

1　道徳教育の重要性～道徳教育の実質化：心に響く魅力ある道徳授業～

(1)　はじめに

「人生は進歩です。若い時代は準備の時であり，最上のものは過去にあるのではなく，将来にあります。」これは，NHKの連続テレビ小説「花子とアン」で，花子の女学校の校長先生が卒業式の式辞の中で述べた言葉である。そして，その前には「今から何十年後かに，あなたがたがこの学校生活を思い出して，『あの時代が一番幸せだった。楽しかった。』と心の底から感じるのなら，私は，この学校の教育が失敗だったと言わなければなりません。」とも述べている。

このことを道徳教育が果たす役割に置き換えて考えてみると，道徳教育は，目の前にいる児童生徒の今を「支える」ことに機能するだけでなく，「備えの教育」として，将来において児童生徒が自らの人生を切り拓いていくための力を「育てる」ことの重要性を示唆しているとも言えよう。

また，平成二十五年十二月の「道徳教育の充実に関する懇談会」報告では，道徳教育について，「自立した一人の人間として人生を他者とともによりよく生きる人格を形成することを目指すもの」（傍点筆者）と示されている。このことは，一人一人の児童生徒を自立的に育てるだけでなく，他者と共に生きる（「つなげる」）視点を含めて育てることの必要性を示唆している。

以上のことから，あらためて児童生徒の心に働きかける道徳教育は，一人一人の児童生徒が自らの人生を共によりよく生きていくための原動力となる「心」をより豊かでたくましいものとするために，その心を「支え」「育て」「つなげ」るよう役割を果たすことが求められていると言えよう。

(2)　心のニーズに応えられているか

しかし，これまでの学校現場における道徳教育は，先に述べたような役割を果たしているだろうか。平成二十六年十月の中教審の答申でも述べられているように，成果を上げている優れた取組がある一方で，道徳教育の要である道徳の時間の特質を生かした授業が行われていない場合や，発達段階が上がるにつれ，授業に対する児童生徒の受け止めが良くない状況にあること，学校や教員によって指導の格差が大きいことなど多くの課題が指摘されている。また，いじめ問題や少年による凶悪事件が報道されるたびに，道徳教育の必要性とともに，その指導の不十分さが指摘される。

これらの問題を受け止めるとき，道徳教育が児童生徒の心を「支え」「育て」「つなげ」る機能を果たしているかどうか，あらためて問う必要がある。果たして，児童生徒の心のニーズに応える道徳教育が，量的・質的に十分行われているだろうか。

これまで，道徳教育は特定の価値を押し付けつけようとするものではないかとか，道徳教育は児童生徒にとって本当に役立つのかなど，様々な道徳教育への批判や道徳教育不要論がある。しかし，今一度，先の答申の中の「道徳教育の使命」において示された道徳教育の在り方について確認するとともに，それが十分機能するよう，要となる道徳の時間を中心に指導の場や時間数の確保，指導内容の充実が図られているかどうかをあらためて吟味する必要があるのではないだろうか。

様々な課題を抱え，悩み苦しんでいる児童生徒の「今」と，「将来」を見据えた，児童生徒の心のニーズに応える道徳教育の実質化を図ることが求められている。

そして，道徳の教科化の流れの中で，あらためて，先に述べた道徳教育の役割や，児童生徒の心のニーズに応えるという視点から，これまでの取組を振り返り，指導の改善充実を図ることが今求められている。

(3)　心に響く魅力ある道徳授業

先に述べた児童生徒の心のニーズに応える道徳教育の実質化を図るためには，やはり，要となる道徳の時間の指導が，児童生徒にとって心に響く魅力あるものとならなければならない。そこで，児童生徒にとって学びがいのある，心に響く魅力ある道徳授業の在り方について以下述べたい。

①心に響く魅力ある道徳授業の要件

まず，心に響く魅力ある道徳授業成立の要件としては，以下のようなことが考えられる。

その第一は，一人一人の児童生徒が学ぶ道徳的価値について興味関心を持ち，主体的・意欲的に

学習に取り組めることである。そのために，学ぶ道徳的価値を含む教材に対して，他人事（ひとごと）としてでなく，我が事（わがこと）として向き合い学ぶことができるように，教材の提示など教材活用や，体験を生かすなどの工夫が求められる。自らの生き方を考える上で，主体的・意欲的な学びは不可欠である。

第二は，一人一人の児童生徒が，道徳的価値について自らの考えを持ち，他者との学び合いを通して，それを深められることである。他者と学び合う多様な場の工夫は，児童生徒が自らの考えを多面的多角的に吟味し，自らの生き方に反映できる学びを深めることにつながる。

第三は，一人一人の児童生徒のよさが生かされ，その成長が実感できることである。授業の中で，自分の考えのよさが認められたり，日頃の自分の行為が賞賛されたりするなど，学習の中に自分が位置付けられることは，自己受容を促すとともに，自己存在感や充実感を高め，自らの成長を実感できることにつながる。

以上，①主体的・意欲的な学習の成立，②学び合い，深まりのある学習の成立，③自己存在感や充実感を味わえる学習の成立の三つの要件を踏まえた児童生徒一人一人の心に響く魅力ある道徳授業を展開することを通して，初めて道徳の時間の目標に迫ることができるものと考える。

②心に響く魅力ある道徳授業の具体化

次に，心に響く魅力ある道徳授業の具体化に向けた工夫の視点について述べたい。

まず第一は，魅力ある教材の開発や活用（教材）の工夫である。その学年段階における道徳的価値の内容について考えさせようとするとき，児童生徒がその内容について興味関心を持ち，意欲的に取り組めるよう魅力ある教材（読み物資料等）を開発し活用することが望まれる。例えば，児童生徒の悩みや心の揺れ・葛藤などを取り上げたり，人々の関心を集めているトピック的な話題や今日的課題，価値ある体験，優れた人物の生き方（生き方モデルとなるような），郷土に関する資料などを教材化することが考えられる。

また，その教材を魅力あるものとしてとらえられるよう，教材の提示の仕方を工夫する必要がある。例えば，提示する教材の内容を自らの課題として受け止められるよう，教材の内容と関連することについて導入でふれたり，自らの体験を想起させるといった，体験を生かした導入を工夫することなどが考えられる。

第二は，多様な価値観を磨き合う学びの場（交流）の工夫である。一人一人の児童生徒が自らの考えをもとに，互いの考えを交流し，深めていけるような学びの場を工夫することである。

昨今，価値観の多様化が問題視されている。確かに一人一人の考え方が尊重されることそのものは大切なことである。しかし，それが行き過ぎると自分の考え方にこだわり過ぎて，他者の考えを受け入れられず対立を深め，他者との関係を上手く成立させることができにくくなり，結果として，自らも生きづらくなってしまうことがある。自尊感情が低下していることが問題となっているが，自己理解・自己受容と他者理解・他者受容とがバランスよく機能するよう，自他の考えを尊重しつつ，その考え方のよさや問題点を互いに吟味し，自らの考えを深めていけるような学び方や柔軟性を身に付けていくことが大切であろう。

個の視点，他者の視点，公の視点など様々な視点から吟味し，自らにとってより妥当性のある考え方を創造していけるような学び合いの場を工夫することが求められる。

第三は，学びの過程の振り返り（表現・評価）の工夫である。自らの学びの過程を振り返れるよう表現物を工夫し，自己評価や他者評価を可能にすることである。自分の初めの考えが，自己探究や他者との交流を通してどう深まったかを振り返る手がかりとなるものが工夫されることによって，自分の考えを明確にして学習に取り組むことができ，一人一人の学びはより主体的なものになる。また，一時間の学習を振り返ることによって，自らの成長を自己確認することもできる。

具体的には，自己の考えや他者の考えを記述できる道徳ノートやワークシートを工夫することであるが，学年の発達段階によっては，書くばかりでなく，色カードや心情を表す円板を用いるなど，言語だけによらない表現方法を用いて自らの考えを表現できるよう工夫する必要がある。

以上，道徳の教科化に向け，道徳教育の重要性について，道徳教育の実質化の視点から，心のニーズに応え，心に響く魅力ある道徳授業の在り方を中心に述べてきたが，何よりも道徳の時間の量的確保と質的充実に向けた教師の意識改革こそがその前提となることは言うまでもない。

2　現代社会の諸問題に迫る道徳教育

(1)　「すでにあるもの」としての捉えから，「つくりだすもの」でもあるという捉えへ

道徳教育の使命とかかわり，中央教育審議会（2014, p. 2）は，次のことを述べている。

> 今後グローバル化が進展する中で，様々な文化や価値観を背景とする人々と相互に尊重し合いながら生きることや，科学技術の発展や社会・経済の変化の中で，人間の幸福と社会の発展の調和的な実現を図ることが一層重要な課題となる。こうした課題に対応していくためには，<u>社会を構成する主体である一人一人が，高い倫理観をもち，人としての生き方や社会の在り方について，多様な価値観の存在を認識しつつ，自ら感じ，考え，他者と対話し協働しながら，よりよい方向を目指す資質・能力を備えることがこれまで以上に重要であり，こうした資質・能力の育成に向け，道徳教育は，大きな役割を果たす必要がある。</u>
> このように，<u>道徳教育は，人が一生を通じて追求すべき人格形成の根幹に関わるものであり，同時に，民主的な国家・社会の持続的発展を根底で支えるものでもある。</u>（下線は引用者）

道徳教育が，現代社会の諸問題の解決に資する資質・能力の育成に大きな役割を果たし，民主的な国家・社会の持続的発展を根底で支える上で，「現代社会の諸問題に迫る道徳教育」の実現は不可欠である。その際，「自分自身も社会に参画し，役割を担っていくべき立場にあることを意識させたり，社会の在り方について多角的・批判的に考えさせたりするような，社会を構成する一員としての主体的な生き方に関わる教育（いわゆるシティズンシップ教育[1]）の視点に立った指導も重要となる」（道徳教育の充実に関する懇談会 2013, p. 11）。日本道徳教育方法学会（2014）は，様々なレベルで道徳教育の枠組みの拡張を図り，道徳教育を「進化」させるための有意義な示唆をシティズンシップ教育から得ようと，シンポジウムを開催した。同学会は，両者の共通性に，教育基本法における教育の根本精神においてめざす頂を共有し，いじめ問題でも連携した対処が求められていることを挙げる。その違いとして，「『市民』を育てるということと『国民』を育てるということとの間には，単純な言葉の違いを超えた意味があるのではないだろうか」[2]と述べた後，「国民」を育てる道徳教育は，市民性や公共性，民主主義といった重要な概念が「すでにあるもの」として捉え，「市民」を育てるシティズンシップ教育は，それらの重要な概念が「つくりだすもの」としても捉えるとする。

従来の道徳教育が，市民性や公共性，民主主義といった重要な概念を「すでにあるもの」としてだけ捉えるならば，「つくりだすもの」でもあるという捉えへと拡張すべきである。なぜなら，「すでにあるもの」としてだけの捉えでは，「自分自身も社会に参画し，役割を担っていくべき立場にあることを意識させたり，社会の在り方について多角的・批判的に考えさせたりするような，社会を構成する一員としての主体的な生き方に関わ」れず，「児童生徒に特定の価値観を押し付けようとするものではないかなどの批判」（中央教育審議会　2014, p. 2）に十分には応えられないからである。

道徳教育で，「すでにあるもの」という捉えで実践可能なのは，「社会のルールやマナー，人としてしてはならないことなど」であろう。それさえも，「これらの指導の真の目的は，ルールやマナー等を単に身に付けさせることではなく，そのことを通して道徳性を養うことであり，道徳教育においては，発達の段階も踏まえつつ，こうしたルールやマナー等の意義や役割そのものについても考えを深め，さらには，<u>必要があればそれをよりよいものに変えていく力を育てることをも目指していかなくてはならない。</u>（中央教育審議会　2014, p. 3, 下線は引用者）」。「よりよいものに変えていく力」の育成には，「つくりだすもの」でもあるという捉えが必要である。道徳教育と関わる現代社会の諸課題を少し考えただけでも，現代社会と関わりながら生きる個人としてどうあるべきかという「公共性」形成の問題，地球環境の問題を道徳的な視点からどう考え解決に取り組むかという問題，民族・宗教の対立が絶えない国際社会で多元的な価値を容認する寛容さをどう育成するかという問題等がある。これらの諸問題に迫るには，「つくりだすもの」という捉えが不可欠となる。

(2)　当事者性の育成を図って「現代社会の諸問題に迫る道徳教育」の実現を

現代社会の諸問題に迫る教育と聞き，真っ先に浮かぶのは社会科である。戦後の社会科創設から特設道徳設置まで，道徳教育は主に社会科が担った。谷川（1988, p. 119）は，「特設道徳は，社会科にとって致命的であった。なぜならば，社会科は知的なものと実践的なもの（道徳的なもの）を総合して考えていたのに，そこから実践的なもの除かれたことにより，知的なものだけが残る結果になってしまったからである。ここに，社会科が暗記中心のつめこみ教科に堕する道が開かれてしまった。」と述べる。岩田（2001, p. 169）も，「合理的意志決定を社会科学習の重要な一部とするならば，

道徳も視野に入れることが不可欠である。」とし，次のように述べる。

> 道徳教育が徳目を教える教育[3]から脱皮し，本当に生きる力を育成する立場に立つならば，社会科との関係を見直していくことができる。－中略－社会的論争問題か，道徳教育に計画的に配置され，開かれた論議がなされるなら，社会科における合理的意志決定能力の育成の場とほとんど変わらないものになっていく。悩み苦しみながら意志決定をしていくのが人間社会で生き抜くことであることを，子どもにわからせたい。それこそが生きる力の育成である。(岩田 2001, p.170)

社会科が，社会認識形成を通して公民的資質の育成を図ることに正対するなら，シティズンシップ教育を担い得るし[4]，道徳教育との関連も拓かれよう。そこで，社会科教育における道徳教育をめぐって話題となった「科学と生活との結合」の問題から，「現代社会の諸問題に迫る道徳教育」実現への示唆を得たい。梶原(2011)は，「戦後『修身』が『社会科』に統合されたことの，本当の意味が見事に」「1冊のなかに先取りされている」(丸山 p.325)とされた『君たちはどう生きるか』を読み解き，「おじさんが視座転換を随時促すことで，コペル君の他者認識が行為（道徳）に連動しうるように，『教育』が進められていた。ここに，『科学と生活との結合』の具体的内容，道徳教育と社会科教育が統一された具体的な姿形を見出せる。これは，丸山が指摘するように『知育』に対置される『道徳教育』でもなく『客観的な科学的法則を教えこめば，それがすなわち道徳教育にもなるというような直線的な考え方』でもなく，認識形成と行為（態度）形成とを統一する道徳教育である。」と述べる。これを筆者の言葉で言えば，当事者性をもって物事を考えるということである。「当事者」とせず「当事者性」としたのは，「当事者」では当事者しか「差別の痛みは被差別者以外はわからない」という主張には十分に応えられず，学習者が非当事者とされかねないからである。当事者性なら，全ての人が持つことができる。視座転換を図る学習は，当事者と当事者性を峻別し，非当事者とされる者の当事者性を深め，当事者と意識していない潜在的な当事者（飯牟礼 2007）の意識化も図る学習である。紙数の関係で具体について述べられないが，第3章3，第5章2及び伊藤(2010)を参照願いたい。

注

1) シティズンシップ教育(citizenship education)は，シティズン（市民）やシティズンシップ（市民意識・市民性）を育てる教育である。社会の構成員として社会にかかわり，社会をよりよくするために合理的・批判的に判断できる市民の育成をめざし，民主主義社会に参加するための知識やスキル，考え方等を育てるものである。
2) 「市民」を育てることと「国民」を育てることとの間の違いは，ここでは検討しないが，社会科の公民的資質は，「市民」も「国民」も含意されていると考えられる。社会科教育では，市民的資質，公民的資質，シティズンシップの違いについての検討がなされてきた。詳細は，新田(2006)を参照。
3) 道徳が徳目を教える教育であるという物言いに納得し難い道徳教育関係者もいよう。だが，道徳教育の外側の者から見れば，そう捉えられる一面が道徳教育にあったことは確かである。
4) 社会科がシティズンシップ教育を担い得る証左として，とりあえず，日本でのシティズンシップ教育の代表例としてしばしば挙げられるお茶の水女子大学附属小学校の「市民」が，公民的資質の育成に忠実となることを志向した「提案する社会科」の提唱者の小西正雄氏の影響が見られることを挙げておきたい。

参考文献

飯牟礼悦子　2007「『当事者研究』の流儀－2.5人称の視点をめざして－」宮内洋・今尾真弓編著『あなたは当事者ではない〈当事者〉をめぐる質的心理学研究』北大路書房，pp.111-122

伊藤裕康　2010「当事者性を育む社会科学習－物語構成学習による地理授業の開発－」社会系教科教育学研究22号，pp.11-20

岩田一彦　2001『社会科固有の授業理論・30の提言－総合的学習との関係を明確にする視点－』明治図書

梶原郁郎　2011「『君たちはどう生きるか』(吉野源三郎)の社会認識形成論－視座転換を可能とする他者認識の段階的形成の筋道－」愛媛大学教育学部紀要第58巻，pp.1-20

谷川彰英　1988『戦後社会科論争に学ぶ』明治図書

道徳教育の充実に関する懇談会　2013「今後の道徳教育の改善・充実方策について（報告）」
(http://www.mext.go.jp/b_menu/shingi/chousa/shotou/096/houkoku/__icsFiles/afieldfile/2013/12/27/1343013_01.pdf, 2014/6/3最終閲覧)

中央教育審議会　2014「道徳に係る教育課程の改善等について（答申）」
(http://www.mext.go.jp/b_menu/shingi/chukyo/chukyo0/toushin/__icsFiles/afieldfile/2014/10/21/1352890_1.pdf#search='%E9%81%93%E5%BE%B3%E3%81%AB%E4%BF%82%E3%82%8B%E6%95%99%E8%82%B2%E8%AA%B2%E7%A8%8B%E3%81%AE%E6%94%B9%E5%96%84%E7%AD%89%E3%81%AB%E3%81%A4%E3%81%84%E3%81%A6%EF%BC%88%E7%AD%94%E7%94%B3%EF%BC%89', 2015/11/3最終閲覧)

新田司　2006「学習指導要領における『公民的資質』をどうとらえるか」青山学院大学教育学会紀要「教育研究」第50号，pp.79-91

日本道徳教育方法学会　2014「日本道徳教育方法学会第20回研究発表大会　発表要旨集録」ⅱ

丸山真男　1982「解説」『君たちはどう生きるか』岩波文庫

吉野源三郎　1982『君たちはどう生きるか』岩波文庫（初版は1937年に新潮社『小国民文庫』の最終号として刊行）

3 哲学・倫理学から道徳教育を考える

(1) はじめに―日本人の道徳観

　多くのみなさんにとって「道徳」は堅苦しいもの，自分とは疎遠なものとして捉えられているかもしれない。

　しかし，例えば「人に迷惑をかけないように生きなさい」という教えは多くの日本人が親から教えられてきたことだろうし，それを現に自己の生き方の指針にしている人もいるだろう。何か悪いことをすると「謝罪する」必要がある。謝罪しなければ「人でなし」だという感覚を多くの日本人は持っている。「人」は，生物学的な個体を意味するだけでなく，社会を構成するものとしての「人」だからである。私たちは「人」として生まれ，「人」になっていく。和辻は，日本語の「ひと」という言葉が自，他，世人等の意味を含蓄しつつ，すでに世間という言葉さえも示唆していることを指摘している。「かくのごとき意味の含蓄は homo や anthrōpos には見られない」（和辻 1934, p. 14）と。

　「人として人と出会い，人として人に迷い　人として人に傷つき　人として人と別れて　それでも人しか愛せない」。これは，3年B組金八先生の第2シリーズの主題歌の一部である。私たち日本人は，人として生きていく。その生き方を定型化したものが「習慣」「慣習」「風習」などだ。多くの先人たちが模索してきた生き方が伝承されたものである。日本の風土や歴史の中で培ってきたハビトゥス（型）だ。人々は子どもたちが生きていく上で困らぬように，その「型」を教えてきたのである。日本人は狭い国土の中で，稲作を中心に生きてきたため，人間関係を重視し，互いに助け合って生きてきた。手伝うときに自分勝手な行動をする人はみんなから忌み嫌われることになる。そうした村の「掟」を守れば，生きることができたのである。時に「村八分」にされる人でも，「火事」と「葬式」の時だけは，手伝ってもらえた。「迷惑」は，主観的な感情である。したがって，何も迷惑をかけていなくても，相手に迷惑を与えるかもしれないと気遣う言葉が必要となる。それが「済みません」という言葉になったと言えるだろう。そしてお辞儀をする。これらはほとんど条件反射的に身体化された無意識的に生成する言動であり，「身体技法」としての日本的文化である（参照，櫻井 2014, pp.34-67）。

　これは紛れもなく現代日本人の主要な「道徳」だろう。『広辞苑』によれば，「迷惑」には，①どうしてよいか迷うこと。②困り苦しむこと。難儀すること。③他人からやっかいな目にあわされて困ること，という三つの意味が載っているが（新村 1991, pp.2512-2513），もともと仏教に由来する①の原義から今日の③の意味が日本人に共有されたのは，江戸時代中期頃のようだ（越智 2005,p.14）。

　さて，奇妙なことに，学校の「道徳の時間」では，「迷惑をかけない」という道徳は教えない。いやむしろ，学校教育の様々な場面で，多くの教師が「何をしてもいいけど，人に迷惑だけはかけるな」と確実に教えているにもかかわらず，学習指導要領上の道徳の内容には「迷惑をかけない」という徳目はないのである。これはおそらく学校で明示的に教えられるべき道徳と，日本人が土着的に伝えてきた道徳が異なることに起因するのだろう。人に対して積極的に何かするというポジティヴな態度ではなく，むしろ何もしないことの方をよしとする控え目な態度を評価してきた日本人の道徳観が，「迷惑をかけない」ということばに垣間見られる。

　また一方で，今日では「人に迷惑をかけない限り，何をしてもよい」という命題が教師にも共有されており，しばしばそれが生徒側にとって自己の行き過ぎた自由（我がまま）を正当化するための論理として使われる場合，それを生徒の「問題」行動として指導することに教師側が困難を感じている，こともあるだろう（越智 2005, P.16）。日本人の道徳観を考える上で，「迷惑」について考えることは，重要な課題だと思われる。さて，本項では，こうした「道徳」の二層構造に目を向けつつ，学校で教える「道徳教育」の特色について考えていこう。

(2) 道徳とは何か

　『広辞苑』によると，「道徳」とは，①人のふみ行うべき道，ある社会で，その成員の社会に対する，あるいは成員相互間の行為の善悪を判断する基準として，一般に承認されている規範の総体。

法律のような外面的強制力を伴うものでなく，個人の内面的な原理。②老子の説いた恬淡虚無の学。③小・中学校における指導の領域の一，となっている（新村 1991, p.1818）。ここで問題にしているのは，①の意味としての「道徳」である。哲学・倫理学とは，西洋のそれを前提とするならば，道徳の原語としては英語 morality について考える必要がある。それはラテン語の「モーレス」mōrēs に由来する語で，社会的な慣習や風習とともに，個人的な性格も意味する（小笠原 1985, p.13）。したがって，道徳とは人が社会の中でなすべき善なる行為の総体を意味しているのであり，道徳は集団や時代によって異なる内容をもつことになる。例えば武士の時代に名誉を守るために行った切腹などは，現代においては不道徳な行為と捉えられるだろう。したがって，現代の日本社会において，一般に承認される規範の総体とは何か，考える必要がある。

しかし「個人化」（ベック 1998）が進んだ現代社会において，誰もが納得する規範を示すことは容易ではない。ここに道徳教育の難しさがあるのだ。個人と社会の関係について，「社会的連帯は，社会的自我が我々各自のなかで個人的自我に付加されるときに，初めて存在するからである。この『社会的自我』を育成することが社会に対する我々の責務の本質である。我々の内部に社会の何ものかが存在していなければ，社会は我々に働きかける何らかの手掛かりももたないだろう」。「あらゆる社会生活から離脱した個人を思い浮かべようと試みてもむだである」（ベルクソン 1953, p.19）とベルクソンが述べているような時代は終焉を迎えたのではないだろうか。むしろ，社会的自我の存在を自覚することなく生きている個人が大量に生み出され，グローバルに張り巡らされたネット社会によって，個人はバーチャルな存在としてかろうじてつながっているのであり，堅固で閉じた社会はもちろん，これまでのような道徳的に自律可能な人々が理性を駆使して作り上げる近代社会といった理念や夢（カント）を描きにくい時代に突入したと言えるのだ。

(3) 学習指導要領の道徳理解（その1）

こうした時代状況のなかで，日本の学校はどのような道徳理解をしているのだろうか。『学習指導要領解説 道徳編』のⅠの「道徳教育の基本的な在り方 ①道徳の意義」には次のように述べられている。

> 「人間は，だれもが人間として生きる資質をもって生まれてくる。その資質は，人間社会における様々なかかわりや自己との対話を通して開花し，固有の人格が形成される。その過程において，人間は様々に夢を描き，希望をもち，また，悩み，苦しみ，人間としての在り方や生き方を自らに問い掛ける。この問い掛けを繰り返すことによって，人格もまた磨かれていくということができる。人間は，本来，人間としてよりよく生きたいという願いをもっている。この願いの実現を目指して生きようとするところに道徳が成り立つ」（文部科学省 2008$_a$, p. 15, 2008$_b$, p. 15）と。

「人間は，だれもが人間として生きる資質をもって生まれてくる」（傍線筆者）。つまり誰もが人間として生きる資質，人間になる資質，すなわち能力や可能性をもっているということだ。その資質はどのように実現されるのだろうか。「その資質は，人間社会における様々なかかわりや自己との対話を通して開花し，固有の人格が形成される」（傍線筆者）と。つまり資質は単に自然に実現するのではなく，さまざまなかかわりや自己との対話を必要としているという。自己との対話とは何だろうか。ここでは個人として，私としてこうありたい，という願望・夢・希望や人間としてこうあるべきだという義務に対して，そう簡単にはできない自分がいることへの悩みや苦しみが生まれる。そこで自分は自分に対して「自分よ，これでいいのか」と問いかける。「人間としての在り方や生き方」を問いかけることがみそだ。私の感情や感覚だけでなく，「人間とは何か，どうあるべきか」という知性や理性を必要としている。自分の中に自分をモニターし，チェックするもうひとりの自分や良心がなければ自己との対話は行えないだろう。この知性や理性は必ずしも最初から子どもに備わっているわけではない。

こうした『学習指導要領解説 道徳編』の説明は，どのような根拠で何を基に書かれているのか実は不明である。執筆者が旧版やその他の参考文献をもとに書いていると推測される。つまりこうした道徳の捉え方をさせる理論とは何かは，曖昧なままなのだ。したがって，こうした捉え方と類似した捉え方を参照しておきたい。ここでは，G・H・ミードの「自我論」を参照する（船津 1997,

pp. 156-172)。

(4) ミードの自我論

G. H. ミード(George Herbert Mead, 1863-1931)は，20世紀初めにアメリカ合衆国で活躍した哲学者，社会心理学者である。ミードの理論は，行為，思考，科学，言語，コミュニケーション，時間などのテーマを取り扱いながら，人間と動物，心と身体，自己と他者，個人と社会の問題を基本的に明らかにするものとして，哲学，倫理学，社会学，心理学をはじめ多くの領域において幅広い関心を呼び起こした。

さて，ミードは，人間の自我をどのように捉えたのだろうか。ミードによると自我が社会に先行してあるのではなく，むしろ社会が自我に先行し，自我は社会から生まれる。ミードは，人間の自我を社会性と主体性を同時にかねそなえたものとして考えた。人間は他者の期待を「役割取得」(role-taking)することによって，自我を社会的に形成していくとともに，自己を内省化し，そこから新たなものを創発し，主体性を生み出していくと捉えたのである。

ミードは子どもの自我形成を二つの段階に分けて考察している(船津 1997, p.157)。第一の段階はままごとなどのごっこ遊びの「プレイ」段階である。そこにおいて子どもはお母さんやお父さん，また先生やお巡りさんなどの役割を演じる。こうして子どもは親や大人の態度や期待を自己に結びつけて，それを通じて自分の在り方を理解するようになるという。このように他者の役割取得を通して自我が形成されるのだ。しかしながら子どもは成長するにつれて，多くの人にかかわるようになり，複数の他者の多様な期待に直面することになる。しかし，これらの期待は常に一致し，また調和し合っているわけではなく，その間にズレや対立が存在することもまれではない。そのような場合，それらすべての期待を同時に同程度において受け入れることはむずかしく，混乱してしまう。このような状況を避け，また克服するために，複数の他者をまとめあげ，組織化し，一般化することが行われる。そこに生み出されるのが「一般化された他者」(generalized other)の期待である。

第二段階は「ゲーム」段階と呼ばれる。というのもこの「一般化された他者」の期待が野球やサッカーなどのゲーム遊びにおいて形づくられるからである。ゲーム遊びにおいて，子どもはゲームに参加するものすべての期待を考慮に入れ，その多様な期待をまとめあげ，組織化して「一般化された他者」の期待をつくりあげる。ミードはこの「一般化された他者」が形づくられる「ゲーム」段階において初めて自我の発達が十全な形において成し遂げられると言う。そして，ミードは，このような考え方を子どもに関してだけではなく，大人の場合にも押し広げ，大人の自我形成も，自我の社会性の問題として，同時に，同様に考えうると見なした。ここにおいて「一般化された他者」はコミュニティ全体の態度を表すものとされる（ミード 1973, p.166）。そして，コミュニティは単に地域社会に限定されず，国民社会，そして国際社会にまで広げられる。そして，他者は人種，階級，国家を超えて最大限に拡大されると，普遍的な「一般化された他者」となる。このようにミードは社会における様々な他者とのかかわりを通して，「一般化された他者」の期待を内面化することによって自我が形成されると考えたのである。

以上のように，ミードの自我形成論は，『学習指導要領解説 道徳編』の「人間は，だれもが人間として生きる資質をもって生まれてくる。その資質は，人間社会における様々なかかわりや自己との対話を通して開花し，固有の人格が形成される」という表現と共通していると言えるだろう。しかしここで問題なのは，「自己との対話」である。

自己との対話はいかに生じるのだろうか。ミードは，自己(自我)のうちに取り入れられた「一般化された他者」の態度が自己のうちで組織化されたものを「ミー」(me 客我)と呼んでいる。弱い者いじめをしてはならない，他人の物を盗んではならない，挨拶しなければならない，約束を守らねばならない。これらが組織化されて「ミー」を形づくる。それは自己のうちの他者である。それは自己の内にあって，自己に対してある反応を要求する。「アイ」（I 主我）とは，この要求に対する自己の反応である。「『I』とは，彼自身の経験のなかにあらわれる共同体の態度にたいするその個人の反応である」（ミード 1973, p.209）。自己とは，自己の内で進行する「ミー」と「アイ」の間の内的な相互作用であり，この相互作用が自己という渦を形づくっているのだ。

ミードによれば，人間は「意味のあるシンボル」を通じて他者と会話するとともに，自己とも会話する。自分の発した言葉を相手が聞くだけではなく，自分もまた聞くことができる。そのことに

よって他者の反応をあらかじめ予測することができる。そこにおいて内的コミュニケーションが展開されることになる。「意味のあるシンボル」によって，外的と内的の二つのコミュニケーションが重層して行われるのだ。人間は他者とコミュニケーションをとるとともに，他者の観点から自己を省みて，自己の在り方を検討するようになる。そこに内的世界が開かれ，内的なコミュニケーションが展開されることになる。そして，その結果に基づいて自己を方向付けるようになる。このような内的コミュニケーションが人間のコミュニケーションには存在しているのである。以上ミードの自我論は，『学習指導要領解説 道徳編』における道徳の捉え方と類似しており，より理解を深めることにつながるだろう。

(5) カントの教育学

次にカントの思想も参考になるだろう。

カント(Immanuel Kant, 1724-1804)はケーニヒスベルク大学で，1776/77年冬学期，1780年夏学期，1783/84年冬学期，1786/87年冬学期に「教育学講義」を行っている。その講義ノートを基に弟子のリンクが1803年に出版したのが，『教育学』である。カントは，「教育学講義」で次のように言っている。

「人間は，その善に向かう素質をまず第一に発展させなければならない。つまり，神の摂理はこの素質をすでに完成した状態で人間の内部に置きいれたわけではない。すなわち，それは[まだ]たんなる素質にすぎないのであって，道徳性の区別を持っていないのである。自己自身を改善すること，自己自身を教化すること，そしてみずからが[道徳的に]悪である場合には自己自身で道徳性を身に付けるようにするということ，これらが人間の行うべき義務なのである。」（カント 2001, pp.225-226）

「人間は教育によってはじめて人間になることができる」(p.221)と述べたカントだが，カントによると，教育によって人間は，訓練され(diszipliniert)，教化され(kultiviert)，文明化(Zivilisierung)され，道徳化(Moralisierung)されねばならないとする。訓練とは動物性(Tierheit)が人間性(Menschheit)の障害となることを防ぐこと，つまり野性(Wildheit)の抑制である。教化(Kultur)は練達性(Geschicklichkeit)の獲得，つまり任意の目的を果たす能力の獲得（読み書き能力など）である。さらに人間は賢くなければならず，社会に適合し，人々に愛され，また影響力をもつよう努めねばならないとし，そのために文明化(Zivilisierung)と呼ばれる一種の教化(Kultur)が必要であるとする。その文明化には，マナー(Manieren)，礼儀正しさ(Artigkeit)，ある種の怜悧さ(Klugheit)が必要である。

それによって，われわれは，すべての人を自分の究極目的に利用できるのである。文明化はそれぞれの時代の変わりやすい趣味に従う。それで，つい二，三十年前には，社交的な虚礼(Zeremonien im Umgange)が好まれていたという。最後に道徳化された人間は万人に是認されるようなよい目的だけを選ぶ心術(Gesinnung)を獲得した人間である。

カントによれば人間には「善に向かう素質」が備わっており，それを展開することが人間の義務である。カントのように人間の義務であるという言明はないにしても，「人間は，だれもが<u>人間として生きる資質</u>をもって生まれてくる」（傍線筆者）という学習指導要領の人間観と類似している。おそらく，このような考えも，影響していると考えられるのである。

(6) 学習指導要領の道徳理解（その2）

さて，学習指導要領解説に戻ろう。人間は自己との対話を通して固有の人格を形成する。

「その過程において，人間は様々に夢を描き，希望をもち，また，悩み，苦しみ，人間としての在り方や生き方を自らに問い掛ける。この問い掛けを繰り返すことによって，人格もまた磨かれていくということができる。人間は，本来，人間としてよりよく生きたいという願いをもっている。この願いの実現を目指して生きようとするところに道徳が成り立つ」（文部科学省 2008a, p.15 2008b, p.15）と。

さて、その際、『中学校学習指導要領解説 道徳編』では、道徳を以下の4つの面から捉えている。まず自己自身とのかかわりに関してである。「人格の形成は、人が自己を主体的に形成することによって行われる。道徳が『自律』や『自由』を前提にしているのは、もともと道徳的行為が自らの意志によって決定された、責任のある行為を意味しているからである。人間は、とかく、本能や衝動によって押し流されやすく、自律的な行為をすることがむずかしいことも確かである。しかし、自己を律し節度をもつとき、はじめてより高い目標に向かって、忍耐強く進むことができ、そこに人間としての誇りが生まれる」（2008b, p.15）。

次に道徳を他者との関係において捉えている。「道徳は、また、人と人との関係の中での望ましい生き方を意味している。例えば、礼儀、感謝、思いやりなどは、互いに人格を尊重しようとすることから生まれる望ましい生きかたの現れである。人はこうした心の絆を深め、人間愛の精神に支えられて強く生きることができるし、人格の形成を図ることができるのである」（同上）。

第3に、社会集団との関係において考察している。「更に道徳は、具体的に、人間社会の中で人間らしく生きようとする生き方という意味をもっている。人は、家族、学校、地域社会、国家、国際社会などの社会集団の中で、何らかの役割を果たしながら生きている。そして、法やきまりの意義を理解し、権利・義務や責任の自覚を通して互いに社会連帯の意識を高め、進んで公共の福祉に努めようとするのである」（同上 pp.15-16）。

最後に自然との関係において捉えている。「人は人間関係の中ばかりでなく、自然の中でも生きている。自然の恩恵なしには、人は一日たりとも生き続けることはできない。同時に、人は自らの有限性を知れば知るほど、謙虚な心をもち、人間の力を超えたものへの思いを深く抱くであろう。このように道徳は、人間と自然や崇高なものとのかかわりをも含んでいるのである」（同上 p.16）。

以上4つの面をまとめて、次のように述べている。「このように道徳は、自分自身に関する面、他の人や社会集団にかかわる面、あるいは自然や崇高なものとかかわる面をあわせもっている。そして、それぞれの面において、人間らしいよさを求め、人格の形成を図っていくところに道徳の意味があるのである」（同上）と。そして当然ながら、人格の形成には終わりはない。むしろ絶えず成長していこうとするところに、人間の特質がある。特に中学生の時期を、一般に自らの人生についての関心が高くなり、自分の人生をよりよく生きたいという内からの願いが強くなる時期と捉えている。そして道徳教育を「人生いかに生きるべきか」という生き方の問題と言い換えている。そして「道徳教育においては、生徒のよりよく生きようとする願いにこたえるために、生徒と教師が共に考え、共に探求していく」（同上）ものと捉えているのである。

このように見たとき、学習指導要領の道徳理解は、近代的な自己を中心とした、自己形成論であることは否定できないだろう。自己と自己、自己と他者、自己と自然、自己と集団の4つのかかわりという視点からみた自己形成論、人格形成論である。ミードのように、自己（自我）の生成に先行して社会の存在を認めたとしても、個としての自己や、人格を重視する点で西洋に起源を持つ思想である。またカントによれば人間には「善に向かう素質」が備わっており、それを展開することが人間の義務である。一方で、日本人は伝統的に「人間」を間柄的存在として、むしろ関係を個に優先する考えを重視してきた。関係を維持するために、自己の主張は控えること、これが日本人の美徳であった。和辻は日本語としての「人間」という言葉の歴史的背景を考察し、「人間」とは「世の中」自身であるとともに、また世の中にある「人」であり、「人間」において両者が弁証法的に統一されていること、それ故「人間」概念は、anthrōpos, homo, Mensch などから区別すべきことを指摘しているのである（和辻 1934, p.21）。

(7) おわりに

上述したように、現在の日本の学校教育においても西洋に起源をもつ近代社会の価値観が反映している。例えば中学校の道徳の内容項目2－2では「温かい人間愛の精神を深め、他の人々に対して思いやりの心をもつ」とあり、「人に迷惑をかけないようにする」ではない。積極的な道徳を推奨しているのだ。こうした思想はヒューマニズムや隣人愛などの西洋思想に由来すると言えるのではなかろうか。

このように哲学・倫理学から見た場合、「道徳教育」において語られる「徳目」が、その起源や思想の背景を問うことなく、翻訳語で成果だけを習得しようとしても、日本人には未だに腑に落ちな

い外来文化という側面が残ってしまっているのも事実である。教師が道徳教育を苦手とすることの原因の一つが，西洋的近代的な道徳理解の不十分さにあるのではないだろうか。そしてこれは西洋近代文明と直面せざるを得なかった明治維新以来の日本が抱える宿命的課題である（夏目 1978）。21世紀のグローバル社会では，ますます顕在化せざるを得ない難題だと言えるのだ。

　教育界で流行している言葉に「自尊感情」や「自己肯定感」があるが，個を尊重することは決して，社会や集団やルールを無視することではないだろう。むしろ矛盾し対立する個と個の意見を調和的に発展させるための社会や集団をどうつくるかであって，決して固定的関係やカースト制度がはじめにありきではないのである。今後は自分の考えを持ち，他者の考えを受け容れつつも，共に社会をつくることのできる力をもった日本人の育成が求められていくだろう。こうした課題に対応するために，これからの日本人はいかなる道徳観を持つべきなのだろうか。日本人のこれまでの善さや美しさを破棄することなく，グローバル世界に生きるための「道徳」とはなにか。そのためには，まず「道徳」の根本思想に立ち返ること。それが，回り道であっても道徳実践の礎を築くことにつながるのではないだろうか。

引用・参考文献

小笠原道雄編著 1985 『道徳教育の理論と実践』福村出版
小笠原道雄・田代尚弘・堺正之編 2012 『道徳教育の可能性』福村出版
越智貢他編 2005 『岩波応用倫理学講義　6 教育』岩波書店
カント 2001 『カント全集17　論理学・教育学』岩波書店
櫻井佳樹 2014 「近代西洋社会におけるマナーと社交性」矢野智司編著『マナーと作法の人間学』東信堂
新村出 1991 『広辞苑第4版』岩波書店
夏目漱石 1978 『私の個人主義』講談社
船津衛編 1997『G・H・ミードの世界』恒星社厚生閣
ベック 1998 『危険社会―新しい近代への道』法政大学出版局
ベルクソン 1953 『道徳と宗教の二源泉』岩波書店
ミード 1973『精神・自我・社会』青木書店
文部科学省 2008a『小学校学習指導要領解説　道徳編』東洋館出版社
文部科学省 2008b『中学校学習指導要領解説　道徳編』日本文教出版
和辻哲郎 1934『人間の学としての倫理学』岩波書店

4　教育課程における位置づけと今後の課題

(1)　学習指導要領にみる道徳教育の変遷
①　道徳の時間の特設から平成10年の学習指導要領改訂まで

　戦後の道徳教育は，社会科や「教科以外の活動」「特別教育活動」をはじめとする，学校の教育活動全体を通じて行われることになった。その任は，とりわけ社会科で担うことになった。

　昭和33年の道徳の時間の特設により，道徳が教育課程に位置付けられ，道徳の時間を中心とした道徳教育の体制が確立することになる。その体制は，学校の教育活動全体を通じて道徳教育を行うこととし，道徳の時間での指導によって，他の領域における道徳教育を，補充・深化・統合するものとなった。

　その後の学習指導要領の改訂において，その時々の社会状況や子ども状況を踏まえて，「総則」や「道徳」での目標や内容の文言レベルでの若干の記述の変更はあるものの，基本的な道徳教育の考え方は変わっていない。

②　平成20年の学習指導要領での改訂

　「知識基盤社会」の時代の到来，「グローバル化」を標榜し，21世紀を生きる子どもたちの教育の充実を図るため，教育課程の基準全体の見直しが検討されるようになった。さらにまた，平成18年の教育基本法改正も踏まえ，平成20年に，学校教育法施行規則及び学習指導要領が改訂されることになった。

　道徳教育についても，社会や子ども状況の変化，また，改正教育基本法の趣旨を踏まえ，道徳の改善の具体的事項が示されることになる。この改訂での大きな特徴は，道徳教育の教育課程編成における方針として，道徳の時間の役割を，「道徳の時間を要として学校の教育活動全体を通じて行うもの」と明示したことである。「要」という文言を入れることにより，道徳の時間は，「道徳教育における中核的な役割や性格」を担うことになったのである。

(2)　今後の道徳教育の充実と教育課程の改善
①　道徳教育の充実に向けて

　周知のように，道徳教育，とりわけ道徳の時間の指導の現状をめぐっては，様々な課題が指摘され，その改善が強く求められてきた。平成25年の「道徳教育の充実に関する懇談会」の報告では，道徳教育には，体系的な指導による道徳的価値に関わる知識・技能を学ぶという「教科」に共通する側面と，人格全体に関わる力を育成する側面の二つがあり，それらの総合的な充実を図ることが重要との認識が示され，その一層の充実を図るための方策として，道徳の時間を，教育課程上「特別の教科　道徳（仮称）」として位置付け，道徳教育の改善・充実を図ることを求めた。

　平成26年の中央教育審議会答申「道徳に係る教育課程の改善等について」では，道徳教育を児童生徒一人一人の「生きる力」を根本で支えるものであることを確認し，個人の自己実現及び国家・社会の持続的発展にとって，道徳教育は極めて重要な意義をもつとした。

　また，我が国には道徳を重んじてきた伝統があり，「諸外国から，日本人の道徳性の高さが評価され，敬意を表される機会も多い」ことが指摘されている。このことも踏まえ，我が国の伝統や我が国に対する評価に自信と誇りをもちながら，これからの時代を生きる子どもたちのために，早急な改善に取り組み，社会全体で道徳教育に取り組む気運が高まることを求めている。

②　道徳教育の使命とねらい

　教育の目的は，教育基本法に示されている通り，人格の完成を目指すことにある。人格の基盤となるのが道徳性であり，その道徳性を育むことが道徳教育の使命である。

　道徳教育の使命やねらいについては，先の中央審議会答申に明示されている。道徳教育においては，「人間尊重の精神と生命に対する畏敬の念を前提に，人が互いに尊重し協働して社会を形作っていく上で共通に求められるルールやマナーを学び，規範意識などを育む」こと，また同時に，「人としてよりよく生きる上で大切なものとは何か，自分はどのように生きるべきかなど」について自己の考えを深め，自らの生き方を育んでいくことが求められている。さらに，今後のグローバル化を視野に入れ，「様々な文化や価値観を背景とする人々と相互に尊重し合いながら生きること」を，また，科学技術の発展や社会・経済の変化の中で，「人間の幸福と社会の発展

の調和的な実現を図ること」を，一層重要な課題として捉えている。
　こうした課題に対応していくためには，一人一人が高い倫理観をもち，多様な価値観をもつ他者と対話し協働しながら，よりよい方向を目指していくことのできる資質や能力をもつことが重要になる。ここに，これからの道徳教育の果たす大きな役割がある。そのためには，これまでの「道徳の時間」を新たに「教科」として位置付け，改善を図っていくことが重要なのである。

③　教育課程改善のための具体的方策
　教育課程の改善に係る具体的に取り組むべき事柄について，以下の6点が示されている。

> 1）道徳の時間を「特別の教科　道徳」（仮称）として位置付ける
> 2）目標を明確で理解しやすいものに改善する
> 3）道徳の内容をより発達の段階を踏まえた体系的なものに改善する
> 4）多様で効果的な道徳教育の指導方法へと改善する
> 5）「特別の教科道徳」（仮称）に検定教科書を導入する
> 6）一人一人のよさを伸ばし，成長を促すための評価を充実する

　大きなポイントは，上記1）示されているように，これまでの「道徳の時間」を「特別の教科　道徳」（仮称）と位置付けた上で，道徳に係る教育課程の在り方を改善していくことを求めたことである。1）については，具体的に次のように示されている。

> ○　道徳教育の重要性を踏まえ，その改善を図るため，学校教育法施行規則において，新たに「特別の教科」（仮称）という枠組みを設け，道徳の時間を「特別の教科　道徳」（仮称）として位置付ける。
> ○　小・中学校の学習指導要領を見直し，現行の「第3章　道徳」に代えて，適切な章立てをもって「特別の教科　道徳」（仮称）についての記述を盛り込む。
> ○　「特別の教科　道徳」（仮称）の目標，内容等については，より体系的・構造的で，「特別の教科　道徳」（仮称）が，道徳教育全体の要として効果的に機能するものとなるよう見直す。

(3)　教育課程との関連における道徳教育の今後の課題
　昭和33年の道徳の時間の特設から，一貫して，道徳教育は学校の教育活動全体を通じて行うものとされている。そこでの学びを，道徳の時間において，補充・深化・統合することが何より重要なのである。平成20年の学習指導要領改訂で，「総則」及び「道徳」において，「要」という文言が示されたことの意味をしっかりと理解するとともに，他領域における道徳教育をより深めていくことが課題となる。
　とりわけ特別活動との関連を考慮していくことが必要である。「望ましい集団活動」を通して個性の伸長をめざす特別活動の目標，内容のそれぞれに，道徳と重なる点が多々あることを再確認する必要がある。
　教育課程上「特別の教科　道徳」（仮称）と位置付けた上で，先に示した「事柄2～6」について検討し，道徳教育全体の要としての「特別の教科　道徳」の実践レベルでの在り方を探究し，道徳の授業を構想していくことが今後の重要な課題である。

参考文献
道徳教育の充実に関する懇談会　2013「今後の道徳教育の改善・充実方策について（報告）～新しい時代を，人としてより良く生きる力を育てるために～」文部科学省
中央教育審議会　2014「道徳に係る教育課程の改善等について（答申）」
文部科学省　2008『小学校学習指導要領解説　道徳編』東洋館出版社
文部科学省　2008『小学校学習指導要領解説　特別活動編』東洋館出版社
小寺正一・藤永芳純編　2001『新版　道徳教育を学ぶ人のために』世界思想社

5 教育活動全体で取り組む道徳教育の充実をめざして

　学習指導要領の総則には,「学校における道徳教育は,道徳の時間を要として学校の教育活動全体を通じて行うものであり,・・・」と明記されている。さらに,「道徳教育は,校長の方針の下,学校の教育活動全体で取り組まれ,個々の教師の責任ある実践に託されていくものである。学校が組織体として一体となって道徳教育を進めるために,全教師が力を発揮できる体制を整える必要がある。」このように,学校が組織体として教育活動全体で道徳教育を推進していくことが重要なのである。誰か一人だけが熱心に取り組むのでなく,道徳教育推進教師を中心としながらも学年団や校内における授業改善などのプロジェクトチームなど,複数の教員で取り組もうとする体制が重要である。そこで,全教職員が意図や趣旨の正確な理解,共通の目的や課題意識をもち,機能する推進体制を構築して,チームとして実践していく。そのためにも,研究主任や管理職と連携し,共に運営できるように働きかけることである。相互に補完し合い,強化できる関係性を築くことが重要である。大切なことは,教職員の連携を基盤にして学校の重点とする内容に道徳教育の視点からかかわり,具体的に進めることである。組織体として取り組むためには,めざすべき共通目標のＰＬＡＮが大切である。その上で,一人ひとりが各学年団,各分掌等で役割を担い,できることをしっかりと行っていかなければならない。

(1)　共通理解から共通行動へ　－　個の役割と組織の活性化　－
○「何ができるか　できることを　まず,チェック　しよう」

　我々人間は,課せられた業務や頼まれた仕事に対して,できない理由や言い訳はいくらでも思いつきがちであり,これも人間としての弱さや未熟さゆえであろう。そのような,できないことをマイナス方向に考えるのではなく,できそうかも・やってみようかと思える提案を前向きに出していく学校の雰囲気が重要である。若年者も含めて,自分の学校でできそうなこと,やってみたいこと,より改善したいことを自由に相談したり話題にしたりできる職場であってほしい。

　大切なことは,みんなが一つの話題で考え合い,語り合う時間をもつことである。多忙な学校の中で時間を生み出すことは至難の業かもしれない。しかし,限られた時間の中で様々に工夫をしながら取り組んでいる例も多くみられる。ある学校では,「行動を起こす」をモットーにして,学校改善に取り組んでいる。例えば,短時間であるが,道徳教育の重点とする内容をより意識して,校内をみんなで歩いてヒントやアイデアをみつけたり,その際に気付いたよい例や改善したいポイントをデジタルカメラで撮影し紹介したりするなど,よりよい環境づくりに努めながら,学校改善に取り組んでいる。

(2)　機能する組織の推進体制で道徳教育を
　大切なことは,教職員の連携を基盤にして,学校の重点とする内容に道徳教育の視点からかかわり,具体的に進めることである。例えば,ある学校で「○○○を大切にする教育」を重点とするなら,それを学校全体で具現化することである。主な手順としては,例えば次のようなことが考えられる。

1	学校の教育目標や経営方針の重点とする内容等を確認する。
2	その内容について道徳教育としての推進に関し,運営委員会,職員会等で共通理解を図る。
3	各自の分掌でその内容に関して,できそうなことを具体的にイメージしてみる。
	必要に応じて,プロジェクトチームやグループ,学年団等を活用
4	できそうなこと,やってみようと思うアイデアや情報をできるだけ多く集める。
	付箋紙やイメージマップ等を活用
5	プロジェクトチームや道徳教育推進教師を核に数名で協議する。
	時期や内容等により優先順位や生徒の主体性に任せられる内容等
6	いつごろ,だれが中心に,何を実施するのかを簡単に一覧に整理する。
7	全職員に周知する。必要に応じて生徒にも広報。
8	スモールステップでできることから取り組む。
9	取り組みだしたものは,全体計画に朱書きで付加しておく。
10	実践を評価して,次年度以降の改善や継続について確認する。

(3) 全教職員による道徳教育 ～組織としての推進～

前述のとおり，学校教育活動全体で取り組むことや全教職員で推進することは，今までの道徳教育の改革の中で繰り返し叫ばれてきた。いかに学校が組織として取り組むかが重要である。つまり，「目的の共有」，「役割の分担」，「責任の自覚」を通し組織として地道に実践していくことである。

例えば，「生命を大切にする教育」を学校教育の重点として取り組むのであれば，各分掌で次のようなことも考えられるであろう。そして，それは学校教育活動全体で取り組む道徳教育なのである。

- 命の捉え方の共通理解（学年により何を重点にするのか　低中高で）・・現教担当
- 図書室等での「生命」に関わるコーナーの整備・・・図書館教育や国語担当，図書館司書教諭やボランティアとの連携
- 校内掲示を通して命を大切にする環境の形成（写真，絵画等）・・掲示担当を中心に
- 副読本より「生命尊重に関わる」多様な資料の収集や整備・・・道徳担当を中心に
- 朝の会での歌，校内に流れる音楽や音楽会での曲の選定・・・音楽担当を中心に
- 命に関わる映像番組やテレビ番組の活用・・・メディア教育・情報教育担当を中心に
- 命に関する職業の専門家と連絡調整（授業への協力依頼）・・・管理職や道徳担当
- 児童生徒の命に関わる危険な行為や安全面での話・・・生徒指導担当や養護担当
- 命や死に関する新聞記事や情報の整理，回覧・・・管理職・事務さんの協力を得て
- 学校の重点とする取り組みを情報発信・・・管理職，各担当

これ以外にも，「ふるさとを大切にする教育」や人権教育の観点も踏まえて「いじめ防止」を重点とする教育等，各学校で工夫して，教育活動全体で多様に取り組んでいる。教職員が組織の一員であることの意識を大切に，日々の児童生徒の興味関心にも常にアンテナを張り巡らせながら，チームワークで心を育むという姿勢を大切にしたいものである。

(4) 校内での道徳授業研究を活性化し意識改革を

先生方の意識改革のためにも大切にしてほしいことが，校内研修等を活用した授業研究である。できれば全員参加による時間が年間に一度でも設定することができれば有難い。

ある小学校では，年間に複数回の道徳授業研修会を校内で設定し，近隣の学校の先生方にも公開し，全教職員で学び合う場としている。授業後の討議でも，短時間で視点を定めて，学ぶべき点や改善点が具体的に表にまとめられる。若年教員の授業に臨む姿から学ぶことやベテラン教員の様々な指導技術や多様な構成の工夫，若年とベテラン教員をつなぐミドルリーダーの果たす役割など，授業を通して互いの良さや強みに気付くことも多くある。まさに，道徳の授業を通して，その基盤となる学級経営のあるべき姿を示したり，人間としての姿や生き様を感じ合ったり，学び合ったりする時間にもなっている。新規採用教員が増えている状況を受けて，若年研修においても道徳の授業に関する内容を演習的に実施したり，学習指導要領解説の輪読などを位置付けたりしている学校もみられる。時間の設定や教員のニーズに応じた研修の設定など多様な在り方が求められている。

(5) 保護者への情報提供と授業公開

学年団だよりや学級だより等で道徳の学習予定を他教科と同じように情報提供することにも挑戦してほしい。また，授業参観においては，保護者も共に学び考える場づくりとなるように工夫をしたい。保護者や家庭・地域と連携しながら子どもの心を育む機会を設けていきたい。

とにかく求められるのは，一時間一時間の確実な道徳の時間の確保と質の充実である。そして，校内での機能する組織体制が若年教員の授業力向上だけでなく，学校全体の活性化につながると期待したい。

参考文献・引用文献

文部科学省　2008『小学校学習指導要領解説　道徳編』東洋館出版社
小学校学習指導要領解説　道徳編　平成20年度版
植田和也　2015「教材研究を大切にした一時間一時間の実践と全教職員で取り組む道徳教育」道徳教育2015．2月号　明治図書　pp.68-70

第2章

道徳教育の現状と改善への期待

1　教員養成における道徳教育の課題と改善への視点

(1)　教員養成における道徳教育の課題—「道徳」の目指すもの

　教員になろうとする多くの学生にとって,「道徳の指導法」に関する単位を履修しなければならない, ということは必ずしも自明の事柄ではない。教職課程に進学後, 教員に促されて, 遠い記憶の中から, 小学校, 中学校時代に受けた「道徳」の時間を思い出そうとするものの, それほど鮮明に覚えているわけではないこと, またそうした存在感の薄い時間を自分が教師になると, 自ら担当しなければならないことに初めて気づくのだ。そのような「道徳教育」に対する構えのなさがまず問題だと言えよう。但しこれは学生の問題ではない。これまでいかなる道徳教育が行われてきたのか, その結果に関わる問題だと言えるだろう。

　学習指導要領における「道徳」の位置付けを学習しはじめると, 学生は「道徳教育」と「道徳の時間」の違いに気づくとともに,「道徳教育の目標」の難解さに戸惑うことになる。「道徳教育は, ・・・未来を拓く主体性のある日本人を育成するため, その基盤としての道徳性を養うことを目標とする」(「第1章　総則」の「第1　教育課程編成の一般方針」の2中段)（文部科学省　2008_a,p.24,2008_b,p.25)。ここで, ○○な日本人とは, 当然大人の姿をイメージしており, そうした将来に期待される日本人像に達するための方法が「その基盤としての道徳性を養うこと」となっている。さらに「道徳教育の目標は, 第1章総則の第1の2に示すところにより, 学校の教育活動全体を通じて, 道徳的な心情, 判断力, 実践意欲と態度などの道徳性を養うこととする」(「第3章　道徳」の「第1　目標」前段）とあるように,「道徳的な心情, 判断力, 実践意欲と態度など」を「道徳性」と捉えているのである。これを理解することは, 学生には少し困難だ。「道徳教育」は,「学校の教育活動全体」においてなされるのに対して, 週に1時間の「道徳の時間」では, より具体的な手立てを打とうとする。とはいえ「道徳の時間の目標」は, 小学校では,「道徳的価値の自覚及び自己の生き方についての考えを深め, 道徳的実践力を育成するものとする」(「第3章　道徳」の「第1　目標」後段）(2008_a,p.29)となっている。また中学校では「道徳的価値及びそれに基づいた人間としての生き方についての自覚を深め, 道徳的実践力を育成するものとする」(「第3章　道徳」の「第1　目標」後段）(2008_b,p.30)となっている。「自己の生き方」が「人間としての生き方」に変わっている以外に, 小学校中学校で変化はない。

　ここで「道徳的価値」「人間としての生き方」の「自覚」となっていることに注意を払う必要がある。小学校でも中学校でもその解説では, 同じ3つの例示がなされている。ⅰ道徳的価値の理解, ⅱ自分との関わりで道徳的価値をとらえられること, ⅲ道徳的価値を自分なりに発展させていくことへの思いや課題が培われること, である。単なる「理解」を越えて, 自分との関わりの中で, 人間であることの普遍性を理解した「自覚」が問題になっている。また「道徳的実践力」とは, 小学校では「人間としてよりよく生きていく力であり, 一人一人の児童が道徳的価値の自覚及び自己の生き方についての考えを深め, 将来出会うであろう様々な場面, 状況においても, 道徳的価値を実現するため適切な行為を主体的に選択し, 実践することができるような内面的資質を意味している。それは, 主として, 道徳的心情, 道徳的判断力, 道徳的実践意欲と態度を包括するものである」(2008_a,pp.30-31)とされ, 中学校でも「一人一人の生徒が道徳的価値を自覚し, 人間としての生き方について深く考え（る）」(2008_b,p.32)以外共通の文章となっている。つまり「道徳的実践力」と「道徳性」はほぼ同義であり,「内面的資質」を意味しているのだ。「道徳の時間」が目指すのは,「内面的資質」の育成であり, その時間の成果は子どもたちが, 将来に実践できるかどうかなのである。ここに道徳教育の本質に起因する評価上の課題が見える。短いスパーンで評価することに意味は少なく, 長いスパーンで評価することもさらに意味が少ないと言えるだろう。これはそもそも「徳は教えられるのか」という古代ギリシア以来の哲学的テーマを想起させる（小笠原　2012,pp.13-15)。

　したがって,「教員養成における道徳教育の課題」は, まず学生がこうした「道徳の構造」を理解することができるか否かにかかっている。とりわけ「道徳的価値の自覚」や「内面的資質としての道徳的実践力」の意味することを, 人生経験の未熟な学生の場合, 十分に理解できない場合も想定

されるからである。したがってこれらの意味するところを，学生に自分の問題としていかに「自覚」させることができるかが最初の課題だと言える。ありがちなのは，そもそも「君が教師として，児童生徒にいかなる道徳を教えることができるのか」と疑問に思わざるを得ないほど学生の受講態度が悪い場合である。教員になるため，とりわけ「道徳教育」を行うためには，教師自身の人格，内面的資質が問われているのだ，ということの「自覚」を促さなければならないのである。それこそ学生が「自己の生き方」や「人間としての生き方」について，自分の問題として考え，修養に務めることが，「教員養成における道徳教育の課題」の根本だろう。児童・生徒に人間として信頼されない場合，道徳教育の効果は期待できないからである。

(2) 乙武洋匡氏の生き方について考える

こうした目的で，学生自身が「自己の生き方」「人間としての生き方」について考えることができるように，筆者は授業「道徳教育論」のなかで，作家の乙武洋匡氏の生き方を素材として扱っている。なおこれを2回に分けて実施している。

① 乙武洋匡氏の生き方（前半：大学時代まで）

まずは，乙武洋匡氏の大学時代までの生き方について知るために，学生時代にテレビ番組「徹子の部屋」(1999年2月11日)にゲスト出演した時の様子を鑑賞した後，乙武洋匡著『五体不満足　完全版』講談社文庫2001年より，小学校時代の二人の担任教師の教育方針の違い，中学時代からバスケットボール部の秘密兵器としての活躍　「後輩からのラブレター」，そして大学時代から「心のバリアフリー」，「父のこと，母のこと」を抜き出した資料を読み，解説した後，「乙武洋匡氏の生き方についてどう考えるか」についてワークシートに記入し，ペアで話し合った後，代表が意見を発表している。

② 乙武洋匡氏の生き方（後半：大学卒業後〜現在）

後半では，大学卒業後，「彼はどのような進路を選択したのか」をテーマに乙武洋匡氏の生き方について考えている。まず2004年3月3日のNHKのスタジオパークにゲスト出演した場面を鑑賞する。そこでは1998年に出した『五体不満足』の反響とその後の生き方が語られている。なぜ，2001年に『五体不満足　完全版』を出版したのか。大学卒業後「なぜスポーツジャーナリストを選択したのか」について語られている。そして，〈彼の生き方をどう考えるか〉学生たちに考えさせていく。

その後，乙武氏は学校教育に関わり，結局教師になった。その経緯として，参考資料：「大人として「障害」を学ぼう：乙武洋匡　東京新宿区子どもの生き方パートナー」（『日本教育新聞』平成17年4月18日）と乙武洋匡著『だから，僕は学校へ行く！』講談社，2007年4月を読み，乙武氏が2005年夏　教員免許を取得するために明星大学通信課程に通い，1年間で単位を取得したこと，2006年10月　4週間の教育実習を終えたこと，したがってその時スポーツライター，生き方パートナー，大学生の3足の草鞋を履いていたこと，またその際「黒板の板書は，どのようにすればよいのか」「とび箱や鉄棒，水泳の指導はできるのか」など杉並区は100項目以上を検討し，補助教員もしくは介助員を付けるなどによって解消できると判断し，2007年4月　東京都杉並区立杉並第4小学校の教諭となったこと。そこでは「『まったく同じように』はできないと思っている。他の先生方よりも，子どもたちに迷惑をかけてしまう場面も出てくるだろう。僕の介助を，子どもたちに頼むような場面も出てくるかもしれない。だけど，そのぶん，『僕だから与えてあげられるもの』を大事にしていきたいと思っている。…何より，僕がいちばん子どもたちに伝えたい『それぞれ，違っていていいんだよ』というメッセージ。このことを伝えるのに，あきらかに他人とは違う形で生まれてきた僕のからだ，そして僕の生き方は，何よりの教材になると思っている。ウチの先生はからだが不自由でできないこともたくさんあるけど，ウチの先生からでないと学べないこともたくさんある——そんな教師になりたい，いや，ならなければならない」（乙武2007, pp.210-211）。そこから〈彼はなぜ教師になったのだろうか〉また〈彼の生き方から何を学ぶか〉について考えさせている。

③　小括

　以上を通して，先天的に手足の障害を持った乙武氏が，公立学校でどのような教育を受けたのか理解したり，大学3年生の時に「自己の生き方」について真剣に考えている場面を読んだり，障害を持ちながらも様々なことにチャレンジし，自らを幸せだと語る乙武氏の言葉を聞いたりすると，学生自身の乙武氏や障害者に対する見方や自己への見方が変化するようである。
　「乙武洋匡氏の生き方（生きる力）から学ぶべきことはありますか，またそれはなぜですか」という問いに対して，「ある」と答えた学生はその理由をこう述べている。

　「私にはできることすらしていないことがあるから。それに比べて乙武さんは障害者にしかできないこと，乙武洋匡にしかできないことは何かと，夜も眠らず考えたというエピソードを聞くと，いかに自分がすべきことをしていないのかを気づかされる。人に優しく，他人や社会のために何ができるか，そして自分を大切にしながら。自分のことで手一杯になってもおかしくない中，社会に目を向け社会貢献しようとする生き方は学ぶべき姿である。よく人は自分を犠牲にしてでも，誰かのために，と言うが，乙武さんに言わせればそれは間違いなのだ。自分がちっぽけに思える」（「道徳教育論」受講生Ａ　2年生）。
　「自分の背負った運命を嘆くのではなく，受け入れてそこからどう変わろうとするのか。乙武さんの生き方は，常に前を向いていると思います。ありのままを受け入れることは，どのような人間にとっても難しいことです。しかし，乙武さんはそれを受け入れて，その中で自分にできることは何なのかと考え，行動を起こしていきました。この前向きな姿勢は全ての人間が見習うべきことだと思いました。また将来教員になろうと思っている自分にとって，『自分からしか学べないことを子どもたちに伝えていきたい』という乙武さんの強い気持ちは見習わなければならないなと感じました」（「道徳教育論」受講生Ｂ　2年生）。
　「教師はただ教科を教えられれば良いというものではない。今後社会に出る子ども達に自分で考え困難に立ち向かっていく『生きる力』を重視しているように感じた。乙武さんは『自分の力で未来を切り開いていったのだから，君たち（子ども達）もできる』そういうことを学んでほしいのだと思った」（「道徳教育論」受講生Ｃ　2年生）。

　このように見ると，上記の学生らは「自己の生き方」について考え，「人間としての生き方」を考えるとともに，「将来の教師像」にまで及んでいることが分かる。この点において，教員養成で「生き方」を考えさせる「教材」に乙武氏は相応しく，その点では成果を上げていると言えるだろう。
　周知のように現行の学習指導要領でも，児童・生徒に「生きる力」をはぐくむことを目指しているが，この「生きる力」が最初に表現されたのが，平成8年7月19日　第15期中央教育審議会の「21世紀を展望した我が国の教育の在り方について－子供に［生きる力］と［ゆとり］を－」（第1次答申）だった。そこでは次のように考えられている。

　「まず，『生きる力』は，これからの変化の激しい社会において，いかなる場面でも他人と協調しつつ自律的に社会生活を送っていくために必要となる，人間としての実践的な力である。それは，紙の上だけの知識でなく，生きていくための『知恵』とも言うべきものであり，我々の文化や社会についての知識を基礎にしつつ，社会生活において実際に生かされるものでなければならない。
　『生きる力』は，単に過去の知識を記憶しているということではなく，初めて遭遇するような場面でも，自分で課題を見つけ，自ら考え，自ら問題を解決していく資質や能力である。これからの情報化の進展に伴ってますます必要になる，あふれる情報の中から，自分に本当に必要な情報を選択し，主体的に自らの考えを築き上げていく力などは，この『生きる力』の重要な要素である。
　また，『生きる力』は，理性的な判断力や合理的な精神だけでなく，美しいものや自然に感動する心といった柔らかな感性を含むものである。さらに，よい行いに感銘し，間違った行いを憎むといった正義感や公正さを重んじる心，生命を大切にし，人権を尊重する心などの基本的な倫理観や，他人を思いやる心や優しさ，ボランティアなど社会貢献の精神も，『生きる力』を形作る大切な柱である」（傍線　筆者）。

この抽象的な文書を乙武氏の「生き方」に重ね合わせると，非常にわかりやすいのではないだろうか。「初めて遭遇するような場面」では，誰もが不安になったり，回避したりすることが多いだろう。おそらく乙武氏は，彼に相応しい答えを誰からも与えられることなく，物事の本質を考えることによって，解決策を見出してきたに違いない。人間は一人一人独自な個性的な存在であるが，多くが考える努力を放棄し，みんなにとっての「普通の答え」を知ることで満足してしまうことが多い。したがって想定外の事態に対応する力がないのである。「自己の生き方」「人間としての生き方」について考えることは大人にとっても，まして学生にとって，容易なことではない。ただそうしたことが不可能というわけではない。「自己の生き方」「人間としての生き方」について考えるために相応しい題材を，取り上げることが，教員を目指す学生にも必要だと言える。

(3)　道徳の時間の指導上の課題と改善への視点

　教員養成における道徳教育の次の課題は，「道徳の時間」の指導法にかかわるものである。すなわち「具体的に道徳の授業をどう作るのか」という課題に対して，教材等を使って，指導案を作成するとともに，模擬的に実践してみることである。これらのことを学ぶことができたら，後は教育実習の中で，一度は授業を実施し，指導教員の指導を受けることが必要だろう。しかしながら，大学における教員養成の課題は，「道徳の時間」をいかに指導するか，より実践レベルで指導することのできる教員が少ないことに尽きる。これは附属学校といえども例外ではない（但し教育実習での実地経験の充実に向けて変化が見えてきた）。道徳を教えるための理論を習得したとしても，今度は「道徳の時間」にそれを具体化できなければ，児童・生徒に伝わるものではない。そうした指導のノウハウを一通り理解させることが大学の教員養成における道徳教育の重要な課題である。しかしながら学習指導案を作成する上で，当然前提とされるのは，指導する学級の存在であり，子どもたちの存在である。「道徳の時間における学習指導案とは，授業をしようとする教師が，年間指導計画に位置づけられたそれぞれの主題を指導するに当たって，児童や学級の実態に即して，教師自身の個性を生かして作成する指導計画である。具体的には，主題のねらいを達成するために，児童がどのように学んでいくのかを十分に考慮し，何を，どのような順序，方法で指導し，評価し，更に指導に生かすのかなど，学習指導の構想を一定の形式に表現したものである」（文部科学省 2008a,p.81）と述べられているように，指導する内容や方法は，児童や学級の実態によって変化するはずのものである。したがって，教育実習以前の段階で，大学の中で，指導案を作成することは困難であると想像される。しかしながら，こうした課題を教員が意識して，例えば教育実習以前に実習校を参観する機会を用意したり，実習を終えた上級生の体験談を聞く機会を増やしたりすることなどによって，子どもたちや学級の実態についてのイメージを膨らませることが可能と言えるだろう。

　なお，平成26年10月21日付けで中教審より『道徳に係る教育課程の改善等について』の答申が公表された。その目玉として，「特別の教科　道徳」（仮称）の設置を提言するものである。それを受けて，今後は学習指導要領の一部改訂や教科書検定などの作業行程が進められるとともに，教員養成における道徳教育のさらなる充実も求められるだろう。「特別の教科　道徳」（仮称）の指導を睨んで，「道徳の時間」の指導はどうあるべきか，大学における道徳教育に係る教育研究組織の改善・充実に向けた積極的な取組が求められているのである。

引用・参考文献

小笠原道雄・田代尚弘・堺正之編　2012『道徳教育の可能性』福村出版
乙武洋匡　2001『五体不満足　完全版』講談社文庫
乙武洋匡　2007『だから，僕は学校へ行く！』講談社
文部科学省　2008a『小学校学習指導要領解説　道徳編』東洋館出版社
文部科学省　2008b『中学校学習指導要領解説　道徳編』日本文教出版

2 道徳授業に対する不安や悩みからみえる課題

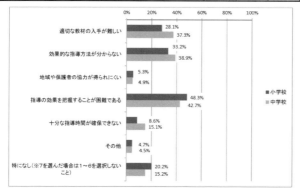

平成24年　道徳教育実施状況調査（文部科学省）

　附属小学校の時代に教育実習生を指導することが多くあった。毎年，多くの実習生が来て，道徳の授業がしたいと訪ねてくる。あるとき，なぜ道徳の授業がしたいのか尋ねた。その応えは，一つは自分の学んでいる内容を児童に伝えたいというものだった。もう一つは，他の教科の指導案には単元計画があるが，道徳にはないので少しは楽だと思ったというものだった。そして，実際に指導案を立てたり，授業をしてみると自分たちの思い違いに気付かされていた。思いを伝えるだけでは，ほんの数分で授業が終わってしまう。また，単元計画はないものの日常の生活や児童の様子を見ていないと道徳授業にならない。

　これは極端な例にしても道徳授業を行うための多くの先生方が指導案作りに不安や悩みとされることがある。左の道徳教育実施状況調査（平成24年文部科学省）の問4「道徳教育を実施する上での課題としてどのようなことが考えられますか。」をみても明らかである。次に調査から見える課題について大きく3点にまとめたい。

(1) 価値内容と教材
① 価値内容
　価値内容は道徳授業について考えるときの基盤となり，学習指導要領に記されている。この学習指導要領は基本的に10年ごとに見直されている。しかし，現在の社会の変化は激しい。道徳の価値内容がいつの時代も変わらず受け継がれていくものと変わっていくものもある。例えば，「いじめ」「非常災害時のモラル」「情報モラル」「生命倫理」「環境問題」など教員が今子どもたちに指導したいと思う内容が記されていない場合もある。

② 教材
　次に課題となるのが教材である。先の資料を見ても適切な教材がないことが挙げられている。「学習指導要領　「第3　指導計画の作成と内容の取り扱い」の3に「先人の伝記，自然，伝統とスポーツなどを題材とし，児童が感動を覚えるような魅力的な教材の開発や活用を通して，児童の発達段階や特性等を考慮した創意工夫ある指導を行うこと。」と記されている。次頁の資料を見ても分かるように，学校では道徳の授業の校内研修として最も多く行われているのが「読み物資料の利用」に関わる研究である。この難しさは，常に児童生徒が同じではないということである。ある学年の子どもにとてもよかった資料が，次に同じ学年ではそれほどよくない場合がある。読み物資料の適時性である。そのときの児童生徒や社会の背景によって子どもの心に響くときが異なる。そのため，常によい資料を求め追求していかなければならない。

(2) 方法
　価値内容が定まったら，次は道徳授業の中で，どのような方法でこれを指導していけばよいのか，が課題となる。その方法の課題について大きく4点を挙げることとする。

問5 平成23年度において，貴校では，道徳の時間について，次のような指導方法の研究を行いましたか。該当するものを全て選択してください。

	小学校	中学校	合計
1 読み物資料の利用	66.0%	76.6%	69.4%
2 資料を提示する工夫	61.7%	58.9%	60.8%
3 発問の工夫	67.9%	70.0%	68.5%
4 話合いの工夫	61.1%	61.7%	61.3%
5 書く活動の工夫	44.0%	38.5%	42.3%
6 動作化，役割演技等の表現活動の工夫	42.8%	14.5%	33.7%
7 板書を生かす工夫	43.7%	34.1%	40.7%
8 説話の工夫	29.9%	26.5%	28.8%
9 ICTの利用（パソコン等）	20.5%	22.3%	21.1%
10 研究していない（※10を選んだ場合には1～9を選択しないこと）	13.6%	7.2%	11.6%

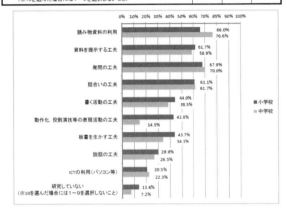

平成24年　道徳教育実施状況調査（文部科学省）

① 発問

発問についても同様に校内研究の多くに挙げられている。発問は道徳授業の「ねらい」に即して発せられるものである。一般的に道徳の授業でねらうのは，道徳的心情，道徳的判断力，道徳的実践意欲と態度である。このことを踏まえて教材を理解し，児童の背景を考慮して中心発問や補助発問などを準備していく。これまで指摘されていたことは以下のようなことである。

・読み物を前から順次気持ちを問う発問を繰り返していないか。
・先生は正しい答えはないから・・・と言いながら一人二人が言うと「そうだね」と言って次に進む。
・資料を読めば分かる質問だけになっていないか。
・一度に2つのことを聞いていないか。
・応えられる児童が限定されていないか。

② 学習方法

話し合いや書く活動など思考を深めていく時の方法である。学習人数も，一人，小グループ（隣同士，班），全体で考えるなど様々である。その目的に応じて使い分けし，机の配置もスクール形式やコの字型など使い分けられる。また，自分の考えを表現していく方法も多岐にわたる。以下はそれを示したものである。この中から，授業のねらいの即した方法を選択していかなければならない。

動　作	動作化，人形劇づくり，劇づくり，役割演技，ごっこ活動等
図・表	構成図，設計図，しくみ図，グラフ，心情曲線
絵　画	絵図，塗り絵，立体模型図，絵地図，絵と文，顔の絵，おもちゃ紙芝居，カルタ，アルバム等
言　語	絵と文，絵本，ノート，新聞，紙芝居，文カード，心カード，アルバム，ふきだし，討論，詩，短歌，文章表現（説明文，作文感想文，解説文，シナリオ）等
記　号	色カード，印カード，線等
音　楽	替え歌，作曲，リズム等

③ 学習指導過程

道徳の学習指導にも様々な理論がある。授業者は，どの立場で授業をしていくのか決めなければならない。例えば，価値の内面化を重視する立場がある。道徳的にみて望ましいと考えられる一定の諸価値が内面化された状態を道徳性と捉える。模範，教訓，感化，賞罰などの方法を用いて，道徳的諸価値の内面化を図る。また，価値の明確化を重視する立場がある。主体的に「価値づけ」を行うことのできる（個人的な価値を追求することができる）能力を，道徳性と捉える。構成的グループエンカウンターなどの手法を用い，主体的な価値選択能力を培う。自分づくりを支援し，問題を発見し，解決する力を培う。また，認知発達理論に基づく考え方もある。道徳性は人間に本来共通に備わっているものであり，それは段階的に発達していくものであると考える。道徳的な葛藤状況の解決を巡って，道徳性の発達段階の隣接した小集団でディスカッションする事を通して，道徳性の発達を促進する。ここでは3つの考え方を示した

が，これ以外にも様々な考え方があり，授業者が決定していかなければならない。

④ 終末の在り方

終末で大切なことは，授業でねらいとしたことを振り返り，価値への関心の継続を図ることと，道徳的実践に向けて意識をつなぐことである。道徳の時間の目標として新しく入った「自己の生き方についての考えを深める」がこれに当たる。ここでしっかり自己を振り返らせこれからの自分について考える機会を持つことが実践につなぐことができる。しかし，これまでの授業過程でこの時間がとれないことが多くあったのではないだろうか。児童生徒は，学習したことが自分のことと結びつきにくいまま学習が終わったり，宿題となっていなかっただろうか。道徳の時間の意義を振り返り，教材も学習方法もすべて自分の生き方について考えるためにあることを確認したい。以下が終末で見られる活動の一部である。

```
・体験学習におけるＶＴＲ　・体験前後のアンケート　・導入時に使った意識調査の結果
・道徳ノート　・他領域における実践の場を工夫する。　・教師の体験談　・友達の作文
・日記，手紙，詩，新聞記事，テレビの話　・格言，ことわざ　・家の人の手紙や話，ゲストティーチャーの話　・心のノート，私たちの道徳　等
```

(3) 評価

先の道徳教育実施状況調査（平成24年文部科学省）の問4「道徳教育を実施する上での課題としてどのようなことが考えられますか。」をみても明らかのように最も課題に感じていることは「指導の効果を把握することが困難である。」ということである。道徳の授業をして無力感に襲われている教師がいることを耳にする。例えば，「信頼・友情」の授業を行って，すぐの休み時間に廊下でけんかをして仲裁に入らなければならなかったということを聞く。道徳で学んだことが日常生活に生かせられなかったのである。道徳の授業では実践は求めないとよく言われる。教師の一方的な価値の押しつけや指導を戒めるものである。道徳性は，人格の全体にかかわるものであることから数値などによる評価も行わないことになっている。道徳授業の評価は児童生徒自身が自己の姿をどのように理解し，よりよい生き方を求めていく意欲や努力を評価し，それを勇気づける働きを持つものでなければならない。教えたらできるものではない。しかし，教えてできないのは空しい。指導のねらいとのかかわりにおいて児童生徒の心の動きの変化などを捉え，自らの指導の評価をするとともに指導方法の改善に努めていきたいものである。

3　管理職から若年教員への期待

(1) 若年教員に期待する背景

管理職は，学校や学校を取り巻く地域等の全ての資源を使って児童生徒の教育に当たることが求められる。そのために従来の学校管理する力だけでなく，学校が有する人材，環境，資材（物品を含む）を活用し，教育課程を含めて，学校全体をマネジメントする能力が求められている。学校は学級単位で構成されており，児童生徒が最も多くの時間を過ごすのが学級である。だから，マネジメントを考える際に重要な要素となるのが学級であり，その学級を担任する教員である。この教員の中でも，特に若年教員への期待が大きい理由は大きく二つのことが考えられる。一つには「教育」を行う際に最も重要な要因となるのが教員だからである。子どもは学校生活の大半を学級で送る。小学校であればそのほとんどが学級であり，担任とのかかわり合いである。また，それは教える子どもが幼いほど重要である。幼い子ほど自分の意志を伝えるための表現方法が十分ではない。教員はその意志を態度や表情などからくみ取り，指導や配慮を行わなければならない。それは単に学習指導にとどまらず生活全体にまで及ぶ。そのため，子どもとの人間関係が良好になると担任の身振り手振りから指導の仕方まで似てくる。もう一つは，このように重要な要素である教員集団の年齢構成が大幅に変わりつつある。今後10年間で大量の退職者とともに大量

の採用者が増える。その際の学校の担い手が現在の若年教員である。若年教員の力量が学校の運営に大きくかかわり，児童の教育に影響を与えることは間違いない。

このように重要な若年教員に対して，その資質向上は管理職が大いに期待するところである。ではどのような資質向上を期待しているのであろうか。平成17年の中央教育審議会答申には，教師に対する揺るぎない信頼を確立するために「教職に対する強い情熱」「教育の専門家としての確かな力量」「総合的な人間力」等が挙げられている。また，東京都教育委員会は平成20年に「東京都教員人材育成基本方針」を定め，「OJTガイドライン」を示した（OJT；On the Job Training の略で日常的な職務を通じて，必要な知識や技能，意欲，態度などを意識的，計画的，継続的に高めていく取組）。この中で教員が身に付けるべき力として「学習指導力」「生活指導力・進路指導力」「外部との連携・折衝力」「学校運営力・組織貢献力」を取り上げている。このように教員が身に付けることが求められる資質能力は多彩なものがあり，その質の向上が課題である。

(2) 道徳教育とのかかわり

では，道徳教育ではどのような教員が求められているのだろうか。「小学校学習指導要領第3章道徳編第3指導計画の作成と内容の取扱い4」に「道徳教育を進めるに当たっては，学校や学級内の人間関係や環境と整えるとともに，・・・」とあり，解説編にも以下のように述べられている。

> （1）教師と児童の人間関係
> 　　教師と児童の人間関係においては，教師に対する児童の尊敬と，児童に対する教師の教育的愛情，そして相互の信頼が基本となる。したがって，教師には児童を尊重し受容する態度及び児童の成長を願う教育的愛情が不可欠である。また，教師自身がよりよく生きようとする姿勢をもつことによって，自己を常に向上させようとしている児童の強い共感を呼び，それが信頼関係の強化につながる。これらのためにも，教師と児童が共に語り合うことのできる場を日常から設定し，児童を理解する有効な機会となるようにしていくことが大切である。

このように道徳教育では児童を理解し，教育的愛情をもって接することで教師と児童の人間関係を築くことが述べられている。このことが，学級経営の基盤となり落ち着いた学級の中で児童生徒が学習や日常生活を送ることができる。安心安全な学級づくりが学校全体の教育力を上げる基盤となる。このような「子ども理解力」は，先に挙げた資質能力の基盤となるものである。中教審答申の教員に対する強い情熱に通じるものかもしれないが，子ども理解力については，先に述べた幼い子どもに対してのみにとどまらず，子どもに接する全ての人に求められている。道徳の授業は子どもを理解しなければ成り立たない。

(3) 管理職の期待

そのため学校内の人事配置にも配慮が為される。香川県では，新年度に各教員の研究教科及び教科外を決め，1年間，香川県や所属の支部の研修会に参加させる制度がある。その際に校内の担当と同じにする。新規採用教員は，多くの場合大学等で研究教科を決めて学習しているので教科はその研究教科とするが，教科外は決まっていない場合が多くある。そこで，校内事情が許すならば道徳や特別活動に充てることがよくある。それは，一つには毎週授業があるのでその研究に役立てる意味がある。もう一つは，子どもを理解するのに役立つという面があると思う。私自身も30年前に教科外を道徳の担当となり，今がある。その当時は道徳について何も知らなかった。大学でも教育原理や教育心理学は学んでいても道徳の授業や道徳教育についてほとんど学んでいなかったと思う。しかし，その際のご配慮のお陰で少しは子どもについて理解し，子どもの言動について考えてみようと思うようになった。そのときの管理職の方に感謝感謝です。

4　道徳教育推進教師の役割と今後への期待

(1) 道徳教育推進教師とは
　道徳教育推進教師は，平成20年の学習指導要領の改訂により，学習指導要領解説「道徳編」に，新たに明記された役割である。それは，道徳教育を充実させるために，中心となって学校全体を動かす，推進役を務める教師である。
　元来，校務分掌として，道徳主任が校内の推進役を担っていた。しかし，道徳教育が学校の教育全体で進められることから，道徳主任だけに託されるのではなく，校長の方針の下，全教師が道徳教育の重要性の認識を深め，協力体制を築いていく必要がある。そのためには，道徳教育推進教師が，体制を具体化し，共通理解を図りながら，実践に努めなければならない。
　道徳教育推進教師がリーダーシップを発揮し，道徳教育の諸計画を作成し，展開し，その不断の充実・改善を図っていくのである。具体的には，計画を整え，道徳の授業を改善し，校内や家庭・地域の連携を図っていくことである。

(2) 道徳教育推進教師の役割
　学習指導要領解説「道徳編」には，道徳教育推進教師の役割として，以下の8点を示している。それに具体例を併記すると以下のようになる。

> ア　道徳教育の指導計画の作成に関すること
> 　・道徳教育，道徳の時間等の計画や実施の様子の実態把握（分析）をする。
> イ　全教育活動における道徳教育推進，充実に関すること
> 　・多様に人材活用ができるように計画や環境作り，調整を行う。
> ウ　道徳の時間の充実と指導体制に関すること
> 　・道徳の時間の指導力向上のために，相談役や情報提供を行う。
> エ　道徳用教材の整備・充実・活用に関すること
> 　・道徳教育を進めやすいよう，資料や教材の資料コーナーづくり等，環境整備を行う。
> オ　道徳教育の情報提供や情報交換に関すること
> 　・道徳通信等の発行（発信）により教師や家庭の意識を高める。
> カ　授業の公開など家庭や地域社会との連携に関すること
> 　・保護者や地域住民への授業の公開や授業参加等，連携を進める。
> キ　道徳教育の研修の充実に関すること
> 　・現職教育において研究授業等を行い，指導技術等を研修する。
> ク　道徳教育における評価に関すること　　など
> 　・授業評価，児童生徒の評価の観点を提案する。学校評価で成果と課題を明らかにする。

(3) 道徳教育推進教師を中心とした実働する体制づくり
　全教師が共通の課題意識をもって進められるように，道徳教育推進教師は体制を構築して，チームとして事にあたっていく。それは，学校課題や児童の実態から出発し，児童像を明確にし，課題解決に向けてアプローチしていくことである。そのためには，現職教育主任や課題解決に関わる各領域の主担当者と連携し，共に運営できるように働きかけることである。互いに補い合い，強化できる関係性を築くことが重要である。

① 道徳教育の推進体制
　次に推進体制の例を示すと，校務分掌を生かしながら，組織を再編する例①や道徳教育を推進するために部会形式や担当者を明確にして位置付ける例②がある。また，各学年から道徳教育担当を出し，系統を意識して組織化する場合や，各学校の実態に応じて考え，地域や保護者，ＰＴＡや連携する各種団体から人材を招聘することも考えられる。

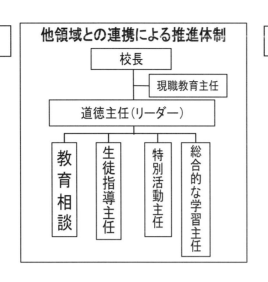
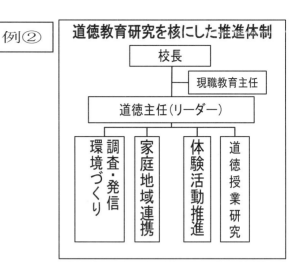

いずれも道徳主任がリーダーシップを発揮しながら，組織としてまとめ上げていくことが必要になってくる。役割を明確に位置付けること，それぞれの立場や専門性，知見を生かすことが求められる。

② 道徳教育推進体制の活性化のための場づくり

道徳教育推進教師にとって，体制の運営は重要な課題である。日常的な教師間の情報交換の充実はもちろんのこと，話し合いの場（時間，場所）の設定が重要である。連携・協働は一つ一つのコミュニケーションの積み重ねであり，有意義な話し合いの場づくりの工夫が求められる。また，意志決定の場が，実践への意欲を高めることにもつながる。

道徳教育推進のための話し合いの例

方向付け 現状把握	議題を確認する。現状を客観的に洗い出す。気づきを発表する。「学校全体で重点化したこと（生命尊重）が十分にできていない。それぞれが取り組んでいるが，成果が上がらない。」	会議の意義の理解 現状の評価 ニーズの確認
課題解決に向けて 共通理解	課題解決の方法を話し合う。（何ができるか）道徳教育推進チームとして何をすべきか。「来月の「道徳の日」と絡めて全校で取り組もう！各担当からの連携のアイデアを出そう。」	それぞれの立場をいかした討議
計画 実践	行動計画を立てる。（何を，誰が，いつまでにするのか）道徳主任から職員会議で計画と内容の提案と共通理解を図る。・資料の提示，人材活用，掲示等の工夫	他の教職員が動きやすいように整備

学習指導要領解説「道徳編」には，「全教師が力を発揮できる体制を整える必要がある」とあり，道徳教育推進教師は学校全体の視野に立って効果的に運営することが求められている。

(4) 今後の期待

道徳教育推進教師には，目標や方向性を描き，自ら率先して，状況の改善に取り組む，積極的な態度が求められる。また，協力を呼びかけ，協働するための調整力も必要となってくる。まさに学校の道徳教育のコーディネーターとしての役目を担う。さらに，道徳の「教科化」により，教師の指導力の向上や指導体制の整備・充実について，再検討が迫られ，校内の道徳教育の方向性の舵取り役も任されることになるであろう。また，文部科学省の「道徳教育充実に関する懇談会」の報告（平成25年12月）には，地域での中核的な推進役となる「道徳教育推進リーダー教師」が提言されており，さらなる道徳教育推進のまとめ役・指導役が求められている。

児童が自己を見つめ，生き方への考えを深められるように，教師は児童が深く考え，将来の自己像が描ける授業に改善していかなくてはならない。そのために研修や研究の充実が欠かせない。道徳教育推進教師自身が，情熱と冷静な判断をもって，取り組んでいかなくてはならない。

第3章

道徳教育の充実と広がり

1 道徳教育と生徒指導

道徳の教科化の背景には、2011年に起こったいじめ事件がある。深刻ないじめ問題を本質的な問題解決に向けていくために、「いじめの問題への対応について(第一次提言)」(2013 教育再生実行会議)において、「心と体の調和の取れた人間の育成に社会全体で取り組む。道徳を新たな枠組みによって教科化し、人間性に深く迫る教育を行う」と道徳教育の充実を第一に挙げている。

つまり、いじめの行為自体をやめさせる指導だけでなく、いじめを止められる人間を長期的視点に立って育てていくことが重要であり、現実の困難な問題に主体的に対処することができる実行性のある力を育成していく上で、道徳教育の役割が求められている。

(1) 道徳教育と生徒指導のかかわり

道徳教育においては、児童生徒の発達段階を踏まえ、社会のルールやマナー、人としてしてはならないことなどについてしっかりと身に付けさせることは必要不可欠である。しかし、これらの指導の真の目的は、ルールやマナーを単に身に付けさせることだけではなく、そのことを通して道徳性を養うことであり、発達の段階も踏まえつつ、こうしたルールやマナー等の意義や役割そのものについても考えを深め、さらには、必要があればそれをよりよいものに変えていく力を育てることもめざしていかなければならない(2014「道徳に係る教育課程の改善等について(答申)」中央教育審議会)。

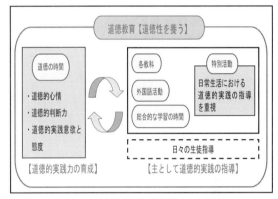

図1 道徳教育と道徳の時間

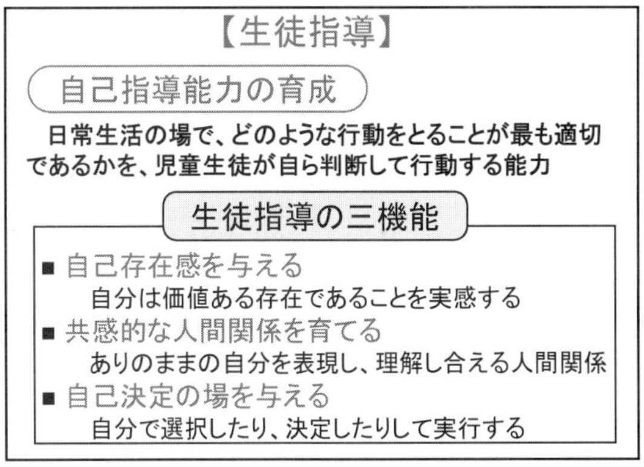

道徳教育で培われた道徳性や道徳的実践力を、生きる力として日常生活場面で実践できるように援助することが生徒指導の働きである。道徳教育において道徳性が養われれば、日常生活における道徳的実践が確かなものになり、自己実現にもつながり、生徒指導が充実する。日常生活における生徒指導が徹底すれば、望ましい生活態度を身に付けることができ、道徳性が養われる(2010 生徒指導提要)。このように、道徳教育と生徒指導は相互補完関係にある。

図2 生徒指導の三機能

(2) 日常生活と道徳
① 居心地のいい学級集団とは
ア 学級のルール・規律が守られた集団

安心して学習に取り組むためには、誰からも責められない規律が守られた安全な場であることが大切である。そのためには、教師が毅然とした態度を示すことも必要である。全体の場では緊張感を、1対1の場では安心感を与えるようなメリハリのある心理的に安心・安全な学習環境をつくることが第一歩である。

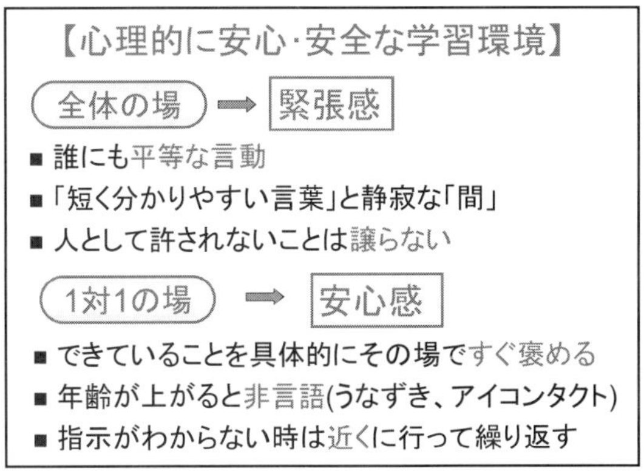

イ 支持的風土がある集団

学級全員に「聞く」態度を育て、どのような意見でも受け止め共感し合える雰囲気があることが大切である。ただし、気持ちは受け止めても、許されない行為を受け入れることではないことを明確にしておく必要がある。

図3 心理的に安心・安全な学習環境

② 教師がモデルに

　児童生徒の行動の判断規準は，担任の言動である。担任からのマイナス面の指摘が多いと「子ども同士のあら探し」をするようになり，担任が常に「ありがとう」の言葉を口にしていると自然に感謝の言葉が飛び交う学級になるであろう。学級において許されること・許されないことの規準は，担任の言動によって判断しているのである。教師自身が規範意識を磨き，常に児童生徒の「モデル」であることを意識することが大切である。

```
┌──────── 居心地のいい学級集団 ────────┐
■ ルール・規律が守られた集団
　　　安心して学習できる場、責められない安心感
■ 学級の支持的風土づくり
　　　「聞く」態度を育てる(共感的な人間関係)
■ 担任が「モデル」に→子どもの行動規準は担任
┌────────────────────────────┐
│ ◎ 「ほめる」 → 友達のほめ方を知る、自尊心 │
│ ◎ 「譲らない」 → 善悪の判断、ルールの確立 │
│ 　　　心理的に守られ, 安全な学級集団       │
└────────────────────────────┘
```

図4　居心地のいい学級集団

(3) 規範意識を育む
① 規範意識とは

　規範とは，人間が行動したり判断したりする時に従うべき価値判断の基準であり，規範意識とは，そのような規範を守り，それに基づいて判断したり行動しようとする意識である(2006『児童生徒の規範意識を育むための教師用資料』(非行防止教室を中心とした取組)」文部科学省・警察庁)。

　まずは，自分の周りにいる人たちへ思いやりをもって行動することがマナーであり，それが個によって規準が異なる場合に，その集団の一員として互いに気持ちよく過ごすために守るべきルール・きまりができる。さらに，そのきまりに強制力をもったものが法となる。

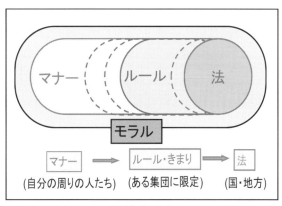

図5　規範意識とモラル

　規範意識のスタートは，互いを思いやるためのマナーであり，一人一人が周りの人のことを考えて善悪の判断をし実践しようとする行動規準を確立していくことである。「きまりは守らなければならない」ことを教えることではなく，マナーやルールを身に付け実践していくことで互いに心地よく過ごせる経験を積み重ねていくことが，規範意識の醸成につながる。

② 自分たちでルールをつくる

　教師自身が，ルールやきまりをどのように捉えているであろうか。「ルールは決まっているもの，守らなければならないもの」という捉え方をしていると，どんなに努力しても学級のきまりを守ることができない児童生徒(例えば，1日に3回は発表する等)にとっては，きまりを守ることができないことが，その集団での居心地を悪くしているかもしれない。

　ルールやきまりには，「教師が決めるもの」だけでなく「子どもと共に決めるもの」もある。学級のルールやきまりは，居心地のいい集団にするための約束ごとである。学習が楽しければ楽しいほど，集団の中での活動が楽しければ楽しいほど，児童生徒は様々な工夫をし，いろいろな約束ごとをみんなでつくっていく。

　学級で自主的，自発的な活動が活発になるのは，「みんなでつくるルール」ができていくことである。「みんなが守れるルール」を集団のみんなで話し合ってつくっていくことで，集団の一員としての自覚を促し，ルールを守る心地よさを実感することで規範意識が培っていく。

```
┌─────【子どもたちと共に決めるルール例】─────┐
学 活　　学級のきまり(話合い活動)
　　　　　→　みんなで約束ごとを決め，不都合がある場合はその都度話し合う。
総 合　　校外学習時のルール，異学年交流時のルール（下級生への思いやり）
給 食　　おかわりのルール　→　ゆっくりと落ち着いて食事ができるように
　　　　　　「食べ終わった人から」「好きな物を一品だけ」「一すくいずつ」等
　　　【子どもたちが決めるルール】
休み時間　　ドッジボールのルール
　　　　　→　メンバーや状況により自分たちが楽しめる柔軟なルールに変えていく。
```

2　道徳教育と学級経営

(1)　道徳教育と学級経営の密接な関係

「道徳教育は学校の教育活動全体を通じて行う」と学習指導要領にも書かれている。学校の教育活動全体を具体的に挙げてみると，朝の会，授業，休み時間，給食，清掃，帰りの会，部活動等がある。小学校はもちろんのこと，中学校においても学級担任が子どもとかかわる場や時間が多い。

学校の教育活動全体を通じて行う道徳教育と学級経営との関係を 図1 に示す。

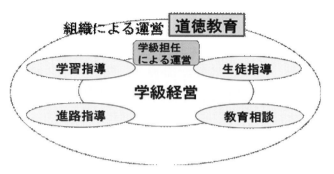

図1　道徳教育と学級経営との関係

河村(2012)は「授業の基盤は学級経営にあり」と言う。授業には，もちろん道徳授業も含まれる。

学級担任は多くの時間を子どもとともに過ごし，学校行事等を通じて，子どもとともに教員としての自分も成長していく。中学校でよく実施される運動会の長縄跳びの練習においても様々なトラブルやドラマがある。クラスのみんなで跳びたい，クラスのみんなで協力して，お互いが思いやりの気持ちをもって…。これが理想ではあるが，現実はなかなかそううまくはいかない。いつも同じ子どもがひっかかる，いつも同じ子どもが朝練に来ない，男子と女子のケンカ等，様々なことが起こる。そこで，学級担任は朝の会や帰りの会で子どもたちにやる気を起こさせるような話をしたり，学級活動の時間等に並び方や跳び方，縄の回し方などの作戦を子どもに考えさせたり等の工夫を行う。最も効果的な取り組みは，道徳の時間に集団生活の向上という内容項目に関する読み物資料等を使って，道徳の授業を行うことである。運動会前に効果的な資料として，ビデオ「みんなで跳んだ」，新聞記事「みんなで跳んだ」，読み物資料「遠足で学んだこと」（明日をひらく　東京書籍　中1年），読み物資料「長縄跳び」（かけがえのないきみだから　学研　中1年）がある。特に，ビデオ「みんなで跳んだ」は，いつ視聴しても泣けるし，勝つことに執着している中学生も勝つことだけがすべてではなく，クラス全員で跳ぶことに意義があることに気付いていく。子どもの日々の努力や泣き笑いをよく知っている学級担任だからこそできる道徳の授業ではないかと考える。道徳の時間を要として，朝の会や帰りの会，学級活動等，他の教育活動との関連を図った道徳教育の取り組みが学級経営にも好影響を与える。子どもたちは，運動会を通じて，望ましい生活習慣，目標の実現，個性伸長，思いやり，友情，男女の尊重，寛容の心，感謝，人間の弱さの克服，集団生活の向上，愛校心の内容項目にかかわることを学んでいく。このことからも道徳教育と学級経営が密接な関係にあることが理解できるであろう。

(2)　「道徳の授業を熱心にやっていると10月からクラスが変わる！」って本当？

「道徳の授業を熱心にやっていると10月からクラスが変わる！」という言葉を聞いたことがあるだろうか。私自身，初めて聞いた時には，イメージがわかなかった。もしかしてこういうことなのかなと実感することがあった。

私が学級担任をしていた頃，社会科の教科担任として4クラス授業を担当していた。4月に非常に授業がしやすいあるクラスがあり，内心うらやましいなあと思っていた。また，騒がしく，非常に授業がしにくかったクラスもあった。しかし，10月を過ぎる頃，授業がしやすかったクラスがだんだんと授業がしにくくなり，逆に，4月には授業がしにくかったクラスがだんだんと落ち着き，授業がしやすくなってきた。なぜ？と考えてみた。だんだんと授業がしにくくなってきたクラスでは，道徳の時間を学級担任の教科に振り替えることが多く，道徳の時間を大事にしていない状況であった。逆に，だんだんと授業がしやすくなってきたクラスでは，学級担任が毎週の道徳の時間を大事にして，道徳の授業が地道に行われていた。これだけが原因ではないだろうが，要因の一つではあると考える。このように「子どもの姿を通して，学級経営が見える」ということを実感し，身が引き締まったのを今でも覚えている。今度は視点を逆にして，私のクラスで授業を行う教科担当の教員は，私のクラスをどのように見ているのかと考えてみた。私のクラスは秋に変身を遂げたの

か？これは，学級担任自身ではわかりにくい。しかし，授業を行う教科担当の教員から授業での様子を聞いたり，お褒めの言葉をいただいたりすることで，つまり，他者からの情報で自分のクラスの成長を確かめることができる。「道徳の授業を熱心にやっていると10月からクラスが変わる！」これをぜひとも若い教員の方々に体感してもらいたいと思う。道徳の授業を熱心にやっていると4，5月頃には，「なんで道徳するん？」と言っていた子どもが，「明日の道徳，何するん？」と変化してくる。これは，しめたものだ。一度，この感覚を体験すると道徳の授業を大切にする教員になるし，よりよい道徳の授業を求め続ける教員になるのではないかと考える。より一層，道徳教育を充実させるためには，道徳教育に熱心に取り組む若い教員の力が必要なのである。

　道徳教育の研修会で初めて会った若い教員が言った言葉が忘れられない。「そんなにすごい道徳の授業はできない。でも，毎時間の道徳の授業から逃げないで，毎時間きちんと道徳の授業をしていきたい。」道徳の授業を積み重ねていくことで子どもも教員も大きく成長していく。その若い教員の学級経営はきっと成功していることだろう。

(3) 道徳教育を核にした学級経営のための2つのヒント

　子どもは1日の大部分をクラスで過ごす。道徳教育を進める上で，人的・物的環境としての学級経営は重要な役割をもつ。

① 人間関係づくり

　子どもの道徳性は，人間関係の中で培われることが多い。特に，学級担任を始めとする教員と子どもとの温かい人間関係は非常に大切である。教育活動の基盤には，子ども理解がある。子どもに寄り添い，子どもの考えを受容し，一人一人を大切にすることを基本とした学級経営が道徳教育を推進する原動力にもなる。

　子どもも教員も同じ人間として，人間の生き方について，ともに悩み，ともに考えていくことが教員の基本スタンスであることは言うまでもない。

　また，一人一人の子どものよさや違いを大切にしながら，お互いを認め合い，学び合う場を帰りの会やいろいろな授業の中で意図的に設定してほしい。その中で，教員が子どもを褒めるだけでなく，子ども同士で褒める活動を取り入れることで，子どもの自己肯定感や自己有用感も高まり，学級経営にもよい影響を与える。まさに，一石何鳥にもなるのである。子どもの考えや発想は柔軟であり，視野も広く，学ぶことも多い。「子どもから学ぶ姿勢」をもつ教員であり続けたいと自戒すると共に，若い先生方にもそう願う。

② 環境づくり

　教室環境が子どもの成長に大きく影響することは言うまでもない。みなさんは，道徳の授業をした後，どのような取り組みをしているかな？道徳の授業をした後も大切であり，ぜひ道徳の日常化をしていただきたい。具体的には，以下の2点の取り組みが考えられる。

　1点目は，学級通信の発行である。道徳の時間の振り返りでもあり，授業中に紹介できなかった意見を紹介することで，友だちから学ぶことという側面もある。また，道徳の時間では，このようなことを学習しているということを家庭にお知らせするという側面もある。学級通信を発行する際には，学校からの発信だけではなく，家庭から返信をいただき，双方向性をもたせることが大切である。また，返信をいただくことで，家庭との連携も図ることができるだけでなく，次もまた学級通信を発行しようというエネルギーにもなるから不思議である。

　2点目は，教室の中に「道徳コーナー」を設けることである。道徳の時間で学習した読み物資料の一部やイラスト，貼り物，キーワード等を掲示する。また，「私たちの道徳」の中からコラム，イラスト，写真等をカラーコピーして掲示することも有効である。このように道徳の時間で学習した内容の一部を「道徳コーナー」に掲示することで，道徳の時間に学習したことを思い出し，日常化を図ることもできる。「道徳コーナー」の掲示を増やしていくことで1年間の道徳の時間の積み重ねを視覚的にも実感することができる。

参考文献

河村茂雄　2012「学級集団づくりのゼロ段階」図書文化
香川大学教育学部，香川県教育センター　2014　「達人が伝授！すぐに役立つ学級経営のコツ」P7

3 道徳教育における ESD（持続発展教育）

(1) 平成20年度学習指導要領で看過されがちな ESD

　総則の道徳教育の目標に，「環境の保全の理念」が付加された。教育現場でほとんど認知されていない持続可能な開発のための教育(ESD=Education for Sustainable Development)と大きくかかわる。総則編の解説には，小学校及び中学校では「道徳教育の目標として盛り込まれている環境の保全等の理念は，地球的視野で考え，様々な課題を自らの問題としてとらえ，身近なところから取り組み，<u>社会の持続可能な発展の担い手として個人を育成することにつながるものであり，その点にも留意して指導が行われることが重要である。</u>（下線は引用者）」と記されている。

　ESD は，日本政府が世界に向けて提唱したにもかかわらず，現場での実践は遅々として進まない。道徳編の解説には，小学校中学校ともに「環境問題が深刻な問題となる中で，環境保全に努めることが重要な課題となっている。そのためにも，自然や生命に対する感受性や，身近な環境から地球規模の環境への豊かな想像力，それを大切に守ろうとする態度が養われなければならない。」と記されている。しかし，ここからは ESD との関わりは読み取れない。それ故，道徳教育に熱心な教員であっても，ESD の視点を踏まえた道徳教育の取り組みは看過されるのではないか。

(2) 道徳教育における環境問題を扱った学習の問題点

　市川(2001)は，人類が抱える環境問題の解決に向けた教育的アプローチとして，今後の環境教育は持続可能な社会の主体者の育成を目的とし，その内容や方法，カリキュラム等の開発と実践が求められていると指摘する。三石（2005）も，環境教育の動向から「問題提起型から『持続可能な社会』探究へ」と言う流れを看取し，「『持続可能な社会』の主体形成としての環境教育を考える」方向を指向していると述べる。以上，今後の環境教育の目的は「持続可能な社会」を担う主体者を形成することにあると言える。そうであるなら，先に示した平成 20 年度学習指導要領総則編解説の下線部の視点が抜け落ちる平成 20 年度学習指導要領道徳編解説の環境保全に関わる文言は，環境問題は環境のみ扱えば事が足りると，教育現場をミスリードしかねない。

　さらに，環境問題の解決という点から見ても同文言には問題を感じる。なぜなら，環境問題は(特に地球的環境問題は)，「人間とその文化，政治や経済からなる社会システムを視野に入れ総合的に捉えなくてはならない」(伊藤 2010ｂ)からである。「環境に関わる問題の解決」について，小坂（2001，p.98）も，トリレンマや「私たち自身が日常の生活の中で環境汚染に荷担してしまうという社会構造の中に組み込まれているという事実もある」と指摘した上で，環境問題には特効薬はなく，一見解決策と思えるものも見方を変えると実はそうとは言えなかったりするとして，「環境教育においては，目の前の問題に対して，さまざまな角度から追究し，子供たちが，『これでいいのか』と常に問い続けるような問題解決能力が必要になってくるのではないだろうか」と述べる。

　「環境教育においては，目の前の問題に対して，さまざまな角度から追究し，子供たちが，『これ

表１「私たちと次の世代の生命と暮らしの持続可能性を妨げる課題にどんなものがあるか」にかかわる課題

領域	課題
社会・文化	【人権】人種や民族，性，障害等をめぐる差別や偏見の解消【平和】戦争やテロの防止，核兵器・地雷・不発弾等の除去，海洋の安全【文化】異文化理解推進，歴史的遺産や文化等の多様性と伝承・継承【健康】HIV・エイズをはじめとしたグローバルな感染症等の病気の予防・治癒と食や薬の安全【統治】民主的で誰もが参加可能な社会制度の実現，公正な権利と収益の保障【犯罪】地域や学校・家庭で起こる犯罪や非行・いじめ・虐待等の防止とケア【情報】学校や家庭を超えた個人情報の漏洩，ネット犯罪，情報操作や扇動，情報格差の解消
環境	【天然資源・エネルギー】水・石油・原子力・レアメタル等の資源・エネルギーの維持，漁業資源の維持，森林破壊防止と生物多様性の保持【農業】持続可能な農業の実現【環境】地球温暖化等の地球環境破壊の防止と回復，森林破壊防止，海洋汚染の防止【農村開発】持続可能な農村生活の実現【都市】持続可能な都市生活の実現　【災害】多発する風水害等の様々な自然災害の防止と緩和
経済	【貧困削減】途上国・先進国間，各国における経済格差や貧困の克服【企業の社会的責任・説明責任】企業の社会的責任・説明責任の促進【市場経済】公正な市場経済の実現

（伊藤 2010ａ）

でいいのか』と常に問い続けるような問題解決能力」が必要であることを確認したい。環境保全の実現は，環境問題だけ取り上げても効果は薄い。「身近な環境から地球規模の環境への豊かな想像力」を育成するなら，環境問題と関連した様々な事象に関する豊かな認識の積み重ねが必要である[1]。

持続可能な社会の主体者の育成を目的とした環境教育を包括する教育に，ESDがある。「国連持続可能な開発のための教育の10年国連実施計画（案）」が示す15課題を基に，現代が情報消費社会であることを踏まえ，15課題以外に【犯罪】と【情報】も組み込み，筆者なりに「私たちと次の世代の生命と暮らしの持続可能性を妨げる課題にどんなものがあるか」を解いたものが，表1である。表1を見れば，環境だけを視野に入れても，決して「私たちと次の世代の生命と暮らしの持続可能性を妨げる課題」解決にならず，「持続可能な社会」を担う主体者形成はおぼつかないことが分かる。

（3）環境学習とモラルジレンマ授業

「主体的な環境認識を形成していく上で，具体的な『人』を教材に積極的に登場させることが有効な教材開発につながる」（山下 1996，p.137）ならば，資料に登場する様々な人に役割取得させ，判断力を高めさせるモラルジレンマ授業[2]は有効性がある。モラルジレンマ授業は，登場した「人」への役割取得により，様々な「人」の立場から問題を検討する[3]。これは，眼前の問題を様々な角度から追究し，子どもたちが，「これでいいのか」と常に問い続ける問題解決能力の育成につながる。

環境問題を個々人の道徳的選択，判断の問題という前提に立つ限り，限界があると考える吉永（1994b，p.113）は，「モラルジレンマ」型授業[2]には，「《環境問題とは，結局のところ個々人の道徳的選択，判断の問題だ》」という前提があると指摘した。この前提は，モラルジレンマ授業にも基本的には該当する。個々人の道徳的選択，判断の育成をめざすのが従来の道徳教育であり，その授業改革の方途としてモラルジレンマ授業が登場したからである。ただし，「ゴミ処理場がやってきた」等の個々人の道徳的選択，判断の問題ではすまされない状況設定での環境問題をテーマにしたモラルジレンマ教材があるが故に，同前提がモラルジレンマ授業も基本的には該当すると述べたのである。吉永（1994a，p.112）は，自動車等の日常便益品の安価な大量普及に依存した社会システム（生産・流通・消費）が成立したが故に環境問題が起こり，環境破壊は個人の欲望の集合的結果と言うより社会的欲望の集合的結果であると指摘する。吉永は，環境問題を個々人のモラルジレンマでなく，「社会的ジレンマ」として捉えようとした。環境問題において個々人の道徳的選択，判断が必要ないと言える人はいないはずである。問題は，「モラルや人間としての共同性を希求しようとすればこそ，他人事としてのきれい事でなく，個人の内奥に潜む『業』やエゴイズムと対峙しないことにはブレイクスルーはあり得ないと考え」（猪瀬，2001，p.82）られるかどうかである。したがって，ブレイクスルーする手だての一つとして，社会システムを踏まえた環境政策の探究までさせられるモラルジレンマ教材を活用した授業の構想が挙げられる。筆者は，モラルジレンマ授業のみで環境学習を構成する教授ストラテジーこそ，問題を感じる。既に，社会科授業とモラルジレンマ授業を結合した環境教育を意図した総合単元学習が成されている（佐藤1998，湯浅1999）。

（4）社会科学習と連携した道徳教育におけるESD
① 当事者性の高い社会論争問題による内容構成

ESD授業は今後人類が挑戦すべきことを課題とし（表1），傍観者的な外観主義的授業ではなく，当事者性を育む授業が求められる（伊藤・北岡 2010，p.88）。「任意の社会問題に対する当事者は，その問題と自らとの間に何らかの接点（関係）が存在することをもってその当事者性を立証することができる。」（豊田1998，p.101）。地球環境問題は誰でも接点（関係）があり，誰もが当事者性を有する社会問題である。地球環境問題は「当事者の自覚の有無にかかわらず，その問題の質が社会的であることによってその問題がすべての当事者に影響を及ぼ」し，「無自覚・無関心と言った動向も含めて，当事者の動向は社会問題に確実に影響を与える」（豊田1998，p.101）。そこで，誰でも接点があり誰もが当事者性を有する地球環境問題を基軸に，表1の課題と関わるESDの社会論争問題を基に，様々な地域スケールを入れ子状に配して内容構成した（表2），中等レベル（中学校～高等学校低学年）が対象の単元「高松からツバルへ，世界へ，日本へ，再びツバルへ」を構想する。

② 単元「高松からツバルへ，世界へ，日本へ，再びツバルへ」の概要

表3に，単元「高松からツバルへ，世界へ，日本へ，再びツバルへ」の全体構造を示した。

本単元では，学習者が新聞記者「として」，身近な地域から世界まで地球温暖化の取材から記事を作成し（物語性のある状況・文脈を活用した「として語る」活動），ESDに関わる論争問題を考える中で，地球温暖化の影響とされる様々な事象と，当該地域の地域性をマルチ・スケールで把握するものである。学習の発端は，高松市内が水没した災害史上稀な2004年の台風16号である。被害は地球温暖化の影響を思わせ，新聞記者マサコ（学習者）は地球温暖化の影響を報道すべく旅立つ。このプロローグが「日常からの旅立ち」の第1幕である。ステージ1～5が第2幕の「非日常への冒険」であり，新聞記者マサコ「として」世界各地の地球温暖化の影響を報道しつつ，ラケルから受けた相談の応えを探

表2　内容構成と学習対象地域の設定

ESDに関わる主要課題	教える教材		育てる教材	
	地域	国	地域・国	州・大陸
地球温暖化問題	高松	ツバル，バングラデシュ	モルジブ，オランダ，ベネチア，日本	世界，アフリカ，ヨーロッパ，北アメリカ
自然エネルギー		オランダ		
移民問題		フィジー	オランダ，ニュージーランド	
民族問題		フィジー	オランダ，ニュージーランド	
宗教問題		フィジー，バングラデシュ	オランダ	
持続可能な観光		モルジブ		
ゴミ問題		ツバル	モルジブ	
水問題		フィジー，ツバル	モルジブ	
資源の有限性		ナウル		
公的インフラ		ツバル		
都市集中		ツバル	ニュージーランド	
人口圧問題		ツバル	モルディブ	
食糧問題		ツバル	日本	
歴史的景観・環境保全	ベネチア		ニュージーランド	

(伊藤 2010c)

表3　単元「高松からツバルへ，世界へ，日本へ，再びツバルへ」の全体構造

	学習段階		学習内容（ゴチックはモラルジレンマ教材活用の学習内容）	共通する学習過程
	学習活動	学習過程		
一幕	I（プロローグ：地球温暖化で世界は今－台風16号災害取材編－，ステージ1：地球温暖化で世界は今－フィジー取材編－，ステージ2：地球温暖化で世界は今－ツバル取材編－）		・新聞記者マサコに役割取得し，地球温暖化の影響がある世界各地（高松，フィジー，ナウル，ツバル）の様子を，現地の人々の目線も踏まえ，新聞記事に書く。 ・ツバルで，現地の子どもラケルからニュージーランド移住を相談されたマサコは，「世界で地球温暖化の影響がどのように現れ，ツバルへの影響はどのくらいか」と問いを持つ。 ・メディアによって報道されるツバルの様子と現地の実態との違いに気付いたマサコは，「今，世界各地における地球温暖化の実態は，本当はどのようなものなのかを知り，ラケルの相談に答えよう」という課題を持つ。	各段階，取材と取材日記書き，記事書きを行うので，次の過程をとる。①記事となる問題の発見・提示→②取材計画立案（予想・仮説，仮説の根拠となる資料収集計画立案）→③取材（仮説の根拠となる資料収集と整理）→④記事の構想（情報の分類・比較，分析・解釈）→⑤記事の構想案検討（発表・表現，情報の分析・解釈）→⑥記事作成（発表・表現，まとめ，新（真）の問題・課題発見・把握）
二幕		社会観・世界観の反省的吟味　情報・資料収集と整理→情報分類・比較→問題・課題の発見・把握		
	II（ステージ3：地球温暖化で世界は今－モルディブ取材編－，ステージ4：地球温暖化で世界は今－アジア・ヨーロッパ取材編－）		・世界の地球温暖化の様子を報道しながら相談への応えを探す旅に出たマサコは，珊瑚礁からなる島嶼国モルディブ，デルタ地帯に展開するバングラデシュ，海面下の低地（ポルダー）が展開するオランダ，ラグーン上に位置するヴェネチアを旅し，地球温暖化問題は同様な現れ方と，地域により異なる現れ方があることに気付き，人々の立場も踏まえて記事を書く。 ・ESDに関わる移民問題，民族問題，宗教問題，人口圧問題，持続可能な観光の問題（観光と環境問題），ゴミ問題を知り，その様子を現地の人々の立場も踏まえて記事に書く。	
		社会論争問題の多面多角的思考　予想提示→仮説設定→仮説の根拠となる資料収集と整理→情報分析・解釈→仮説再設定→仮説の根拠となる資料収集と整理→情報分析・解釈仮説再設定（以下繰り返し）		
	III（ステージ5：地球温暖化で世界は今－日本及び世界各地から－）		・世界の地球温暖化の様子を報道してきた成果を踏まえ，日本に戻り，日本や我々一人ひとりの地球温暖化問題への対応の在り方について記事を書く。	
		社会論争問題の構造的把握　情報分析・解釈→検証→未来予測		
三幕	IV（エピローグ：ニュージーランド，再びツバルへ）		・日本，世界を巡り見聞してきたことを基に，移住候補地のニュージーランドを調査してツバルに戻り，マサコなりの移住についての返答をラケルにする。その上で，記事を書く。	
		社会観・世界観の反省的吟味・構築　情報分析・解釈→未来予測→価値判断・意志決定→まとめ		

す旅である。プロローグからステージ２が，学習者が今までのライフスタイルやものの考え方といった社会観・世界観の反省的吟味をする第Ⅰ段階となる。ステージ２では，モラルジレンマ教材「マサコの悩み」4)を活用し，地球温暖化問題を軸に，「３(1)生命尊重・４(8)郷土愛・４(6)家族愛」と「４(8)郷土愛・４(6)家族愛」とで価値葛藤させ，より高次の思考に気付かせていく。モラルジレンマする中で，真剣に地球温暖化問題と向き合い，自分なりの価値ある「問題」を発見する時間とする。この学習の後，ツバルの地球温暖化の影響を報道すべく取材活動に出かけたマサコ（学習者）は，報道で紹介されるツバルの地球温暖化の影響の様子と現地での様子の違いに気付く（後述記事のゴチック部分）。このことにより，学習者の問題意識はさらに高まる。モラルジレンマする中で，真剣に地球温暖化問題と向き合う学習とツバルの取材活動の学習により，単元全体を貫く学習課題「今，世界各地における地球温暖化の実態は，本当はどのようなものなのかを知り，ラケルの相談に答えよう。」が生まれ，学習が社会や自分と関わるという当事者性を深めることとなる。ツバルを離れる前にマサコ（学習者）に書いてもらいたい記事が「地面から水が噴き出すツバル，私たちにできることは何か！―地球温暖化で世界は今④―」である。

相談への応え探しに旅立つステージ３以降，地球温暖化の取材旅行はより真摯なものとなる。ステージ３～４が，表２の学習内容に記したように地球環境問題の他，移民問題や民族問題等 ESD に関わる論争問題を多面多角的に考える第Ⅱ段階の活動となる。ステージ５は，ステージ４までの学びを受け，社会論争問題間の関わりを視野におき，世界的視野で地球温暖化の様子を考えて社会論争問題の構造的把握をする。ステージ５までの報道活動と相談の応え探しの旅から戻ったマサコが，ラケルに返答して第３幕のエピローグの幕が下りる（学習が終わり「新たな日常への帰還」）。

自作物語教材「マサコの悩み」

ツバルに到着した翌日，マサコは島の様子を知りたくて，島で一番高い３階建ての政府庁舎にあがった。2004 度に台湾の援助で庁舎が竣工するまで，フナフチ最高地点は海抜 4.5m の空港の土盛だった。政府庁舎３階から見ると，見渡す限り山がなく平均海抜２m 以下なのがよく分かる。庁舎前は穏やかなエメラルドブルーのラグーンが広がり，メインストリートをツバル人がのんびり歩いている。空はどこまでも続くような青さだ。こんなのどかで美しい風景が広がる島国が，自分達のせいではなく世界で最初に地球温暖化の影響で沈むかもしれないと思うと悲しくなった。その時だ。宿泊先のフアロパ家のラケルが，メインストリートを庁舎に向かって歩いて来た。フアロパ家は，37 歳のフアロパさん，60 歳のおじいさん，59 歳のおばあさん，35 歳の奥さん，17 歳の長男ラケル，15 歳の長女ジョリ，13 歳の次男ペニツチ，9 歳の三男セデマ，5 歳の次女サナニ，の9人家族である。そのフアロパ家に大問題が起きていた。

２月の満潮時のツバルは，海からの海水と地面から吹き出る海水とで島は洪水状態となる。ひどい所は大人の胸位まで水位が上がる。このままでは島が沈むとツバル国民の多くは考えた。ツバル首相は 2000 年２月，国が完全に沈む前に国民を国外に移住させる決断を下した。オーストラリアとニュージーランドに移民の受け入れを要請し，ニュージーランドが 2002 年から年間 75 人のツバル人を毎年労働者として，永住を前提とした移民の受け入れに合意した。毎年 75 人の移住者はニュージーランドの決めた条件で，ニュージーランドが抽選を行い決定する。申請条件は，「18－45 歳であること」と「違法滞在歴がないこと」である。

フアロパ家の近隣にも変化は起こった。10 年ほど前は飲み水にしていた井戸水も塩水に変わり，農作物は育たず枯れた。昨年は海水が来なかった場所まで浸水してしまった。フアロパさんが子どもの頃からよく遊んだ思い出の島も海の下に沈み，今は枯れたやしの木の先が海面からのぞくだけである。フアロパさんも島が沈むことに不安を感じていた。そこで，フアロパさんは一刻も早く国を出て家族を安心させたいと思い，先月移住申請の登録を済ませた。先日，移住申請の抽選がニュージーランドで行われ，フアロパ家にも当選の通知がきた。以前から移住を強く願っていたフアロパ一家は大喜びだったが，おじいさんとおばあさんは違った。おじいさんとおばあさんは，生まれた時から一度もツバルから出たことがない。英語も全然話せない。ツバル以外の国に住むことに大変不安を感じていた。何より，ツバルはおじいさんとおばあさんの思い出がいっぱい詰まった場所だった。島の皆に祝福されて結婚式を挙げた教会，家族で協力して育てた畑，どこまでも続く青い空，海にしずむ大きな夕日……。大好きなツバルを離れたくない―それはフアロパさんも他の家族も同じ気持ちだ。また，熱心なキリスト教徒であるおじいさんとおばあさんは，政府や科学者がなんと言おうが，神はノアの方舟以来二度と洪水を起こさないと約束したのだから，ツバルが沈まないと信じていた。たとえ，沈んでもツバルと共に沈んで死ぬなら本望だと主張している。おじいさんとおばあさんは口に出しては言わ

ないが，今までどおり家族とともにツバルで暮らしたいと願っているのが，家族には痛いほど分かった。フアロパさんはおじいさんを説得した。「父さん，ぼくだってつらい。ぼくもこの島で育ったのだから，父さんの気持ちはよく分かる。でも，いつこの辺も沈んでしまうか分からない。このチャンスをあきらめると，いつになるか分からないのだよ。」「フアロパ，よく考えなさい。何百年も前に祖先がツバルに移り住んでからずっとこの島は沈んでいない。ニュージーランドにこの島のような美しい海や豊かな自然があると言い切れるか？ニュージーランドに行ったら，今までのような島での楽しい生活はもうできなくなるのだぞ。それでもいいのか。」おじいさんにそう言われ，フアロパさんは黙り込んだ。今回あきらめるといつその権利がもらえるか分からない。マサコがツバルにつく少し前，フアロパさんは「ニュージーランドへの引っ越しについて家族の意見を聞きたいから，自分の考えをまとめておいてほしい。一月後に聞く。」と言った。おじいさんとおばあさん，おじいちゃん子の三男セデマと次女サナニはツバルに残ると言う。フアロパさん，お母さん，長女ジョリと次男ペニツチはニュージーランドに行きたがっていた。フアロパさんの判断は分からないが，もしかするとラケルの意見で決まるかもしれない。それだけに，ラケルはどうすべきか困った。ラケルは日本の新聞記者マサコなら，広く世界のことを知っていて良い意見を言ってくれると思い，相談しに来たのだ。マサコは，本当のところ地球温暖化の影響がどの程度あるのか分からなかった。大変な問題だけにいい加減なことは言えず，困ってしまった。

地面から水が吹き出すツバル，私たちにできることは何か！－地球温暖化で世界は今④－

ツバルでは大潮の時，地面から水が湧き出し，みるみる島のあちこちが水没する。人々はなれたもので，我々が思うほど慌てはしない。水没の原因に地球温暖化があると言われ，しばしばテレビでも取り上げられる。だが，地面から水が湧き出すのは，かつては海水湖や沼であり，アメリカ軍が滑走路を作って埋め立てた場所付近であることは，報道されない。しかも，それらの埋め立て地には人が住んでいなかった，人口増加とともに宅地化にした所なのである。すべて海面上昇の影響と言えるのだろうか。人為的な要素もあるのではないか。

日本ではあまり知られていないもう一つのことに，ツバルのゴミ問題がある。海岸部に行くとゴミの山が至るところにある。人口に比べて土地が狭隘なツバルのフナフチでは，人口圧によるゴミ問題が重大な環境問題である。

いずれにしても，珊瑚礁由来の島は浸食に弱い。切手の収益や出稼ぎ者の送金，国識別アドレス「.tv」の使用権の収益等様々な工夫をし，ツバルは経済的に生き残ろうとしている。経済的に生き残れても，島自体が無くなるかもしれない。もし，ツバルが地球温暖化で沈み行くのなら，温暖化の原因を作る我々先進国人間も，この問題と向き合っていかなければならない。世界の地球温暖化の今の実態を追う。

③ 本単元における道徳教育の学習及び社会科学習

本単元における道徳教育として，モラルジレンマ教材を活用した学習の他に，次の4つの「道徳の内容」にかかわる学習の成立が挙げられる。一つは，3(2)の「自然を愛護し，美しいものに感動する豊かな心を持ち，人間の力を超えたものに対する畏敬の念を深める。」である。二つ目は，3(3)「人間には弱さや醜さを克服する強さや気高さがあることを信じて，人間として生きること喜びを見いだすように努める。」である。三つ目に，4(9)「日本人としての自覚を持って国を愛し，国家の発展に努めるとともに，優れた伝統の継承と新しい文化の創造に貢献する。」である。四つ目が，4(10)「世界の中の日本人としての自覚を持ち，国際的視野に立って，世界の平和と人類の幸福に貢献する。」である。指導要領の解説では「内容項目は，そのすべてが道徳の時間及びそれを要として学校の教育活動全体を通じて行われる。」と記されている。だが，学校の教育活動全体を通じて，特に教科と関わってどう行うか具体的な記述が一切ない。特に，先の4つの「道徳の内容」に該当する解説部分を読むと，道徳の時間だけでこれらの内容項目を行うには荷が重すぎると感じる。これらの内容項目と関係した様々な学びを本単元プランのように配置し，それらの学びの総合の際に道徳の時間を活用すれば，有効性があろう。

さらに，本単元では次のような社会科学習が成立している。新聞記者「として」世界各地を訪ねて記事を作成するという文脈での学習は，世界各地の様々な社会論争問題の教育内容にかかわる学習が可能となる。しかも，新聞記者「として」記事を作成することでは，作成する記事に客観性が求められることと掲載スペースが限られる限定性から情報の取捨選択・加除訂正が求められる。そのことで，新聞記者「として」の記事作成が社会認識を深める作業となる。また，世界各地への取材旅行活動による世界各地の特色ある場所の紹介記事は，子ども自身による各地域の地誌を作成と

なる。その際も，先の客観性と限定性から情報の取捨選択・加除訂正が求められ，蓋然性の高い地誌の作成活動となる。さらに，現地の人々の立場に立って現地の問題や様子を紹介する際，次のことに留意すれば社会科地理学習で懸案事項であった「人間不在の地理」から脱却することともなる。すなわち，人間の生活や営みが具体的に見える地域の地域的特色の成立要因と関わる社会的論争問題の当事者に共感的理解をさせつつ，その価値判断の根拠を追究させた上で，地理的・合理的意志決定をさせ，その成果をより広い地域に当てはめさせることである(伊藤2011)。

注

1) 環境問題は人間とその文化，政治や経済からなる社会システムを視野に入れ総合的に捉えるべきことや，持続可能な社会の主体者の育成を目的とした今後の環境教育の在り方については，伊藤(2010b)を参照願いたい。
2) モラルジレンマ授業とは，荒木紀幸を中心としたグループによるコールバーグ理論に基づく授業を指している。「モラルジレンマ」型授業は，モラルジレンマ授業に触発されて実践されたものであり，荒木等のモラルジレンマ授業の考え方に基づかないものをさしている。
3) 佐藤（1998）は，モラルジレンマ授業を環境学習に導入し，「人」に役割取得させることで効果があることを明らかにしている。
4) モラルジレンマ教材「マサコの悩み」は，伊藤・太田(2005)の「フアロパさんの決断」を基にして伊藤が改変した。

参考文献

市川智史　2001「総合的な学習の時間における『環境に関する学習』の展開」日本教材文化研究財団編『総合的な学習の時間に関する理論的・実践的研究』日本教材文化研究財団

猪瀬武則　2001「地球環境問題へのアプローチ」，魚住忠久・深草正博編著『21世紀地球市民の育成―グローバル教育の探究と展開―』黎明書房

伊藤裕康　2010a「情報消費社会における社会科地理学習のあり方－持続可能な社会の形成を目指す子ども参加の地理学習を例として－」，地理教育研究　第6号，pp.15-24

伊藤裕康　2010b「地球的規模の環境問題を扱ったモラルジレンマ教材を活用した授業」，教材学研究第21巻，pp.267-274

伊藤裕康　2010c「当事者性を育む社会科学習-物語構成学習による地理授業の開発－」，社会系教科教育学研究第22号，pp.11-20

伊藤裕康　2011「『物語り』を活用した『人間有在の地理』」，地理教育研究第8号，25-33

伊藤裕康・太田昌子　2005「フアロパさんの決断―私たちの島が沈む―」，『モラルジレンマ資料と授業展開　中学校編　第2集』明治図書，pp.77-84

伊藤裕康・北岡隆　2010「大学教員と附属教員の連携によるESD授業の開発(1)―『世界自然遺産「屋久島」の授業開発』―」，香川大学教育実践総合研究第21号

小坂靖尚　2001「環境教育における問題解決能力の育成」，三浦軍三編著『21世紀 国際化時代の相対主義社会科授業の理論と実践』東洋館出版社

三石初雄　2005「環境教育」田中耕治・水原克敏・三石初雄・西岡加名恵著『新しい時代の教育課程』有斐閣

佐藤孝弘　1998「環境教育を意図した総合単元の実証的研究」，道徳性の発達に関する研究年報第9号，193-211

佐長健司　1998『ゴミ学習で進める環境教育』明治図書

豊田正弘　1998「当事者幻想論」，現代思想Vol.27-2，pp.100-113

山根英次　1996「社会科における環境教育と経済教育の関係―『進歩主義的環境教育論』批判―」，社会科教育研究76号

吉永潤　1994a「環境教育の現状を検討する(その3)」，授業づくりネットワーク第88号,学事出版

吉永潤　1994b「環境教育の現状を検討する(その4)」，授業づくりネットワーク第89号,学事出版

湯浅達夫　1999「モラルジレンマを通して環境問題を考える」，道徳性の発達に関する研究年報第10号，pp.255-268

4　道徳教育とケア

(1) ケア論展開の経緯と現状
① ケアへの着目

　ケアということばは，今日，日常的に使われている。それは例えば，看護師さんが患者さんをケアするとか，介護士さんが高齢者の方々をケアするというものである。このように主に医療・福祉分野で用いられており，それは現在またこれからの社会においてもキーワードとなり得るものである[1]。

　このケアもしくはケアリングという用語は，1990年代半ば頃から，日本の教育学研究の中でも使われ始めた。それは幼児教育や看護教育の分野を中心に展開したが，近年では，教育学の様々な分野で検討されている重要な概念である。

　こうした教育学研究におけるケアへの着目の背景には，学校現場での授業不成立，いじめや不登校等の問題に対応するための，問題解決の糸口を見出そうとすることにあった。子ども同士の関係づくり，教師の子ども理解と指導のための手がかりを探すための文脈において，ケアへの着目があったと評価できる。

② 教育学研究におけるケア

　教育学研究において，ケアへの着目が広がることになったのは，ノディングズ（Noddings, N）のケアリング論が紹介されたことが契機になったと推察できる。彼女は，ケアする人とケアされる人の関係を検討し，さらに，関係論としてだけではなく，道徳教育論として問題提起を行った。

　ケアし，ケアされることを，人間の基本的な要求と捉え，そこから母子関係，大人と子どもの，また子ども同士がかかわり合うことのメカニズムが検討された。ありのままの子どもを受け入れることの大切さから，子どもにかかわっていく教師の指導性についてまで言及されている。

　ノディングズの問題関心は，アメリカにおける子どもたちの教科への関心のなさ，教師に対する不信感，モラルの低下等の教育問題全般および，その原因を伝統的なリベラルアーツ（男性原理的な）中心の教育とした。そして，倫理観のパラダイム転換とも言うべき，「受容」「精神的なかかわり合い」「敏感な応答」等の「女性的なもの」から，ケアリングの教育内容を構想し[2]，道徳教育を通しての学校改革をめざしたのである。

　こうしたノディングズのケアリング論の受容を契機として，人間関係論としてのみからケアリングを捉えるのではなく，教育内容論，指導論も視野に入れた教育学研究での議論が始められることになったのである。

(2) 学校現場における関係論としてのケア

　一般的にケアということばが用いられるとき，相手をケアする，とかあるいは，相手からケアを受けるというように，「AからBへ」というような一方向的なものである。しかしケアとは，「AからBへ」というような一方向としてのものではなく，「BからAへ」という方向性も含んだ，言い換えれば，相互作用的な関係性を表す概念として捉える必要がある。

　例えば，中学校学習指導要領「道徳」をみると，昭和52年の改訂以降，「教師と生徒及び生徒相互の人間関係を深める」ことが重視され，今日においても引き継がれている。学校現場では，子ども同士の関係が，また教師と子どもとの関係が「信頼関係」で結ばれることが何より大切である。先の文脈で述べれば，教師は子どもをケアし，子どもは教師をケアする，そして子どもはお互いをケアし合う，と言うことができる。こうした学校現場での関係性を考察するための手がかりとして，ケア概念は示唆に富むものである。

(3) 学びとケア

　子ども相互の学び合いの関係をつくり出していくことが重要な教育課題となっている。ルイス（Lewis, C）の論稿を手がかりに，ケアを通した学びについて考察していく。

　ルイスは，日本の小学校の低学年での教育を，知育を超えたものになっていると捉えている。学級で大切にされていることは，「友情，親切，我慢強さ，責任」であり，児童はこうした価値観に

基づいて日々反省的に学び，それらの価値観をもって勉強やそれ以外のことにもかかわっていると評価している。

学級は，すべての子どもがお互いを知り，人としての気遣いを知り，敬意もって話したり聞いたりする方法を知り，優しく親切に協力するという共通認識に支えられた場となっている。授業では，グループが活用され，グループは，「気の散りやすい子どもと面倒見のよい子ども，気さくな子どもと恥ずかしがりやな子ども」など，様々な子どもたちで構成されている。相手のことを考えながら生活し，お互いを助け合い，そのプロセスを通して帰属意識も育てられていると捉えるのである。

学習は社会的なものであると捉えるルイスは，上述した日本の学級での授業を，子どもたちがお互いに聴き合い，教え合い，支え合っているようなコミュニティでなされていると言う。授業は，子どもたちを知的にも情動的にも巻き込むかたちで注意深く構成されており，子どもたちの考えや感じ方を引き出すようになっているのである。

このルイスの指摘を手がかりに，道徳の授業を考えていくならば，子どもたち同士が，自分の考えや感情を，お互いに聴き合い，伝え合い，共有できるような学級を教師がつくり出し，その中で，道徳の教育内容へと指さしていくことが重要である。こうした「ケア」を通した学びを通して，子どもたちの帰属意識は自尊感情へと高まり，また子どもの関係性のさらなる深まりにもつながっていくと考えられる。

(4) 道徳教育における「ケア」の意味と可能性

これまで述べてきたように，ケアとは，関係論であり，同時に内容論，指導論も含み込んだ概念である。学びを通したさらなる関係性の発展を期待できる教育概念として捉えることが重要である。

子どもたちの関係性を高めるための手立てとして，「聴く－語る」の関係性をつり出していくことも大切である。子どもが自己の体験からの考えや思いを「物語り」，それを他の子どもが傾聴する。この繰り返される連鎖によってより関係が深まり，また，道徳教育の真の目的に到達できる可能性をもつのである。

社会の変化に伴う子ども状況の変化はあるものの，我が国の学校教育は，意識的にも無意識的にも，ルイスが指摘していたように，「友情，親切，我慢強さ，責任」を重視しており，社会的・倫理的発達を志向した学級経営や授業を行っている。子どもたちのケア関係に基づく，言い換えれば，子どもたち相互の考えを感情を交流できるような学級づくりがより一層重要であり，そこを基盤として，「特別の教科　道徳」の学びに誘っていくことが重要な課題である。

注

1) 今日のケア研究においては，ケアの対象は「人（他者）」ばかりではなく，「自然（動物を含む）」や「事物」「作品」にまで至ると，一般的に把握されている。
2) 具体的なケアリングの教育内容は，「自己」「他者」「見知らぬ人と遠い他者」「動物・植物・地球」「人工世界」「思想」である。この内容は，学習指導要領の内容ともほぼ一致している。

参考文献

中央教育審議会　2014「道徳に係る教育課程の改善等について（答申）」
中野啓明・伊藤博美・立山善康編著　2006『ケアリングの現在－倫理・教育・看護・福祉の境界を越えて－』晃洋書房
ネル・ノディングズ　1997『ケアリング　倫理と道徳教育－女性の観点から』晃洋書房
ネル・ノディングズ　2007『学校におけるケアの挑戦－もう一つの教育を求めて』ゆるみ出版
野口裕二　2002『物語としてのケア－ナラティブ・アプローチの世界へ』医学書院
広井良典　1997『ケアを問いなおす－＜深層の時間＞と高齢化社会』筑摩書房
広井良典　2000『ケア学』医学書院
山岸知幸　2012「学習主体と学級づくり」，山下政俊・湯浅恭正編著『新しい時代の教育の方法』ミネルヴァ書房
Lewis, Catherine C. 1995 Educating Hearts and Mind: Reflectin on Japanese Preschool and Elementary Education, Cambridge University Press

5　道徳教育と学校経営

(1) 道徳教育はどのように変わろうとしているのか

　中央教育審議会答申「道徳に係る教育課程の改善等について」（平成26年(2014年)10月21日，以下「答申」）を受け，文部科学省では学校教育法施行規則の改正や学習指導要領の改訂などを急いで進めようとしている。「答申」では改善方策として，目標や内容，指導方法，評価，教員養成と指導力向上などについて提言しており，まさに道徳教育の抜本的な改善・充実が図られようとしている。特に，従来からの道徳の時間を要とし学校教育活動全体を通じて行うという基本的な考え方を踏襲した上で，教育課程に「特別の教科　道徳」（仮称）として新たに位置付け，検定教科書を導入することとしており，道徳教育の在り方が大きく変わることになる。そうした背景として，道徳の時間の取組に学校や教員による格差が見られることや，児童生徒の発達段階に応じた指導，道徳の特質を生かした指導が行われていないなど，「全体としては，いまだ不十分な状況」との認識がある。
　今回の改善の方向の特徴は，いわゆる「道徳の教科化」を図ることにより，検定教科書が児童生徒の手元に行き渡ることにある。道徳の時間を「教科」と位置付けることにより，全ての学校において，全ての教員が同じ程度に道徳の時間の指導を行うことの義務付けを目指しているようである。果たして「教科化」と検定教科書の配布によって，道徳教育の充実・改善が図られることになるのであろうか。道徳教育については，従前からも学校の教育活動全体で行う児童生徒の実態や地域の実情等を把握し，育てたい児童生徒像を明らかにし，目標を設定し，計画を立てて，全ての教職員が取り組むなど，各学校で取組を改善し，確実に道徳教育を行うことが求められてきた。しかし，その実現状況が思わしくないことから，多くの学校における学校経営上の重点課題となってくる。
　そうした中，国により進められようとしている教育課程の改善に対応して学校経営の改善を図ることは公教育の一端を担っている学校として当然のことであるが，教育改革の流れを受けた受動的な取組では「やらされる」改革となり，効果を得ることはできない。何よりも，目の前の児童生徒の実態や社会の状況を把握し，見識をもって学校経営に取り組むことが求められるのである。
　児童生徒の状況を見ると，自己中心になりすぎ，耐えることが苦手で些細なことで「キレる」子や，他者に対して感謝する気持ちが希薄になっている子など，自信や心の拠りどころを失っているように思えてならない。我が国では多くの人々が，自らの行動を自制し，他者を思いやるといった生き方が当然と感じ，そうした姿勢を一人一人が身に付けていたはずである。これからの道徳教育では，まさに人としての「こころを育む」ことが急務となっているのである。

(2) 学校経営上，いかに道徳教育に取り組むのか

　各学校は，組織として教育目的である児童生徒の健全な成長を目指し，その方針を定め，組織を整え，教育活動を編成し展開する中で，人的及び物的な教育諸条件を整備し，組織運営や諸活動の管理を計画的に行っている。学校経営は，そうした営みを持続的に改善することを含めた機能としてとらえられる。つまり，ルーティンの業務を遂行し，組織や諸活動を維持・管理することにとどまらず，創意工夫し改善を図る機能をもって学校経営ととらえたい。
　また，学校経営において校長の果たす役割は大きく，道徳教育の充実は校長の明確な方針とリーダーシップにかかっていると言っても過言ではない。

①　カリキュラム・マネジメントの充実

　教育目的や教育の対象である児童生徒の発達段階などの特性に応じて構造化された教育の内容及び活動の構成は，1950年改訂の学校教育法施行規則や1951年告示の学習指導要領以降，行政用語として「教育課程」が用いられてきているが，近頃は，学校教育活動全般の改善について，カリキュラム・マネジメントの必要性が唱えられるようになってきた。「答申」でも，「道徳教育を軸に学校全体のカリキュラム・マネジメントの充実が図られるよう，『道徳教育の全体計画』に関しては，（中略），学習指導要領の総則に示すことも考えられる」と提言されている。また，学習指導要領全体の改訂に係る「初等中等教育における教育課程の基準等の在り方について」の諮問理由にも「各学校における教育課程の編成，実施，評価，改善の一連のカリキュラム・マネジメントを普及させていくためには，どのような支援が必要か」と明記されている。

カリキュラムという概念は「学校教育における児童生徒の経験の総体」(日本カリキュラム学会,2001『現代カリキュラム事典』ぎょうせい,p2) と広義に捉えられ,各教科及び領域等の教科指導と生活指導など,いわゆる教育課程を顕在的カリキュラムとし,校風や学習環境,学校・学級のきまり(暗黙のきまりも含む)などを隠れたカリキュラムと定義されている。そうすると,学校経営としてのカリキュラム・マネジメントは,教育課程の目標達成機能と隠れたカリキュラムを構成する各事項を,より望ましい方向へと改善することが求められる。また多くの学校では,学校改善を推進するため,ＰＤＣＡサイクル (Plan (計画) →Do (実行) →Check (評価) →Action (改善)) の４段階を繰り返すシステムを導入し,継続的に改善を図ろうとしている。
　ＰＤＣＡサイクルは,企業の事業活動における生産管理や品質管理などの管理業務を円滑に行うための手法の一つとして,第二次世界大戦後にシューハート(Waiter A. Shewhart)やデミング(W. E. Deming)により提唱されたものであり,上記の４段階を１サイクルとして螺旋的に実施することで,業務を継続的に改善し,生産性や品質向上を図ろうとする考え方である。企業において成果をあげた経営戦略の一つであることから,学校組織マネジメントの方策として,学校評価とともに学校経営に導入されるようになった。また「答申」等による提言を受け,カリキュラム・マネジメントの充実を図る際にも主たる方策として今後も導入されることになると思われる。
　これまでも道徳教育の充実・発展を図るため,ＰＤＣＡサイクルを意識した指導や取組が行われてきている。具体的に見ると,道徳教育の全体計画や年間指導計画の作成し (Plan),道徳の時間の指導を要として各教科等での指導や体験活動の指導を行い (Do),授業における児童生徒の評価や学校全体で児童生徒の道徳性の評価など (Check) を通じ,次年度に向けた全体計画や年間指導計画の修正や校内体制や教員研修の改善・充実を図る (Action) ことを意識し,優れた成果をあげている取組が見られる学校がある。しかしながら上述のように,「全体としては,いまだ不十分な状況」であるとの認識の下,道徳教育の抜本的な改善・充実が図られようとしている。そこで,道徳教育の改善にあたっては,ＰＤＣＡサイクルを形式的に取り入れ一種のムード経営に終わらせることなく,「目標による管理」を基盤としてサイクルが回っていることを強く意識し,適正な評価・点検を行うことが肝要である。さらに,ＰＤＣＡサイクルが効果的に機能するためには,次のように各段階についての点検を行いたい。
☐　目標及び計画は,客観的に現状を把握し十分に討議し,教員の希望的観測のみで立案しない
☐　効果測定の内容と方法を計画段階から決め,文書に明記し全教員で内容を共有する
☐　実施段階では,授業や活動の実施方法や指導体制,学習環境の整備などの工夫を行う
☐　ポイントを絞って客観的な分析を行い,指導改善の観点から評価する
☐　改善にあたっては,教員一人一人がより具体的な方策を提言し共通理解する
　道徳教育の改善は,全教員で学校における道徳教育の取組状況を精査し,このようにＰＤＣＡサイクルの各段階を適正に実施することで,効果が得られるのではないだろうか。

②　校長の果たすべき役割
　校長は,学校教育法で「校務をつかさどり,所属職員を監督する」(第37条第4項) と定められており,校務すなわち学校運営に係るすべての業務を役目として担い,学校としての組織維持が求められている。また,校長が自分の役割をどのようにとらえているかを日本と海外の校長から聞き取りした吉田は,日本の校長が「①組織のリーダー,②相談や苦情の処理,③人間関係の構築,④教員研修や情報提供,⑤外部講師の招聘,⑥学校評価」としたのに対し,海外の校長は「①学校を管理運営する,②学校をリードする,③文化をつくり出す,④質の高い教育を提供する,⑤率先して学び続ける」(吉田新一郎,2005『校長先生という仕事』,平凡社,71p) と考えていると,整理している。ここからも日本の校長が学校組織や教育課程を維持・管理するために腐心し,日々の対応や人的及び物的な教育諸条件の整備等に追われている姿が見えてくる。
　道徳教育を推進するため校長は,教育課程の単なる管理・運営として捉えるのではなく,まず学校経営の一環としてＰＤＣＡサイクルを導入し,効果的に運用することが求められる。そして,目の前の児童生徒の抱える課題を踏まえ,全教職員はもとより保護者や地域の人々が一体となって,人としての「こころ」を育むための質の高い教育の提供や,文化を創り出すための具体的な方策を検討し実施するなど,真のカリキュラム・マネジメントを遂行したいものである。

第4章

小学校の部屋

第七章

小学校の算数

1　小学校における道徳教育での実践の充実のために

　道徳教育の要の時間である道徳の時間は，毎週1時間，児童とともに心待ちにしたい授業である。実際に，毎週，その特質に則った授業を行うことで，しだいに児童たちとの関係もよくなり，教材研究に力が入るようになる。このことは，毎週1時間の道徳授業を継続して実践している教師ならばだれしも実感する。道徳ノートを作成して，毎回児童の言葉に教師から言葉を書き返信している学級ならば，授業が生き生きとしている。その上，保護者の言葉が入っているものは，さらに学級が和やかである。人格の基盤となる道徳性の育成を目指す道徳授業の積み重ねは，児童のみならず教師も保護者もかかわる者すべてを人間の魅力を追究しようと動き出す。このことは，実践したものしか分からない。

　道徳の時間は，1958年，道徳教育が教育活動の全体を通じて行うものと示され，特設されて以来，教育課程の中に位置付き，学校教育法施行規則第4章第二節教育課程の第51条に規定されている。授業時間数については，その別表第一を見ると，第1学年が34時間，第2学年から第6学年までが35時間行うと規定されている。1年間でわずか，35時間程度の授業であるが，児童と担任が人としての在り方や生き方を問いながら考え進める時間は，他の教科等にはない特質もつ。毎週1時間の道徳授業をその特質を理解して行うことで，児童理解が進み，やがて児童と信頼関係がとれ，保護者との信頼関係にも好影響を及ぼす。そして，必ず，学級経営に効力を発揮する。すなわち，道徳の時間は，教師にとっても，とても魅力的な時間であり，けっして，1時間たりともおろそかにしてはならない授業である。人格の基礎を形成する小学校段階において，児童にとって重要な時間である。

(1)　道徳の時間の目標を知ろう

　では，道徳の時間の目標とは，どのようなものであろうか。『小学校学習指導要領解説　道徳編』にある道徳の時間の目標を以下に示し，下線部分について説明していく。

> (「第3章　道徳」の「第1　目標」　後段)
> 　道徳の時間においては，以上の道徳教育の目標に基づき，各教科，外国語活動，総合的な学習の時間及び特別活動における道徳教育と密接な関連を図りながら，計画的，発展的な指導によって，これを補充，深化，統合し，道徳的価値の自覚及び自己の生き方についての考えを深め，道徳的実践力を育成するものとする。（下線部分　筆者）

①　指導は，計画的，発展的に

　道徳教育は，指導計画の作成が必要である。いつ，どのような指導をするのかを明確にして進める。そのために，まず，地域や学校，そして児童の実態の把握が必要である。児童の発達の段階はもちろんのこと，児童の特性をつかんだ上で，学校の他の教育活動と合わせて指導計画を工夫して立てるのである。各教科等と道徳の時間との関連も考慮することである。

　教師の創意工夫が求められるが，学級担任の独断ではなく学年団の教員や道徳主任と協議した中で，学校教育計画に明らかにするのである。変更するときは，学年主任や道徳主任に伝え，校長に報告する。このことは，『小学校学習指導要領解説 道徳編』によると，次のように記載されている。

> 「第2　内容」のすべてについて，いつ，どのような指導を，どのように工夫して行うのか，確実に指導することができる見通しのある計画をもつ必要がある。

　ここでいう「第2　内容」とは，道徳教育の目標を達成するために指導を行うべき内容項目のことである。2で説明をする。

②　学校の教育活動全体で行う道徳教育を補充，深化，統合する道徳の時間

　繰り返すが，道徳の時間は，各教科，外国語活動，総合的な学習の時間及び特別活動など学校の教育活動全体を通じて行われる道徳教育の要である。道徳の時間は，学校の諸活動で考える機会が得られにくい道徳的価値を補充する役割がある。しかし，具体的出来事での指導を補充するのではない。補充とは，教育活動の領域としての補充を意味するのであって，具体的出来事での指導を補充することではない。たとえば，クラス内に万引きをした子どもがいた場合，道徳の時間に，その

指導をする時間ではないのである。教師は，決して，教室を法廷のようにするべきではないし，具体的な出来事に対する指導は，その都度その場でなされなくてはならないものである。

例えば，国語の時間に文学作品中のある人物の行為や心情を理解したとしよう。このとき，道徳的な指導はなされてはいるが，道徳の時間で，それを自分の問題として「自己を見つめる」ように取り上げることが求められるということなのである。

次に，深化である。深化とは，判断力，心情などの内面化を意味している。道徳の指導の効果が学校にいる間だけのものになりがちであるのは，価値の内面化がなされず，指導が外面にとどまっているからである。児童が，心から納得し，腑に落ちるところまで深められなければならない。そこで，道徳の時間は，道徳的価値の意味やそれと自己とのかかわりについて，一層考えを深化させる役割を担っている。

児童に大きな感動を与え，内面に影響を及ばせる体験活動があるが，その体験や経験だけでは，道徳的価値の意味などについて必ずしもじっくりと考え，認めることができているとは限らない。多様な道徳的体験をしていたとしても，それぞれがもつ道徳的価値の相互の関連や，自己とのかかわりにおいての全体的なつながりなどについて考えないままに過ごしてしまうことがある。道徳の時間は，それらを統合し，児童の新たな感じ方や考え方を生み出すという役割も担う。道徳の時間を通して，各教科や特別活動などの他の領域で学習した道徳的価値を調和的に内面化していく必要が求められる。補充，深化，統合ということは，各教科や領域において学習した道徳的諸価値を，道徳の時間で，人間としての在り方や生き方からとらえ直して，児童自らが自分のものとして発展させていこうとすることなのである。

③ 道徳的価値の自覚及び自己の生き方についての考えを深める道徳の時間

道徳的価値の自覚とは，自分の生き方をしっかりと受け止めることである。
『小学校学習指導要領解説　道徳編』によると，道徳的価値の自覚とは，「道徳的価値についての理解」「自分とのかかわりで道徳的価値がとらえられること」「道徳的価値を自分なりに発展させていくことへの思いや課題が培われること」とも考えられると述べられている。そして，第3節　道徳の時間の目標の(3)に，新たに付け加わった内容を次に添付しておく。

> なかでも，人格の基盤を形成する小学校の段階においては，児童が道徳的価値の自覚を深め，自己の中に形成された道徳的価値を基盤として，自己の生き方についての考えを深めていくことができるようにすることが大切である。
>
> 児童は，道徳的価値の自覚を深める過程で同時に自己の生き方についての考えも深めているが，特にそのことを強く意識して指導することが重要である。
>
> 例えば，まず，児童によりよくなろうとする自分を感じ，自己を肯定的に受け止められるようにする。また，他者とのかかわりや身近な集団の中で自分の特徴などを知り，伸ばしたい自己を深く見つめられるようにする。それとともに，現在の生活及び将来の生き方の課題を考え，それを自己の生き方として実現していこうとする思いや願いを深めることができるようにする。
>
> 道徳の時間においては，これらのことが，児童の実態に応じて主体的になされるように様々に指導を工夫していく必要がある。

④ 道徳の時間に育成する道徳的実践力

道徳的実践力は，道徳の時間に培われるべき力と言われている。道徳的実践とは，区別される。教師は，道徳授業で児童と共に価値を学ぶことによって，児童の変容を大きく期待する。「分かること」「できること」をねらう教科指導に常日頃慣れている教師にとって，在り方や生き方にかかわることであることを知りつつも，児童の言動の変容，つまり，即，道徳的実践ができることを望む。しかし，そもそも道徳的実践力とは，内面的資質である。道徳的実践の基盤となる，道徳的心情，道徳的判断力，道徳的実践意欲と態度を包括するものである。

内面的資質である道徳的実践力は，一時にまとめて育成できるものではない。毎週，毎時間の道徳授業によって，粛々と養われていくものである。したがって，道徳の時間は，教師の都合によって，簡単に変更させるものではない。そのことを肝に銘じ，毎週，教材研究を怠らないことである。担任が毎時間の道徳授業つくりに心をかけることによって，次第に児童もその時間を楽しみにするようになり，他の教科や領域で活躍を見いだせない児童も心待ちにするようになる。

人間の在り方や生き方を問い続けたり，考えたりすることは，たとえ，幼い1年生であっても心

地よいものである。読み聞かせをしている場面を見たことがあるだろう。人間は言葉を介して相手を理解する唯一の生き物である。ある動物や人間のある生き様を語っていることを聞いているその姿は，言葉が分かりかけた幼子でも真剣に耳をそばだてる。幼いながらでも自分の生き方と重ねているのである。自分事として考えているのである。そのことと道徳の時間とは全く同じとは言えないが，道徳の時間が終われば，心の底からよりよく人間として生きていきたい，と湧き出てくるような活力こそが，道徳的実践力なのである。

(2) 特質を生かした確かな道徳授業をつくるために，道徳の内容を確実に知ろう
① 内容の基本的性格

学習指導要領には，これまで記載されてはいなかった次のことがらが記載され，内容をきちんと把握しての指導が求められている。

> 学習指導要領には，それぞれの発達の段階や道徳的課題を考慮し，児童が人間として生きていくうえで主体的に学ぶべき内容として，その基本的なものが示されている。学校の時間を要として，全教育活動において，児童一人一人の道徳性の育成を図るものである。道徳の内容は，児童自らが成長を実感でき，これからの課題や目標を見付けられるよう，道徳の時間はもとより，各教科，外国語活動，総合的な学習の時間及び特別活動で行われる道徳教育において，それぞれの特質に応じて適切に指導されなければならない。

ここで挙げられている内容項目は，短い文章で平易に表現されている。小学校の6年間で身に付け，発展させていく必要がある道徳的内容を含むもので，児童の実態を基に把握し直し，児童自らが道徳性を発展させていけるよう，実態に見合った指導をしていくことが大切である。そして，第3章 道徳の「第3 指導計画の作成と内容の取扱い」の1によると，「各学年段階ごとの内容項目は相当する各学年においてすべて取り上げること。なお，特に必要な場合には，他の学年段階の内容項目を加えることができること。」とある。弾力的な運用とととともに，内容の習得の必要性が述べられている。

② 内容構成の考え方

人間は，様々なかかわりの中で生きており，その中で道徳性を発現させ，身に付け，人格を形成していく。それは，大きく次の4つの視点からなすものである。それらは，けっして，それぞれにおいて，深めていくものではなく，相互に深い関連をもっているものである。

ⅰ　4つの視点
　1　主として自分自身に関すること
　2　主として他の人とのかかわりに関すること
　3　主として自然や崇高なものとのかかわりに関すること
　4　主として集団や社会とのかかわりに関すること

ⅱ　児童の発達的特質に応じた内容構成の重点化

各学年に配当されている内容は，次のように示されている。
（小学校学習指導要領解説　道徳編 p34～62，学年段階・学校段階の一覧表 p.144, 145）
　第1・第2学年　16項目　　第3・第4学年　18項目
　第5・第6学年　22項目　　（中学校　24項目）

その関連や発展を表示するために，各教科及び全ての領域の『学習指導要領　解説』の巻末に「道徳の内容」の学習段階・学校段階の一覧表が載せられている。道徳の授業をするときに，必ず，その前後の関連を理解しておくことが求められる。

内容は，内容項目とその解説の文章を読み解いて理解することが本来であるが，簡略化して香川県小学校道徳教育研究会では，次のように短いキーワードで書き表している。

③ 内容の取扱い方

この内容を以下のように弾力的な運用で，1年間を通して行うことができる。
ⅰ　関連的，発展的な取り扱いの工夫
ⅱ　各学校における重点的指導の工夫
・各学年の重点目標を設定
・道徳の時間における，2年間を見通した重点的指導の工夫

	低学年指導内容	中学年指導内容	高学年指導内容
1 自分自身	(1)節度ある生活習慣	(1)節度ある生活習慣・思慮反省	(1)節度ある生活習慣・思慮反省
	(2)勤勉・努力	(2)勤勉・努力	(2)希望・勇気,不撓不屈
	(3)善悪の判断,勇気	(3)善悪の判断,勇気	
			(3)自由・自己責任
	(4)正直・誠実,明朗	(4)正直・誠実,明朗	(4)正直・誠実,明朗
			(5)真理,創意・進取
		(5)個性伸長	(6)個性伸長
2 他の人	(1)礼儀	(1)礼儀	(1)礼儀
	(2)思いやり,親切	(2)思いやり,親切	(2)思いやり,親切
	(3)信頼・友情	(3)信頼・友情	(3)信頼・友情,男女の協力
			(4)寛容,謙虚
	(4)尊敬・感謝	(4)尊敬・感謝	(5)尊敬・感謝
3 自然や崇高なもの	(1)生命尊重	(1)生命尊重	(1)生命尊重
	(2)自然愛,動植物愛護	(2)自然愛,動植物愛護	(2)自然愛,環境保全
	(3)敬けん	(3)敬けん	(3)敬けん
4 集団や社会	(1)規則の尊重,公徳心	(1)規則の尊重,公徳心	(1)公徳心,法・規則の尊重,権利義務
			(2)公正公平,正義
			(3)社会的役割の自覚と責任
	(2)勤労	(2)勤労	(4)勤労,社会奉仕
	(3)家族愛	(3)家族愛	(5)家族愛
	(4)愛校心	(4)愛校心	(6)愛校心
	(5)郷土愛	(5)郷土愛	(7)郷土愛,愛国心
		(6)愛国心・国際理解	(8)国際理解と親善

資料①は，A小学校の第5学年の道徳の時間の計画である。これは，学校ごとに重点指導事項が設けられるがその配分によって決める，つまり内容配当時間によって，計画されるのである。

資料①【A小学校　第5学年年間指導計画　4月〜10月】

月	週	主題名	指導内容	資料名	出典	生活目標
4	2	自由とけじめ ☆(P28〜33)	自由・自己責任	うばわれた自由	香道研	あいさつ
	3	自分に誠実に	正直誠実・明朗	ひばりのたまご	香道研	
	4	長所をのばそう ☆(P50〜53)	個性伸長	明の長所	香道研	
5	2	だれもが楽しく(同)(総)(道)☆(P50,P51)	謙虚・嫌味な勧	なかよしタイム	香道研	仲間づくり
	3	あふれる勇気 (道)	希望・勇気,不撓	メジャーリーガー・イチロー	学研	
	4	チームのきまり (道)	公徳・法・規則の尊重	星野君の二るい打	香道研	
6	1	四国に道を	郷土愛・愛国心	大久保甚之丞	香道研	そうじ
	2	同じ地球人として(同)(キ)	国際理解と親善	みんな地球の友だちだから	香道研	
	3	命の尊さ(同)(総)(道) ☆(P98〜P103)	生命尊重	たった一つの命	香道研	
	4	家族の心 ☆(P156〜P159)	家族愛	はじめてのアンカー	香道研	
7	1	相手の立場に立って（生）☆(P60〜65)	思いやり,親切	最後のおくり物	文科省	ボランティア
	2	よく考えて（情）	情報（正しい判断）	幸せコアラ	文科省	
9	1	心のこもったことば(生)（情）☆(P38,P39)	礼儀	山田さんのいちごづくり	香道研	あいさつ
	2	広い心で ☆(P52,P53)	寛容,謙虚	ブランコ乗りとピエロ	香道研	
	3	命を見つめて(同)	生命尊重	命を見つめて	香道研	

	4	よりよいきまりに(生)(道)(情)	公徳心・法・規則の尊重・義務	おばあさんの一言	香道研	
10	1	みんなの役に立つこと(道)☆(P140〜145)	社会的役割の自覚と責任	ようしがんばるぞ	香道研	そうじ
	2	良いところを伸ばそう	個性伸長	勇太への宿題	文科省	
	3	ふるさとを愛する心	郷土愛，愛国心	人間をつくる道－剣道－	文科省	
	4	節度を守る	節度ある生活習慣・思慮反省	ホームステイ	文科省	
	2	ぼくたちの学校(道)(生) ☆(P160〜P163)	愛校心	石ひろい	香道研	

(同)…人権・同和教育 (総)…総合的な学習の時間 (性)…性・エイズ教育 ☆…わたしたちの道徳
(生)生活目標 (道)…道徳の日 (キ)…キャリア教育 (情)…情報モラル教育

　内容項目の時間は，高学年であれば，２２項目あるので，１時間に１項目するとしたら，１年間で最低でも３５時間の授業を行うべきだから，１３時間分不足する。そこで，学校の重点指導事項が定まれば，１項目でも複数時間の配置が可能となる。この学校では，下記のように年間配当時数を示している。

資料②　【A小学校　道徳の時間年間配当時数一覧表】

	低学年内容項目	1年	2年	中学年内容項目	3年	4年	高学年内容項目	5年	6年
1 自分自身	(1)節度ある生活習慣	4	3	(1)節度ある生活習慣・思慮反省	3	2	(1)節度ある生活習慣・思慮反省	2	2
	(2)勤勉・努力	2	3	(2)勤勉・努力	2	2	(2)希望・勇気，不撓不屈	2	2
	(3)善悪の判断，勇気	2	1	(3)善悪の判断，勇気	2	2			
							(3)自由・自己責任	2	1
	(4)正直・誠実，明朗	2	2	(4)正直・誠実，明朗	2	2	(4)正直・誠実，明朗	1	1
							(5)真理，創意・進取	1	2
				(5)個性伸長	1	1	(6)個性伸長	2	1
2 他の人	(1)礼儀	3	3	(1)礼儀	2	1	(1)礼儀	1	1
	(2)思いやり，親切	2	4	(2)思いやり，親切	3	2	(2)思いやり，親切	3	2
	(3)信頼・友情	2	2	(3)信頼・友情	2	3	(3)信頼・友情，男女の協力	2	2
							(4)寛容，謙虚	1	1
	(4)尊敬・感謝	2	1	(4)尊敬・感謝	2	2	(5)尊敬・感謝	1	1
3 自然や崇高なもの	(1)生命尊重	4	4	(1)生命尊重	2	2	(1)生命尊重	2	2
	(2)自然愛，動植物愛護	2	1	(2)自然愛，動植物愛護	2	2	(2)自然愛，環境，保全	2	2
	(3)敬けん	1	1	(3)敬けん	1	1	(3)敬けん	1	1
4 集団や社会	(1)規則の尊重，公徳心	2	3	(1)規則の尊重，公徳心	2	3	(1)公徳心，法・規則の尊重，権利義務	2	2
							(2)公正公平，正義	1	1
							(3)社会的役割の自覚と責任	1	2
	(2)勤労	1	2	(2)勤労	3	4	(4)勤労，社会奉仕	2	2
	(3)家族愛	2	2	(3)家族愛	1	1	(5)家族愛	1	1
	(4)愛校心	1	1	(4)愛校心	1	2	(6)愛校心	1	2
	(5)郷土愛	1	1	(5)郷土愛	2	2	(7)郷土愛，愛国心	2	2
				(6)愛国心・国際理解	1	1	(8)国際理解と親善	1	2
	情報（正しい判断）	1	1	情報（正しい判断）	1	1	情報（正しい判断）	1	1
	時間数	34	35	時間数	35	35	時間数	35	35

(3) 特質を生かした確かな道徳授業をつくるために，指導基本方針を確認しよう
第5章　道徳の時間の指導　第1節　指導の基本方針に以下の7点が記述されている。

(1) 道徳の時間の特質を理解する
(2) 信頼関係や温かい人間関係を基盤におく
(3) 児童が自己への問い掛けを深め，未来に夢や希望をもてるようにする
(4) 自己の発達や個に応じた指導を工夫する
(5) 道徳の時間が道徳的価値の自覚を深める要となるよう工夫する
(6) 道徳教育推進教師を中心とした指導体制を充実する
(7) 児童と共に考え，悩み，感動を共有し，学び合うという姿勢をもつ

　道徳の時間は，これまでの説明から分かるように，「道徳的価値の自覚及び自己の生き方についての考えを深め，道徳的実践力を育成するもの」であり，内面的な心の活力を引き出すものであることから，他教科や他領域とは違う特質もつ。内面的なところをたがやすことから，学級での温かい人間関係が大切である。一人一人が自分の感じ方や考え方を伸び伸びと表現することができるような雰囲気が求められる。

　また，児童が自分の生活や自己の生き方を主体的に考えられるようにするために，児童の年齢相応の発達課題とともに，個人差に留意して，一人一人の感じ方や考え方を大切にした授業を工夫する。授業には，他の教師との協力的指導，校長や教頭，保護者や地域の人々などの参加，特に，授業の終末においては，自己や社会に夢や希望をもち，意欲的に生きていくための力を身に付けていくことができるように配慮したい。

　教師も人間である。そこで，道徳の時間に，教師も児童と共に考えたり，悩んだり，共感したりして，道徳の内容を学んでいくという姿勢で授業に臨むことが大切である。けっして教え込もうとするのではなく，共感的に指導していくことが求められるのである。

(4) 学習指導案を作成しよう
① 学習指導案の内容とその手順
　学習指導案の形式は特に決まってはいない。しかし，学校の教師の共通財産として次回の指導に生かせられるように学校として蓄積していくことが求められる。

ⅰ　主題名を明記する
　年間計画における主題名のことである。指導の内容を端的に表す。
ⅱ　ねらいを決める
　指導の内容や教師の指導の意図を明らかにする。
ⅲ　資料を吟味して中心資料を決める
　道徳の資料は，その時間がねらうことが自己の生き方について考え方を深めるものだから，人間の生き方や在り方についてストーリー，いわゆる，お話になっているものが望ましい。読み物資料の中の登場人物になりきって考えることで，そのねらいを果たすのである。
　中心資料は，様々な資料を教師が選定する。
　『学習指導要領解説　道徳編』「第4節道徳の時間の指導における配慮とその充実　3　魅力的な教材の開発や活用の(1)道徳の時間に生かす教材」に，道徳の時間に用いられる教材の具備すべき要件が述べられている。

ア　人間尊重の精神にかなうもの
イ　ねらいを達成するのにふさわしいもの
ウ　児童の興味や関心，発達の段階に応じたもの
エ　多様な価値観が引き出され深く考えることができるもの
オ　特定の価値観に偏しない中立的なもの

さらに，次のような要件を満たした教材が求められている。

> ア　児童の感性に訴え，感動を覚えるもの
> イ　人間の弱さやもろさに向き合い，生きる喜びや勇気を与えられるもの
> ウ　生や死の問題，先人が残した生き方の知恵など人間としてよりよく生きることの意味を深く考えさせられるもの
> エ　体験活動や日常生活等を振り返り，道徳的価値の意義や大切さを考えることができるもの
> オ　悩みや葛藤等の心の揺れ，人間関係の理解等の課題について深く考えることができるもの
> カ　多様で発展的な学習活動を可能にするもの

以上の観点から，資料を吟味することが求められる。

教材開発は，柔軟な発想とアンテナをはり，広い視野から，教材を求めていく姿勢をもつことが大切である。先人の伝記，自然，伝統と文化，スポーツなどを題材として，児童が感動を覚えるような教材の発掘が求められている。文部科学省から平成26年度に出された「私（わたし）たちの道徳」を始め，各自治体が作成しているふるさと教材など，多くの資料に当たり，資料検討を大いに行いたい。

②　学習指導過程を構想する

魅力的な道徳授業にするために，学習指導過程は，次の4つを鍵とする。

ⅰ　資料分析

道徳の時間の資料のほとんどは，読み物資料である。登場人物が出てきて，その中で道徳的変化を起こす人物に同化して考えていく。その資料がどのような展開があり，どのように価値を追究させるのかを教材研究する必要がある。ねらい，児童の実態，資料の内容などをもとに，授業の展開について考えるために，資料分析をする。何が変容を起こさせたのか，何が中心価値になるのか，多様な感じ方や考え方によって学び合うところはどこかを明確にする。

ⅱ　中心場面の見極め

話し合いが十分にできるところ，友達の意見を聞き，考え合うことができるところを探す。その場が見つかり，話し合いをすることで，違った角度からの見方，考え方を知ることができる。また，なかまの考えに対して自分の考えを出し，ぶつけていく「語り合い」ができることで，考えを深めることができるし，判断力を高めることができる。そこは，授業の山場であるところで，それぞれの児童が「なるほど」「わかった」と感じることで，他の教科と同様に学ぶことができる。

ⅲ　中心発問の吟味

次に，発問の吟味である。今日は，このようなことを考えさせたいという，ねらいに迫るための発問を中心発問と言う。中心発問は中心場面で考えるとよい。登場人物の主人公が道徳的に変化したところが中心場面である。主人公がどのように考えて変化したのかを，児童と共に考えることになる。登場人物が道徳的に変化せず，話が進む場合は，児童がさまざまな考えや意見が出せるような問いかけができるところで中心発問を考えるとよい。価値観をはぐくむことを重視する授業にしていくために，問い方や発問の仕方に工夫がいる。

ⅳ　導入と終末

ⅰⅱⅲができれば，導入の工夫を考えるとよい。本時の主題にかかわる問題意識をもたせる導入，資料の内容に興味や関心をもたせる導入，学習への雰囲気作りを大切にした導入など，読み物資料に入る前に導入の仕方を考える余裕をもちたい。また，終末の工夫も凝らしたい。考えたことや新たに分かったことを確かめたり，学んだことを更に深く心に留めたり，これからへの思いや課題について考えたりする。はぐくんだ道徳的実践力を維持できるような終末を迎えたい。

横山利弘氏は，「道徳の時間が充実したものになるかどうかは，クラスの児童，生徒たちが本音で自己内対話ができるか，またそれを相互に対話し合えるかどうかにかかっているのです。」また，「道徳の時間の指導と学級経営とは相補的なものなのです。」（横山利弘，2007「道徳教育，画餅からの脱却─道徳をどう説く─」暁教育図書株式会社，p.183p.184）と述べている。このことからも鑑みて，道徳の時間は，道徳性の育成という内面的な指導であることから，道徳の時間が終わっても学級生活の中で指導の丁寧な積み重ねが重要であることを学級担任は肝に銘じておきたい。

2　児童が主体的に考え，学ぶ道徳授業

(1) 今求められる指導方法の充実

　道徳授業の指導方法が画一化しており，形式的であることが懸念され，指導方法の改善や充実について注目されている。「道徳に係る教育課程の改善等について（答申）」（平成26年10月21日）においても「『特別の教科　道徳』（仮称）の目標や指導のねらいに即し，一人一人が見通しをもって主体的に考え，学ぶことができるよう，その内容を学ぶことの意義を理解させたり，学んだことを振り返らせたりする指導が重要である。」と提言されており，今までの道徳の時間とは異なる指導方法が期待されている。読み物資料の指導書の展開例には導入の工夫として，読み物資料の内容に即して話題を投げかけたりするものもあれば，児童の日々の生活を想起させてから資料を提示したりするものもある。いずれにしても教師主導型であり，児童の必要感があまり感じられない。また，導入で日々の生活を想起させた場合でも，そこで抱いた思いを確かなものとして共有したり提示したりすることがないと，児童はぼんやりとした意識のまま，教師の提示する発問に対する答えを考え，自分のこととしてとらえることのできにくい道徳の時間になってしまう。また，展開後段の振り返りにおいても，振り返るための視点を教師自身もはっきりもてていないことから展開前段で話し合ったことがうまく生かされないままの振り返りになりやすい。導入，展開，終末とどの指導過程においても自分の日々の生活と向き合いながら考えていく道徳の時間にしていきたいものである。

(2) めあてを設定して取り組む道徳の時間

　道徳授業の指導方法の改善策の一つとして，めあてを設定して取り組む道徳の学習について提案する。導入で児童が自分の生活を振り返った上で，本時のめあてを自分たちで設定する。例えば，規則尊重の内容項目を取り扱う際には，「公共の場所やものを使うときのきまりにはどのようなものがありますか」と身の回りのきまりについて想起させた上で，自分たちのきまりを守れている度合いを挙手して示させる。私はおよそ3段階で示させるようにしている。例えば，「それらのきまりを守れていますか。いつも守れているか，ときどき守れているか，あまり守れていないか，手を挙げましょう。」と尋ねる。そのように自己評価をさせることで，児童は自分のこれまでの生活を個々に振り返ることができる。こうした児童の実態を踏まえ，全体で共有した後，「いつでもきまりを守れるようになりたい」「どうすればきまりを守れるようになるのか」といった願いや疑問を焦点化させるようにする。その上で児童に今日の道徳の学習のめあてについて尋ねるようにする。こうすることで，児童自身がめあてを設定し，道徳の学習に向かうことができると考えた。このめあては授業の展開前段で読み物資料を読んで話し合う際にも展開後段で自己を振り返る際にも有効であり，児童は一貫してめあてを意識して学習に取り組むことができる。また，めあてに対する道徳的価値を学習のまとめとして板書し，とらえた道徳的価値に基づいた振り返りを行うことができるよさもある。

(3) 日々の生活との関連を図った道徳の学習
① 課題意識を明確にして学習に取り組むために

　めあてをもった道徳の学習に加え，さらに児童が必要感をもって道徳の学習に取り組むことができるように，日々の生活や各教科等の学習との関連を図った道徳の学習を構想した。関連的な道徳の学習を構想していく上で大切にしたいのは，児童の思考の流れと教師の意識的な関わりである。例として関連的な道徳の学習「きっと　できる」の実践について述べる。

② 実践例　関連的な道徳の学習のテーマ「きっと　できる」
　ア　テーマ「きっと　できる」資料「七のだん，ごうかく」（光村図書　第2学年）
　　　1―（2）「自分がやらなければならない勉強や仕事は，しっかりと行う」

イ 日々の生活での取り組み「頑張り日記」

　日々の生活では，学校で取り組んでいる学習や遊び等で自分のやるべきことに取り組んだときの気持ちを「頑張り日記」に書き込む活動を取り入れた。児童に学校で頑張っていることについてアンケートをとった上で多かった「鉄棒」「雲梯」「縄跳び」「かけ算九九」を取り上げ，それぞれ自分が挑戦するものを決めて「頑張り日記」に書き込むようにした。その際，取り組んだときの気持ちを3つの表情マーク（うれしい・かなしい・くやしい）から選ぶようにし，前回と比べてできるようになったことやどんな気持ちで取り組んだかを書き込むようにした。日記は毎日提出し，教師が励ましのコメントを書いたり，目標が達成したときは持ち帰って保護者に賞賛のコメントを書いてもらったりするようにした。頑張る意欲を持ち続けることができた児童も見られたが，何回挑戦してもできないものをあきらめて別のものに変更する児童も見られた。

ウ 道徳の時間の導入における焦点化

　道徳の時間の導入では，「頑張り日記」に書いた自分のやるべきことに取り組んだときの気持ちを話し合うようにした。その中で，「やるのがつらいと思ったときはあるか」と尋ね，「雲梯をするときに手にまめがいっぱいできてつらかった」「何回やっても八の段でひっかかって嫌になった」と自分の頑張りに満足のいかない思いを取り上げるようにした。うまくいかなくて嫌になることがあるという思いを焦点化させた上で「やるのが嫌になったときでも頑張り続けられるひみつを見付けたい」という課題意識をもちやすくした。

エ 読み物資料を活用した展開

　資料は児童が日々の生活で取り組んできた「かけ算九九」を取り扱った内容であり，児童に身近な資料を選定した。主人公が何回も九九の練習に取り組む場面を中心場面とし，日々の生活で抱いた頑張り続けるときの気持ちを想起させ，自分の体験を重ね合わせて主人公の思いを考えることができるようにした。頑張り続ける主人公の思いを「きっとできると思って頑張る」「くやしいと思って頑張る」「みんなが応援してくれるから頑張る」と語る姿が見られた。

オ めあてに沿った振り返り

　展開前段の中でとらえた「きっとできるという思いをもち続けること」「くやしいという気持ちをもつこと」「周りの人に応援をしてもらうこと」を「今日わかったひみつ」，つまり道徳的価値として板書した。さらに今までに「今日分かったひみつ」のように頑張り続けたことはあるか尋ねることで，とらえた道徳的価値に基づいて自分の日々の生活を振り返った。「鉄棒で後ろ回りをするときに，○○くんが教えてくれたから頑張れたよ」「雲梯でいつも半分までで落ちてしまっていたけれど，自分ならできると思ったら最後までできたよ」と「頑張り日記」の取り組みを振り返り，語る姿が見られた。

③ 成果と課題

　関連的な道徳の学習を行うことで，児童が主体的に学習に取り組むことができた。さらにとらえた道徳的価値を意識して「頑張り日記」で取り上げた活動に取り組む姿が見られた。とらえた道徳的価値のよさについて児童に実感をもたせるためには，道徳の時間の前だけでなく，後の教師の関わりも重要となってくる。日頃から児童の思いに耳を傾け，児童の必要感に沿った授業展開ができるよう日々の児童との関わりを大切にしていきたいものである。

参考文献

青木孝頼他　1980「新道徳教育事典」第一法規出版株式会社
J.ライマー他　2004「道徳性を発達させる授業のコツ　ピアジェとコールバーグの到達点」北大路書房
大平勝馬　他　1982「児童心理学—幼児・児童の発達心理—」建帛社
岡山大学教育学部附属学校園　2014　研究紀要

3　生活科との連携による道徳授業

　生活科は，平成元年の学習指導要領の改訂において，小学校の低学年に新設された教科である。すでに，2回の改訂を経てきている教科であるが，その理念は変わらない。身近な人々，社会，自然とかかわる活動を充実させて，自分自身のよさや可能性などについて，一人一人の児童が理解を深めることを目指している。この章では，そのような生活科と道徳の関係を具体的な授業で見ていく。

(1) 生活科と道徳の関係

　人は様々なかかわりの中で生きており，そのかかわりにおいて様々な側面から道徳性を現し，身につけながら人格形成がなされる。そのような意味で，生活科と道徳は関連を深めて学習を構成して付くことで，児童の道徳性を育み，人格の基盤づくりにつながるものである。
　『小学校学習指導要領解説　生活編』(文部科学省　平成20年8月)の「第4章　指導計画の作成と内容の取扱い」の(4)に，生活科と道徳の時間との密接な関連が書かれてある。

> (4)　第1章総則の第1の2及び第3章道徳の第1に示す道徳教育の目標に基づき，道徳の時間などとの関連を考慮しながら，第3章道徳の第2に示す内容について，生活科の特質に応じて適切な指導をすること。

　そして，続けて，以下に示すような生活科の目標を鑑みたとき，道徳教育との関連を明確に意識しながら，適切な指導を行う必要があることが求められている。生活科の教科目標は次の通りである。

> 　具体的な活動や体験を通して，<u>自分と身近な人々，社会及び自然とのかかわりに関心をもち</u>，<u>自分自身や自分の生活について考えさせる</u>とともに，その過程において<u>生活上必要な習慣や技能を身に付けさせ，自立への基礎を養う</u>。　（下線は，筆者）

　この教科目標を端的に表せば，「具体的な活動や体験を通して，低学年児童の自立への基礎を養う」ことである。この目標の中にある3つの要素は，道徳教育と密接なかかわりをもつことを表わしている。
　そのことを次のように述べている。

> 　自分と身近な人々，社会及び自然と直接かかわる活動や体験を通して，自然に親しみ，生命を大切にするなど自然とのかかわりに関心をもつこと，自分のよさや可能性に気付くなど自分自身について考えさせること，生活上のきまり，言葉遣い，振る舞いなど生活上必要な習慣を身に付け，自立への基礎を養うことなど，いずれも道徳教育と密接なかかわりをもつものである。

　道徳の内容を見てみると，児童にはぐくみたい道徳性を次の4つの視点からとらえている。

> 1　主として自分自身に関すること
> 2　主として他の人とのかかわりに関すること
> 3　主として自然や崇高なものとのかかわりに関すること
> 4　主として集団や社会とのかかわりに関すること

　この道徳の4つの視点と上記の生活科の目標とを比較してみると重なりがあることが分かる。
　生活科の目標の1つ目の要素である「自分と身近な人々，社会及び自然とのかかわりに関心をもつこと」は，2，3，4の視点と重なる。また，2つ目の要素の「自分自身や自分の生活について考えさせること」は1の視点と関係する。そして，3つ目の要素の「生活上必要な習慣や技能を身につけさせること」は，自分自身の基本的生活習慣の形成から始まり，礼儀やルールやマナーを守ることに通じ，全ての視点にかかわると考えることができる。
　低学年の児童は，実際に対象に触れ，活動することで，よき生活者としての資質や能力及び態度を育成することができる。生活科の学習活動によってかかわる対象や自分自身への気付きが生まれ，それらが相まって資質や能力及び態度を育成し，確かな行動へと結び付くことが期待される。
　このように見てくると，生活科は道徳教育と密接なかかわりをもつことに論を待たない。
　次に，道徳教育の要としての道徳の時間の指導との関連をA小学校の第1学年の道徳の年間計画で見てみよう。互いの年間計画を作成する際に，指導の内容と時期等に配慮することが大切である。

(2) 生活科と道徳の関係の実際

月	週	主題名	指導内容	資料名	生活科との関連
4	3	がっこう だいすき（生）	愛校心	たのしい がっこう	4月～6月 大単元Ⅰ「がっこう，いえ，ちいきのひとだいすき」～がっこう だいすき～ ・校舎内や校庭を歩いて回り，施設や自然，人々に興味・関心をもつ。 ・学校の周りを探検する。 (1)(4)(8)18時間
4	4	こころのかようことばかけ(生)(キ)	礼儀	いろいろな あいさつ	
5	2	こころのかようことばかけ(生)(キ)	礼儀	いろいろな あいさつ	
5	3	きそくただしいせいかつ	節度ある生活習慣	わたしたちの せいかつ	5月～7月 大単元Ⅱ「はなや きや いきものと なかよし」～きれいにさいてね たくさんさいてね～ ・朝顔の種を蒔いて育て，様子を観察し変化や成長の様子に気付く。 (7)11時間
5	4	やさしいこころで（キ）	自然愛，動植物愛護	わたしの あさがお	
6	1	すなおな心（情）	節度ある生活習慣	かぼちゃの つる	
6	2	がんばるこころ	勤勉・努力	わきだした みず	5月～9月 大単元Ⅲ「きせつと あそぼう」～なつだ いっしょにあそぼうよ～ ・公園の遊具などで遊び，みんなで遊ぶ楽しさに気付く。 ・草花や樹木を使って工夫して遊ぶことを通して，夏の動植物の色や形などの特徴に気付く。 ・土や砂に触れたり，工夫して遊んだりする。 ・水で遊んだり水で遊ぶおもちゃを作る。 (4)(5)(6)9時間
6	3	よいことをすすんでしよう	善悪の判断，勇気	どんな一ねんせいになるのかな	
6	4	しぜんをたいせつに（道）（生）	自然愛，動物愛護	あじさいとかたつむり	
7	1	いのちをたいせつにするこころ	生命尊重	まりちゃんと あさがお	
7	2	じぶんでかんがえてこうどうしよう（情）	情報(正しい判断)	ぼくの どきっ	
9	1	たいせつな いのち（生）	生命尊重	ピーターの いのち	9月～10月 大単元Ⅱ「はなや きや いきものと なかよし」～いきものと なかよし～ ・草むらなどで虫を捕まえ，住処やえさを用意し，大切に飼う。 (7)7時間
9	2	みんなかぞく（道）	家族愛	さやかさんの おにぎりづくり	
9	3	よくかんがえて（情）☆P32	善悪の判断，勇気	ほうかごの できごと	
9	4	きまりをまもろう(総)(生)(キ)	規則の尊重，公徳心	じゅんばん	
10	1	そうじってたのしいね(キ)(道)	勤労	ぞうきんがけ	10月～12月 大単元Ⅲ「きせつと あそぼう」～たのしさいっぱいあきいっぱい あきのおもちゃだいしゅうごう～ ・校庭で，秋の草花や木，虫などの様子を観察する。 ・木の実などを使って簡単な遊びを楽しむ。 ・葉や木の実を使っておもちゃを作ってもっと楽しく遊べるように工夫する。 (5)(6)(8)21時間
10	2	きれいだな（道）（生）	敬けん	大きな ゆうひ	
10	3	きてよかった（同）（キ）	信頼・友情	二わの ことり	
10	4	ものをたいせつにするこころ☆P10	節度ある生活習慣	学ようひんの ないしょばなし	
11	1	だれにでもやさしく（同)(生)(道)	思いやり，親切	はしの上の おおかみ	11月～2月 大単元Ⅰ「がっこう，いえ，ちいきのひとだいすき」～みんな いっしょに～ ・家庭での，自分の1日を振り返り，見つけたことや気付いたことを話し合う。 ・家庭で，家の人といっしょに仕事や趣味をする。 ・家庭において，自分でできることを考え，計画したことを実行する。 (2)(8)12時間
11	2	ひとりでできるよ	節度ある生活習慣	ひとりで できるよ	
11	3	みんなのことをかんがえて(キ)☆P118～	規則の尊重，公徳心	こうえんの ベンチ	
11	4	いのちをたいせつにするこころ	生命尊重	おかあさんの なみだ	

12	1	やさしいことばかけ（生）	礼儀	やさしいことばかけ	12月～2月 大単元Ⅲ「きせつと あそぼう」 ～ふゆを たのしもう～ ・風や影などを利用して、友達と簡単な遊びをする。 ・冬の公園で遊んだり、公園に来ている人とかかわったりする。 (4)(5)(6)9時間
	2	いっしょにしよう(同)(道)	信頼・友情	いもほり	
	3	おてつだいのこころ(キ)	家族愛	おてつだい	→ 大単元Ⅰ「がっこう、いえ、ちいきのひとだいすき」～みんな いっしょに～
1	2	あたらしいいのち	生命尊重	あたらしいいのち	
	3	しょうじきなこころ	正直誠実,明朗	中にわのかだん	1月～3月 総括単元Ⅰ「おおきくなったよ」 ～もうすぐ 2ねんせい～ ・入学して、したことやできるようになったことなどを振り返る。 ・小学校のことを教えたり、いっしょに遊んだりして、園児とかかわる。 (8)(9)15時関
	4	きめたことをさいごまで(生)	勤勉・努力	さかあがり	
2	1	ありがとう（キ）	尊敬・感謝	へんとうせんのとき	
	2	ありがとう（キ）	尊敬・感謝	へんとうせんのとき	
	3	だいすきな ふるさと	郷土愛	わたしの さんぽみち	
3	1	あかるくすなおなこころ（キ）	正直誠実,明朗	かじだ かじだ	
	2	やさしいこころで	思いやり,親切	もうだいじょうぶ	

(同)…人権・同和教育　☆…わたしたちの道徳　(生)…生活目標
(道)…道徳の日　(キ)…キャリア教育　(情)…情報モラル教育

さらに，当該校の実際の生活科と道徳の時間との関連を第1学年の1学期の実践で見てみよう。
児童は，入学して初めて植物を種から栽培する活動に挑む。
実際のあさがおの栽培体験と生命を尊重する心への気付きが，植物に親しみをもち大切にしようとする児童の行為へとつながることをねらい，実践を行った。

前頁で示した年間計画の5月最終週に計画されている道徳の時間と生活科の時間を関連付けた。生活科の大単元Ⅱの「きれいにさいてね　たくさんさいてね」が始まると，道徳の時間の中心資料『わたしの　あさがお』の内容と生活科で育てているあさがおのようすが重なる時期にあわせて実践した。

生活科の単元の目標は，下記の通りである。

写真1【あさがおのたねまき】

・あさがおの種に名前を付けて、愛着をもって育てようとする。【意欲・関心・態度】
・水やりや草取りの活動を通して、話しかけたりカードに思いや気付きをかいたりすることができる。【思考・表現】
・生命あるあさがおの成長の様子を捉え、自分とあさがおのかかわりを表現することができる。【思考・表現】
・生命あるあさがおの成長を願い、成長に応じた世話をすることができるようになった自分に気付くことができる。【気付き】

道徳の時間の『わたしの　あさがお』（香道研）の中心価値は，3-(2)「身近な自然に親しみ，動植物に優しい心で接する。」である。

本資料は，児童と同じようにあさがおの種をまき育てている女の子のようすを表したものである。種をまいてから毎日水やりをしたり，名前を付けて話しかけたりすることを通して，植物へのやさしい心を養うことをねらっている。また，日々の成長を観察することで，植物のもつ不思議さや生命の力に気付くことができる。さらに，名前を付け，毎日世話をすることで自分と同じように生きていることの愛おしさなどを感じ，大事に育てようとする気持ちを強く育むことをねらった。低学年の児童は，中心資料に登場する人物や植物に同化して思考することが得意である。その特徴を生かして，中心価値に迫ることができる。

簡略化して表した学習指導案は，下記の通りである。

学　習　活　動	教　師　の　手　立　て
1　教師が紙芝居をしながら資料を読み，本時の話の内容をつかんで，学習課題を確認する。	・あさがおの世話をしている写真を提示することで，日常のあさがおのかかわりを思い浮かべることができるようにする。 ・主人公の女の子になりきって，あさがおへの思いを想像させる。
2　女の子とあさがおの気持ちを考える。	問）あさがおはどのように育ててもらいたいかを考えよう。 ・あさがおのペープサートを使って，女の子とあさがおの気持ちを考えさせ，あさがおの成長したいという願いを叶えたいという気持ちが芽生えるようにする。
3　自分たちのあさがおの気持ちも考える。	・自分たちのあさがおのようすを見に行くことで，中心資料で高まった心情をこれからの実践の力につなぐようにする。

この道徳授業の後に，毎朝，雨が降る日も自分のあさがおに水やりを欠かさない行動を見せる児童が増えた。次の生活科の時間を行うことで，さらにあさがおへの愛情を育み，自分とのかかわりについて気付きを深めることにつないだ。

生活科の本時の目標は，「成長してきたあさがおの気持ちを考えたり，動作化したりすることで，今後の世話の仕方に気付き，愛着を深めることができる。」とした。実際に，本葉が出て，つるを伸ばしてきている自分のあさがおを植木鉢ごと，自分の席に持って来て授業を開始した。生活科は，体験を通して行うものとして，実物を置き臨場感を大切にした。

本時の学習指導過程を簡略に示して以下に示す。

学　習　活　動	教　師　の　手　立　て
1　これまでのあさがおの成長の様子，世話の状況を振り返り，本時の学習課題を知る。	・児童があさがおの世話をしている成長の過程を写真で提示し，どうしてそのような世話をしたのかを振り返ることができるようにする。 問）あさがおがもっと大きくなるためのお世話を考えよう。 ・あさがおがこれからどうなってほしいかを考えさせ，花が咲いた後の写真を提示することで，大きく育てるための世話の仕方に目を向けさせる。
2　現在のあさがおの気持ちを考える。	・あさがおに児童の耳をあてさせたり，観察したりしながらあさがおの気持ちを想像し，対話する場をもつ。どのような話をしていたのか，劇化を通して一人二役で発表させて，成長の喜びを共有する。
3　これからのあさがおの世話について話し合う。	・児童自身にあさがおにならせて，フロアに作った狭い囲いの中に複数の児童を入れさせ，本葉やつるが出てきて大きくなってきたあさがおを動作化で演じさせ，今のままでは狭くて成長しにくいことに気付かせる。（下記の写真2参照）

・間引きについて知る。 ・間引いたあさがおの行方を考える。	 写真2【のびる あさがおの動作化】 ・2で考えたあさがおの気持ちとつないで、このままでは大きく育ちにくいことを説明し、どうすればよいかを考える。 ・動作化の際には、つぶやきを積極的に取り入れ、あさがおの気持ちを言葉で表現させるようにする。 ・あさがおの気持ちを考えにくい場合には、必要に応じて声かけをする。 ・児童の意見をもとに「間引き」についての説明を行う。 ・今まで一所懸命世話をしてきたことを想起させ、間引いたあさがおにも生命があることを確認する。 ・あさがおのきれいな花をみんなに喜んでもらえるようにするための方法を考えるようにする。その際、実現可能かどうかを問いかけることで厳選していく。
4 本時の学習を振り返り、今後の世話について意欲をもつ。	・本時の学習を振り返るとともに、次時は実際に間引きをすることを伝え、意欲を高める。

葉がどんどんふえてぶつかり合ってるね。
大きくなって鉢がいっぱいになってしまったね。

いつもお世話をしてくれてありがとう。
もっともっと大きくなって花を咲かせるよ。

写真3【あさがおとおしゃべり】

この授業の後、茎や根を傷つけないように児童は、1つの鉢に5本生えていたあさがおの中から2本残してそっと抜いていた。しかし、しっかり育ってきただけになかなかうまく抜けずに悪戦苦闘していた。間引きをして鉢から抜いた苗を児童は、プランターに植えることや緑のカーテンとして、校舎や生き物小屋の周りに植えることを提案した。また、つるが伸びてきた苗に支柱をつける作業に意欲的に取り組んだ。

こしがまがってきたよ。はやく、しちゅうをたててあげないとね。

ぬいたあさがおもいのちがあるから、ちゃんとそだてたいなぁ。

写真4【つるに支柱をつける作業】

写真5【間引きと植えかえ】

7月に入って，意識をつなぐために，あさがおが登場する話で，3-(1)「生きることを喜び，生命を大切にする心をもつ。」という生命尊重を中心価値とした『まりちゃんと　あさがお』（文科省）の資料を使って，道徳授業を行った。

本資料は，あさがおの生長を楽しみに大切に育てている主人公のまりちゃんが祖母の話を聞いて，命の儚さや命のつながりに気付き，改めて命を見つめるという内容である。あさがおの花が咲いたときの気持ちや萎れてしまったときの主人公の気持ちを考えることを通して，共感的に命の有限性や連続性に気付かせ心情を大切にしようとすることをねらった。

主人公と自らの体験を重ね合わせながら考えられるようにするために，育てているあさがおの1鉢を教卓に置いて，授業を行った。

学 習 活 動	教 師 の 手 立 て
1　あさがおの鉢を見て，かかわっているときの気持ちを想起する。	・生活科の体験との関連を踏まえ，種をまいたとき，早く咲いてほしいと願いながら育ててきたことを発表し合う。
2　教師が読んでくれた資料から課題を確認して，話し合う。	・初めてあさがおが咲いたときや萎れたときのまりちゃんの気持ちになりきって考えさせ，話し合う。 問）おばあちゃんの「命はつながっていくんだよ。」の言葉を思い出しながら，まりちゃんはどんなことを考えていたのだろうか。 ・前に置いたあさがおの花やつるを手に持って，教師があさがおになりきって具体的に話を進めることを通して，共感させて追究させる。 ・あさがおがたくさんの花を付け，萎れても次の命を育む種をつくることを話し，命の連続性に気付かせる。また，これから暑い時期に世話を絶やさないようにしようとすることを確認する。
3　生活の中で命がつながっているなと気付いたり，命を大切にしようと思ったりしたことはないか振り返る。	・自分があさがおと似ているところを問い，命の連続性や両親や周りの人々の支えに気付くようにする。

この道徳授業は，あさがおの栽培体験を通して考えを深めるが，自分のつながってきた命も大切な命であることに気付かせていくことにつないだ。まだ，7月の段階であり，書いて記録に残すことはできないが，あさがおを大切に育てようという意識は高まっていることが毎日の観察と世話の様子から見られた。

9月からの秋の虫を教材としての単元も，道徳の時間に育んだ3-(1)「生命尊重」や3-(2)「自然愛・動植物愛護」と意識をつなぐことで児童の気付きの質の高まりを感じることができた。

(3) 生活科と道徳を連携させて

この章では，第1学年第1学期の実践のみの紹介であったが，第2学年においては，生活科での大きな単元である『まちたんけん』では，2-(1)「礼儀」，2-(4)「尊敬・感謝」，4-(1)「規則の尊重，公徳心」，4-(2)「勤労」や4-(5)「郷土愛」と，『自分の誕生からこれまでを振り返る』単元では，1の視点や2の視点はもちろんのこと，4-(3)「家族愛」，4-(4)「愛校心」などと関連付けての展開が考えられる。ひいては，生活科の学びを深化させる。

生活科の理念は，基本的な生活習慣を育成し，自分の生活や自分自身のよさや可能性について考え，自立への基礎を養うことである。それは，先に述べた通り，自己の生き方の指導を充実させる小学校の道徳教育と密接な関連がある。

また，幼児教育の柱となる5つの領域の各ねらいを鑑みるとき，小学校教育の道徳の内容に発展していることが分かる。幼児教育から小学校教育への滑らかな接続のためにも，生活科と道徳教育を密接にかかわらせた取り組みをぜひ低学年段階に位置付けたいものである。

4　総合的な学習の時間との連携による道徳授業

(1) 総合的な学習の時間と道徳の関係
① 「教えればできる」からの脱却
　道徳の時間で教えたはずなのに，普段の学校生活で全く行動に移せていない子どもの姿を見て，忸怩たる思いになることがよくある。そして，自身の道徳教育を振り返り，反省する。そのような反省を繰り返して分かったことは「教えればできる」という道徳授業観から，「切実な問いや願いを大切にして，自分事として学べばできる」という道徳授業観へと転換することの必要性である。

　本稿では，このような道徳の授業観の転換を目指すために，総合的な学習の時間との連携による道徳教育の具体的実践例を挙げ，その要件を明らかにする。

② 「分かっているけどできない」理由と解決方法
　「分かっているけど行動に移せない」。学校現場にいると，このような子どもの姿によく直面する。道徳の授業でごみを拾う大切さを学んだのに，休み時間，目の前に落ちているごみを拾わない等の例は枚挙にいとまがない。「分かっているけど行動に移せない」理由として，大きく以下の２つが挙げられる。

> ①価値の自覚をしているが行動化できない。　②本当の価値の自覚化までは至っていない

　①は道徳の時間で価値の自覚に至っているが，実際の生活に生かせていない子どもである。そのような子どものために，価値の自覚と実社会・実生活をつなげる手立てが必要になってくる。
　②は，「分かっているつもり」の状態であり，真の意味での価値の自覚には至っていない子どもである。真の意味での価値の自覚を促すには，学んだ価値と自分自身を比較，関連付け，自分なりの価値に変換する過程が必要になる。
　つまり，両者共に，道徳と実社会・実生活とを関連付け，自分にとって意味のある価値の自覚を促すことが重要であるということである。そのためには，道徳的価値だけを切り離して学ぶのではなく，切実な問いや願いを大切にし，実社会・実生活と深くつながる総合的な学習の時間と連携した道徳授業が有効である。
　総合的な学習の時間，道徳の両者の指導要領解説にも，関連について述べられている。要約すると，「総合的な学習の時間では，探究的な学習を通して道徳性が養われ，道徳では，道徳的価値の自覚や生き方について考えを深めるために，基本的な道徳的な価値の全般の自覚を図る授業が展開される。そして，児童の道徳性を育むためには，両者の関連を図り，全体として道徳教育を充実させることが必要」とある。

(2) 本主題の意図
　東日本大震災では，多くの尊い命が失われ，人々の心や町に深い傷跡を残した。しかし，戦後最大の災害の中でも，日本人の誇りは気高かった。震災時や震災後の被災者の相互扶助の精神と行動は世界中の人々に驚嘆をもって称賛された。この日本人の日本人としての誇りは，古くから残る地域のコミュニティーがはぐくんできた「文化」が大きく寄与する。地域のコミュニティーは子どもからお年寄りをつなぎ，人が人に感覚，感性，思考を伝達し，受け手がそれを受容することで生まれる精神的な交流である。地域が文化を生み出し，文化がよりよい地域を生み出してきた。震災後の価値観の大きな転換期である今こそ，子どもたちに地域への誇り，愛着，共感，参画意識を育みたい。そのような願いを基に本学級では，年間を通して，教科学習や総合的な学習の時間で地域と頻繁にかかわってきた。そして本主題では，「地域の元気もりもり大作戦」を中心活動に据え，作戦を成功させるために，必要な価値を子ども自らが，主体的に見出せるような主題を構想した。そこで，中心教材として，丸亀町商店街再開発の中心となり，地域の復活に尽力した３人を教材化した自作資料，「町ににぎわいをとりもどした人たち」を扱った。３人は，それぞれの立場で地域の再生に取り組み，今では全国的に注目される先進的な再開発を成し遂げた

人物である。3人にとっての再開発は平坦な道のりではなかった。「困難な地域の再生に取り組むか，日々の安寧と他者の援助を求めるか」。そこには，大きな葛藤があった。隆盛を極めたものは衰退するのが世の常だが，それを再度復興させることは至難の業である。道徳と総合的な学習の時間を関連させた本主題により，子どもたちが，地域のコミュニティーを守ろうとする熱い思いをもった人の生き方にふれ，郷土に対して，誇りや愛着をもち，社会参画へとつながる道徳的実践力を身に付けていくことができると考え，実践した。

(3) 効果的な指導と評価について

総合的な学習の時間との関連による道徳授業の要件として，指導と評価の両側面を明らかにしたい。指導と評価は表裏一体のものであるが，ここでは，分かりやすいように敢えて分けて表記する。

① 指導について

本実践では，教材の工夫と主題構想の工夫の2点を指導の要件として挙げる。ここでは前述のように，いかに子どもが切実な問いや願いをもち，自分事として価値を自覚することができるかに着目して述べる。

ア 現実社会のリアルな葛藤を教材化する

認識と行動を統一するためには，ずしんと心に響く感動できる教材が効果的である。さらに，その教材を勉強した後，教師が「この話は本当にあった話です」と言うと子どもは大変驚き，感銘を受ける。事実に優る教材はない。現実社会で起こる事象やそこに存在する葛藤にこそ，人間の本音や切実な葛藤が存在しており，共感しやすく，自分の生き方に転移しやすいものである。社会の事象は全て原因と結果，目的と手段で形成されている。今ある事象は偶然あるものではなく，人間の葛藤や決断の結果，存在するのである。そのような，現実的な葛藤場面を追体験することは，課題の真正性や活動の真正性を生む。そのため，子どもも意欲的に学習に取り組み，より認識を深めることができるのである。発達段階で考えても，もうすぐ4年生になろうとする子どもたちには，低学年期のファンタジーのような物語を好み，そちらの方が感情移入しやすい段階から，現実の話に興味をもつようになってきている。

そこで，本主題では今も尚現役で活躍されている人物にスポットを当てる。遠い存在ではなく，地域に行けばいつでも会える町の人である。学校と地域を結ぶことで子どもたちの認識と行動との物理的，心理的距離が近くなる。郷土愛という価値を認識した子どもは，郷土のために自分ができる働きかけを地域ですぐに実行することができる。それにより，自己の行動に有用感をもつ。この有用感こそ，認識と行動を統一する大切な潤滑油になる。さらに，「地域の元気もりもり大作戦」により，子どもたちだけではなく，地域にとっても商店街にとっても有用性がある活動が生まれる。このように，読み物資料だけではなく，地域の価値ある事実を発掘し，教材化することは，子どもの価値認識を深め道徳的実践力を養うことに寄与する。

イ ストーリー性と連続性をもった主題構成

認識と行動を統一するためには，子ども自身が，自分の成長のために，価値を学びとりたいという熱い思いが必要である。「散歩をするつもりで富士山の登頂までたどり着く人はいない」と言われるように，道徳の授業でも，無目的に価値を獲得することはありえない。同じ授業を受けても自身の成長への夢や憧れ，つまり，学びの目的をもった子どものの方が，より価値を自覚し，生き方を深化することができる。

それでは，どのようにすれば，子どもたちが自ら課題をもち，自ら考え，自ら行動できるようになるのか。それは，主題構成にストーリー性と連続性を持たせることである。本実践のストーリーの流れは以下の通りである。

i 総合的な学習の時間で地域のすばらしさと危機の両面を理解する。	→課題作り
ii 学校のためにできることを考える。そのために，読み物資料から価値を見出す。	→認　識
iii 学校のためにできることを実行する。	→行　動
iv 実行したプロジェクトを振り返り，成果と課題を見出す。	→振り返り＆課題作り
v 読み物資料で課題解決に役に立つ価値を見出し，新たなプロジェクトを考える。	→認　識
vi 地域のためにできることを実行する。	→行　動
vii 実行したプロジェクトを振り返り，成果と課題を見出す。	→振り返り＆課題作り

以上のように，子どもの文脈に沿った形で主題を構成し，子どもと共有することが大切である。連続性とは，「課題作り→認識→行動→振り返り→課題作り→・・・」の課題設定，認識，行動，振り返りを効果的に繰り返す主題構成である。この連続性を実現できることこそ，道徳と総合的な学習を連携したカリキュラム上のよさである。繰り返しにより，常に自己の課題意識を明確にし，自己の姿を振り返りながら価値に迫り，行動できるようになる。子どもが思い描く自己形成へのストーリーを描けるようにすることで，子ども自身が自ら課題を見出し，自ら考え，自ら行動し，認識と行動の統一が図れた姿を見出すことができる。

② 評価

評価について，単元を貫く問いの重要性と，多面的に個の伸びを評価する方法を挙げる。

ア 単元を貫く問い

価値の自覚と行動をつなげるためには，子ども自らが課題を見出し，自ら考え，自ら行動できるようにする必要がある。そのためには，子どもがいかに学習全体を見通した課題意識をもち，学習を進めていけるかが大切になる。そのために，単元を貫く課題を設定する。単元を貫く課題は，教師から提示するのではなく，子どもと共につくることが大切である。子どもの主体性と教師の意図性のバランスを図ることが必要である。

> 単元を貫く課題
> ※1 大好きな地域のために自分ができることはあるかな？活動を成功させるためには，どんな気持ちが大切なんだろう？ ※2 この問題を解決するために，地域の元気を復活させた人たちの気持ちを考え，心のかぎを見付けよう。 ※3 学習の途中で心のかぎが見つかったら，「かがやく心のかぎノート」にどんどん記録していこう。 ※4 そして，見つけた心のかぎを使って「地域の元気もりもり大作戦」を成功させよう！

単元を貫く課題を設定する要件として以下の4つが挙げられる。この4つを教師の意図性を発揮しながらも，子どもと共に設定することが大切である。

| ※1 本質的な問い | ※2 学習の方略 | ※3 主たる表現物 | ※4 評価規準 |

イ 多面的に個の伸びを評価する

道徳の評価は多面的で長期的なものにしたい。個の伸びを多面的，長期的に捉え，適切にフィードバックしていく。そのために，以下の3つの評価方法を提案する。

i エピソードの採集

子どものカルテを作成する。名前・日付・観点・所見・支援を記録していく。記録をする基準は子どもの姿から見える驚きや意外性である。活動のねらいと関連しながら，子どものエピソードを一行程度メモしていき，年間を通した子どもの変容を見て取る。「○○ができた」というような量的評価ではなく，「○○だったのが，○○のようになった」という質的変容を記録する。このような所見と共に支援の具体を記録していく。年間を通して，子どもの姿をどう見て取り，支援し，子どもがどう変わったかを検証することができる。本実践では，総合的な学習の時間や日常の学級での生活などのエピソードを集め，個の伸びを捉えた。

ii 道徳授業における評価

道徳の授業では，価値判断を大切にした。読み物資料の葛藤場面での自己の判断とその根拠を明らかにするよう指導した。どちらを判断したかで評価するのではなく，判断の根拠を大切にした。価値の自覚に至っている子どもの判断は，より自律的で自己のこと，他者のことだけでなく，社会全体のことを考えて判断している姿が見られる。価値の自覚に至らない子どもは他律的で，親や先生が言うからという理由で判断している姿が見られる。このように，判断の根拠に着目することで，価値の自覚について教師が子どもの伸びを評価することができる。

iii 個の自己評価

総合的な学習の時間や道徳の授業の際に，毎回自己評価の時間を設けた。書く活動を通して，自己の目標と自分の姿をつなげるためである。そのために，年間を通して自己の目的と目標を明確にする支援を行った。目的とは一年間を通した自己の成長である。目標とは，地域を元気

にするというプロジェクトの目標である。プロジェクトの目標を達成することを通して，最終的に自己の成長という目的に達成できる。そこで，毎回，プロジェクトの達成についての自己評価と自己の成長への自己評価を行った。自己評価を繰り返すことで，「分かること」と「できる」がつながっていくのである。

(4) 子どもの学びの実際
① 課題との出会い

総合的な学習の時間は一年間という長期の学習であるので，テーマ設定にもいくつか要件がある。私は，以下の3つの要件を重視してテーマ設定を行った。
　i　子どもと教師がいっしょにつくる
　ii　問題解決の過程で地域とつながり，多様な「ひと・もの・こと」との出会いがある
　iii　すぐには解決できないもの

教師の意図としては，1年間をかけて，地域の「ひと・もの・こと」と関わり，郷土愛を中心価値として，その他の価値項目を関連価値として認識させていきたいと考えた。社会科の学校のまわりの学習を生かして，地域へ足を運び，地域の現状と課題を発見するために，2か月間は課題をつくるための共通体験期間として位置付けた。子どもたちが一番に目をつけたのが，商店街全体に漂う元気のなさであった。人通りが少なく，閉店店舗が目立つ商店街を見て，寂しさを感じていた。次に目をつけたのが，再開発現在進行中であった丸亀町商店街G街区(以下G街区)である。他の商店街と明らかに雰囲気が異なるG街区を見て驚いていた。そのような体験を全員で繰り返しなが

写真1【成長関係図の提示】

ら，テーマ設定を行った。話し合った結果，地域の商店街を元気にすることが目標に掲げられ，その方略として，成功例であるG街区を調べることや，自分ができることを考えることが挙げられた。最終の目的としては，この活動を通して，3年生の4月より3年生の3月の自分が成長していることである。その目的を意識するために成長関係図を使った(写真1)。右上が「今の自分」，左上が「なりたい自分」，下が「なりたい自分になるための心の鍵」である。総合的な学習の時間や道徳の授業等，度あるごとに関係図を提示し，活動目標の達成だけでなく，その先の目的，自己の成長を意識させた。

② 学校での取り組み

地域を元気にするために，いきなり地域に働きかけるのではなく，前段階として，学校のみんなを元気にする作戦を実行した。あいさつ運動，ゴミ拾い，イベント開催等，自由にグループを作り，活動を繰り返した。しかし，長続きしないグループ，企画倒れで終わっていくグループなどが続出した。目標のために，何かを継続して続けることや，目標設定したことを現実にすることは，子どもたちにとって難しく，多くの子どもが壁にぶつかっていた。

③ 授業を通して

そのような壁を大切にし，授業を構成した。G街区再開発の調べを子どもたちとしていく中で，改革の中心人物である明石さんの葛藤があったことが分かった。青年部を中心に再開発計画を打ち立てるも，多くの商店主の反対に合い，計画がとん挫しそうになったことがあった。明石さんは，その時，改革のお手本として，長年続けていた靴屋をやめ，うどん屋を開業した。(当時，商店街に飲食店は極めて少なく，それも客離れの一つと考えていた。)当然，家族の反対もあるし，成功の保証もなかった。しかし，明石さんは自分の家族や将来の生活だけでなく，地域全体の成功を第一に考え行動した。明石さんの決断は商店街全員の心を束ねるきっかけになり，それまで停滞していた再開発計画は猛スピードで進みだした。子どもたちは，この事実を知り，考え込んだ。学校のために活動している自分たちの思いと明石さんの思いの大きな違いを感じていた。

授業では，この明石さんの決断場面を教材化し，討論を行った。もし自分が明石さんならどうするかを話し合った。「私が明石さんなら靴屋を続ける。なぜならうどん屋をして，失敗したら自分だけでなく，家族も困る。さらに，商店街のみんなにも結局迷惑をかけることになる」「私が明石さんならうどん屋に挑戦する。自分が成功例を見せることで，商店街の人たちが再開発のよさに気付き，地域が活性化することになるから」。授業ではどちらを選択したかではなく，選択した根拠を大切にした。上

写真2【授業の板書】

の2つの意見は対立するものだが，両者ともに，「地域のこと」を考えて判断していることが分かる。反対派の子どもの意見は，「家族が反対するから」→「失敗したらみんなから非難される」→「地域のためにやめよう」と，徐々に他律から自律へと変容していく様子が見て取れた。賛成派も同様に，「再開発が大切だとみんな言っているから」→「成功してみんなから認められたい」→「地域のために成功させたいから」と他律から自律的な意見が出てくるようになった。（写真2）。学習を通して，郷土愛に対する価値だけでなく，勇気，不撓不屈，信頼，公徳心などその子にとって意味のある価値が自覚された。

④　地域での取り組み

写真3【明石さんのうどん屋】

総合的な学習の時間における活動の停滞理由が授業を通して見えてきた子どもたちは，自分にとって必要な価値を自覚し，再度プロジェクトに挑戦していく。学校の取り組みが続くようになってきた頃，子どもたちはいよいよ地域のために何か活動をしたいと思い始めた。「地域のためにごみを拾ったよ」「登校中，商店街の人に挨拶したよ」等，一人一人が自分のできることを実行しだした。そこで，クラスで話し合い，何をするかを話し合った。その結果決まったことは，自分たちが一年間かけて調べた商店街復活ストーリーを劇化し，地域の人たちに伝えることだった。自分たちが全く知らない地域の物語を知ったことで地域を大切に思えたように，地域の人たちも復活物語を知れば，地域を大切に思ってくれると考えたのだ。そこから，みんなで台本を書き始め，練習を重ねた。劇だけでは物足りないということで，お笑いコントや漫才をしたいというアイデアも飛び出し，イベントへの情熱は教師の想像をはるかに上回るものになっていった。イベント前は，商店街を仮装行列で練り歩き，イベント予告をしたり明石さんの開いたうどん屋へ行ってうどんを食べたりした（写真3）。当日，イベント広場にはたくさんのお客さんが詰めかけてくれた。子どもは堂々と丸亀町復活物語を上演し，地域の方にまちの魅力を伝えた。商店街振興組合の理事長も来てくださり，理事長役の子どもと握手を交わした。高松市長も訪れ，地域の魅力を語る子どもの熱意をたたえてくださった（写真4）。

写真4【イベント当日】

⑤　成長を振り返る子ども

一年間を通して，自分たちが設定した課題を達成していった子どもたち。一年を通して子どもたちがそれぞれに振り返ったのは，一人一人にとって意味のある価値や，一人一人違った個性的な成長の姿だった。「一年を通して，自分はみんなの前で話すのが苦手だったけど，相手の目を

見て話せるようになりました。」一見，活動とは何の関係もないような振り返りであり，郷土愛とは無関係な文章である。しかし，一年間担任をした私には分かる子どもの成長がある。自分に自信が持てず，いつもびくびくしていた男児だが，学校を元気にする活動であいさつ運動に参加し，少しずつ態度に変容が見え始めた。丸亀町の明石さんの決断に共感し，自信をもって自己判断することの大切さを感じていた。実際に明石さんと出会い話を聞いたことも彼の成長に大きく寄与していた。劇では理事長役を務め，長いセリフをすべて覚え，大きな声で演じることができた。お笑いコントまでやってのけた彼が書いた一文である。文章の中には今までになかった自信や自己有用感の高まりが見える。子どもたちにとって，一律，一定の価値ではなく，一人一人にとって意味のある価値の自覚でなければ自己の生き方の深化にはつながらない。この男児だけでなく，すべての子どもたちが，自分の成長を自分で感じることができるようになっていたことが嬉しかった。

(5) まとめ

　総合的な学習の時間と道徳を連携することで，「教えられる価値」から「子ども自ら求める価値」へと変換することができた。切実な課題意識を伴ったプロジェクト学習と道徳を関連付けることで，「読み物資料を学ぶ」のではなく「読み物資料でも学ぶ」ことができた。日本のことわざに「馬を水飲み場まで連れていくことはできるが，水を飲ませることはできない」というものがある。まさに，今の道徳が抱えている課題はそれではないだろうか。分かっているけどできない理由の一つである「そもそも分かっていない」という問題は，子どもたちが，価値を欲していないから自覚することができないのである。ことわざの「水」を「価値」に置き換えるなら，子どもが価値を欲する状況作りが必要になる。その状況づくりこそ，総合的な学習の時間の切実な課題意識であろう。正解のない問題を解決するために，方法論や内容論と別に，自らの生き方がある。実践を通して，本学級の子どもたちは，地域を元気にするための方法と内容を手に入れることができた。それと同時に，「粘り強く取り組む」「友達を信頼する」「郷土を大切にする」という生き方が育ち，そのおかげで問題解決ができた。

　今，道徳の教科化が進められているが，教科化は「教えればできる」という理念のもとに行われているものではない。特別の教科道徳においても，やはり実社会・実生活との関連や，体験，切実な課題意識などは重要視されるべきである。自己の生き方を深化するために，道徳の時間が子どもにとって「生きるために必要な水(価値)を得る時間」になることを期待したい。

写真5　【PR活動をする子ども】

写真6　【商店街の方と共に考える授業】

5　社会の問題から学ぶ道徳の授業
～NIE ファミリーフォーカスを活用して～

(1) なぜ新聞記事を道徳で取り上げるのか　～NIE ファミリーフォーカスの機能～

「道徳的実践力の育成」を図るためには，「学び合い」学習や家庭・地域との連携ネットワークを活用することが有効である。

そこで，教職員と協働する意味でも，授業改善の視点が有効と考え，「家庭連携型授業」を提案し，「ＮＩＥファミリーフォーカス（保護者を巻き込んだ新聞活用）」を核に，課題改善に取り組む。ここでは，道徳の価値内容と関連する社会事象を題材化し新聞形式の資料にまとめ，道徳授業実践を行う。

まず，授業で意図性のある題材を取り上げた後，家庭に持ち帰り家庭内対話を依頼する。そして，再度学校で児童間の集団対話を実施する。最後に学習内容を再構成し，全保護者に向けて再発信をする。このサイクルを繰り返すことによって，家庭内対話を促進し，活用型学力向上及び社会的なリテラシー育成をめざす。この双方向のやりとりにより，学校教育活動及び学級担任への信頼感を高めるとともに，家庭での教育力向上を図り，安定した学校・学級経営基盤づくりに役立てる。

また，PTA組織と連携しながら協働して学習題材を作成したり，広報誌を発信したりすることによって，保護者の学校参与意識を高めることによって，家庭・地域の教育力向上をめざす。

(2) NIE ファミリーフォーカス実践

① 4年生での取組

ア　連携ノート

ＮＩＥファミリーフォーカスは，4年生を対象に年間を通して実践していくことになった。学びの軌跡を残しつつ子ども・教師・保護者の3者の連携活動を振り返ることができるＡ4サイズの連携ノートを用意した。このノートの活用方法を家庭に啓発するために，家庭連携通信を発行した。第1号には，連携ノートの意義や目的を掲載した。その中で，学校と家庭がパートナーシップ精神を構築することを強調し，教育活動に協力を仰いだ。第2号では，家庭対話の手法を説明し，どの家庭でも円滑に家庭会話活動が行えるように工夫した。

イ　4月の実践

子どもと保護者，そして教師が同じ次元で対話をする題材を選択することは，教材研究における魅力ある教材選びと似ている。この場合，道徳の価値項目と関連性がある題材という制限もついている。

某小学生新聞を読んでいると，東日本大震災における被災地に阪神淡路大震災の被災地である神戸の小学生が桜の絵を届けるという記事を見つけた。この行動は，思いやりの行為であり道徳的実践そのものである。この記事を各学級担任に伝えたところ，学級開きにおける育てたい学年児童像にしたいという要望もあり，題材新聞づくりに着手した。

そして，第1回目のＮＩＥファミリーフォーカス実践を行った。簡単な感想を書かせた後，家庭に持ち帰り家庭内対話を行った。保護者の意見・感想欄には，記述欄を超える多くの反響があった。やはり，今回の大震災に関して，日本人のだれもが何かしら琴線に触れる思いをもっており，この題材を媒介として，自己表現する場になったと捉えた。

この実践を通して，子ども，保護者及び教師がＮＩＥファミリーフォーカスの手法を体験的に理解することができた。

ウ　5月の実践

5月は，事前に「救急車有料化問題」を取り上げることに決めていた。その理由として，全

国的な児童の課題である規範意識の低下がある。
　これは，人間関係を築く力や集団活動を通した社会性の育成が不十分であることが一要因であると指摘されている。関連する道徳の内容構成のうち，主として集団や社会とのかかわりに関することに，焦点を当てて主題を設定した。
　本主題で扱う価値項目は4-(1)「公徳心・規律尊重」である。学習指導要領では「約束や社会のきまりを守り，公徳心をもつ」と示されている。内容をより身近な社会事象とつなぎ，自分自身の生き方を考えるために，中心資料として救急車有料化についての新聞記事を活用する。この新聞記事は，公共の福祉に基づく命を救うためのルールである無料制度が，利用者の自己本位なマナー（倫理観の欠如）により揺らいでいる内容をまとめている。
　本県で起こった不適切利用の事案を取り上げ，救急センター長へのインタビュー記事を載せたりしている。そのため，読み手の課題意識を高めつつ社会の形成者として，この問題にかかわる必要性を訴えている。
　本時では，「無料化のまま」・「有料化にすべき」の両者の意見の集団対話をする。モラルジレンマの中で，公徳心の価値に焦点化を図る。
　終末に，ゲスト・ティーチャーとして救急救命士の方を招き，命を守る仕事の尊さと利用者のマナーについて，自分の生き方と結びつけて学ぶ場とする。そして，学校生活におけるルールとマナーを振り返り，みんなのために考え行動できる道徳的実践意欲を高めることをねらいとして行った。
　ここでは，自分の意見を書いた「三角思考図」を活用する。これは，結論を頂点に理由・根拠を真ん中に詳細を底辺にかく作文手法である。この図を活用することで自分自身の中で，真剣に考えたことや思ったことの論点が明確になり伝わりやすい内容の主張文へつながっていった。
　この題材は，モラルジレンマを起こす内容が含まれており判断が難しい。授業で題材新聞を読み取り，自己対話及びペア対話を行った。その過程で，子どもたちは立場を決めかねていた。
　家庭対話においても同様で，保護者も立場を決めかねていたが，今までの経験値が豊富なため，多様な事例を挙げながら子どもと対話を展開した家庭が多かった。
この対話による思考をより深めるために，解決策を考えるという学習課題を与え，同じ考えの子どもがグループで話し合った。
　このような探究的な活動を通して，解決策を備えた根拠のある意見を学級全員がもつことができた。

④　6月の実践
　6月27日の授業参観に向けて，第3回目の実践を行った。今回は，福島第一原発事故の放射能汚染による風評被害を扱うことにした。
　授業参観は参加型授業形式で行い，保護者と子どもが同じグループになり「福島県産の野菜を買うか否か」という論点でグループ対話及び全体対話を行った。またルールとして保護者は自分の子ども以外と対話することにした。
　この制限のある対話の中で，予想以上に保護者が積極的に意見を述べていた。風評被害の問題は差別事象だけでない社会的な問題を含んでいる。その問題を解決するためには鳥瞰的な視点で思考しなければならないことを子どもたちに対話を通して示していた。
　この授業をきっかけとして，子どもたちが社会の一員としての自覚をもち，社会参画への意識が高まってきた。

(2)　6年生での取組
①　日曜参観に向けて（6年）
　11月の日曜参観において情報モラルに関連する授業をすることを学年団会で決定し，その準備を補助することになった。
　第一に実践したのが題材新聞づくりである。この新聞のねらいは4年生で実践している集

4　本時の学習

(1) ねらい
- 救急車有料化について対話したり救命救急士のお話を聞いたりすることで，公共マナーの大切さに気づく。
- ルールやマナーについて自分の生活態度を振り返り，ルールを守りマナーを大切にする態度を育てる。

(2) 展開（◆：「学び合い」のための支援，黒太枠で囲んだ所：「学び合い」の中心場面）

	学習活動	予想される児童の意識の流れ	◇◆教師の支援　☆評価
考えをもつ	1　資料内容を確認し，学習課題をつかむ。	「救急車有料化についてみんなで考えよう」 ・相手の目を見て最後まで意見を聞くことが大切。 ・勝ち負けはない。対話によってみんなが勝つ。 ・友だちの意見をつないでいこう。	◇　事前に中心資料をホワイトボードに掲示しておき，対話することへの期待感を高めたい。 ◇　創造的な対話をするために，話し方と聴き方についてのルール等を再確認する。
広げる・深める	2　集団対話をする。	〔有料化賛成〕 ・利用者のマナーの悪さを考えると仕方ない。 ・本当に必要な人とそうでない人を分けてお金をとればよい。 ・今のままでは消防署の人がたいへん。 ・お金のむだがなくなる。 ・重いけがの人の命が救われる。 〔有料化反対〕 ・本当に必要な人がお金がない理由で乗れなくなる。 ・もともと税金を使っているのだから平等に利用すべき。 ・利用者のマナーがよくなれば有料化の必要がない。 ・いきなり有料化はどうか。マナー向上を伝える努力をしたらよい。	◆　事前に自分の意見を思考図を使ってカードに書いておき，自分の意見を主張しやすくしておく。 ◆　全体での対話を進めるために，『ハンドサイン』や『赤白帽サイン』を効果的に活用する。 ◆　事前に児童の意見を把握しておき，発表を躊躇している児童に，適宜支援をする。(T2) ☆　自分の考えが，友だちとの交流により広まったり深まったりできたか。
	3　ゲスト・ティーチャーのお話を聞く。	〔救命救急士　○○さんのお話〕 ・丸亀市の現状（具体例を示しながら） ・救命救急士としての思いと願い ・みんなが幸せのためには，ルールは必要だ。 ・子どもだから…関係ない。みんながもっと社会に関心をもたなければならない。 ・みんながマナーにもっと関心をもったら，みんながもっと大切にされ幸せになれるんだ。	◇　救命救急士から命を守るための努力を聴くことによって，命を守る尊さを実感させるとともに，利用者のマナーに委ねられていることに焦点化する。
振り返る	4　日常生活におけるルールとマナーについて振り返る。	今まで自分のことしか考えていなかった。もっとみんなのことを考えて，ルールを守ったりマナーを考えるようにしよう。	☆　学習カードで本時の思考過程を振り返り，ルールを守ることやマナーを考えることについて実践意欲をもつことができたか。

団対話ではない。どの授業形態でも対応できるように，主に保護者の情報モラルへの関心を喚起することをねらいとした。記事は新聞社から著作権許諾をもらい作成した。

次は，子どもの実態把握である。ネットトラブルに関するアンケートを作成し，トラブルの有無や家庭での具体的なルールなどを調査した。アンケート結果から携帯電話のメールについて様々な問題があったことが明らかになった。

そこで，各学級の実態に応じて家庭でのルールづくりやメールのやりとりの留意点に焦点を合わせ，学年団で協働して教材研究に取り組んだ。

② 日曜参観

6年全学級で「情報モラル」に関する授業を行った。全学級において，学年団で作成した題材新聞3種類を授業内で活用した。

冒頭では，題材新聞11月号の「小中学生の不正アクセス事件」の記事（2011年10月21日四国新聞朝刊）を配布し，この事件内容を説明する中で，「情報モラル」を身につける動機付けに活用した。

展開においては，各学級における携帯電話等の利用状況の実態に応じたねらいを設定した。また，実態アンケートの結果提示と，学級の子どもが出演するミニドラマを制作して当事者の心情を深く追求することによって，思考を深め，気をつけることを自分の立場に置き換えて考えさせることができた。

終末では，家庭を巻き込んだルールづくりにつなげるために，2種類の題材新聞を配布し，家庭でのルールづくりとフィルタリングサービスの必要性を訴えた。

(3) 成果と課題

子どもの背景にある家庭の意見を取り上げることによって，多様な価値観を認め合うとともに，道徳的価値について家庭と連携して学び合うことができた。真剣に道徳を学ぶ楽しさや意義を授業者だけでなく家庭・地域と共有することで，道徳的価値を日常生活の中で意識化することで，道徳的実践力向上の一助と成り得ると考えた。以下に成果と課題を示す。

（子どもの立場から）
- 「社会に対して自分の意見をもつこと」，「社会に対する貢献」及び「最後まで話を聴くこと」への意識が高まった。　　　　　　　　→社会参画意識の高まり
- 「道徳が好き」と答える児童が増えた。　→魅力のある題材づくり

（保護者の立場から）
- 「社会に対して自分の意見をもつこと」，「社会に対する貢献」及び「子どものよさを承認すること」への意識が高まった。　　　　　→承認文化の醸成
- 家族での会話ではなく，対話が増えた。　→家庭内対話の価値

（教師の立場から）
- 多様な考え方を保護者と分かり合えた。　→保護者連携
- 道徳の時間としての位置づけが難しい。　→総合的な学習の時間などとの横断的な時間設定
- 教材研究が難しい。　　　　　　　　　　→現実社会の中から共に学ぶ視点

ほくほくファミリー新聞

五十回近く救急車をタクシー代わりに呼んだ男逮捕

一年間に五十回近くも救急車をタクシー代わりに呼んだとして、高松発のニュースが全国に流れた。キング流行語(?)の「救急車ジョッ◯」。六月七日、高松地裁判決で、公務執行妨害の罪で男に懲役三年(平成十七年)一。

これは救急車の利用ルールが適切でないために起こる問題の一つだ。専門家たちの話では、この問題をめぐって議論が迫られた、本当に必要な救急の現場がおろそかになっていると懸念する声が多いからだ。

119番通報で出動する救急隊員。二高松市消防局

高松市消防局の救急出動

	出動件数	1日平均	搬送件数	搬送率
1994	9,508	26.0	8,747	92.0
95	10,201	27.9	9,417	92.3
96	10,625	29.1	9,787	92.1
97	11,151	30.6	10,311	92.5
98	12,054	33.0	11,056	91.7
99	12,755	34.9	11,643	91.3
2000	13,652	37.4	12,495	91.5
01	13,753	37.7	12,555	91.3
02	14,135	38.7	12,982	91.8
03	14,826	40.6	13,645	92.0
04	15,826	43.4	14,416	91.1

高松市消防局

崩れる前提

消防行政は「通報者は善意」が大前提だ。利用者が善意であることを前提とした制度の根幹が崩せば、制度は無料だから。

現場でインタビュー

中央病院救命救急センター長 長野さん

緊急度の低い救急車利用が最近の特徴は、急患を出した幼い子供を抱えた母親が、「救急車から降りるのは緊急度の低いケースが多いか」。長野氏は自ら熱を出した子供を連れて病院へ来るのは決して無理がないと断りつつ、「有料化」▽救急隊員の仕事を▽減らすことがないケースが多く▽命にかかわる現場が少ないような時▽有料化には反対しないとの考えを示す。救急車有料化の対策としてはどうするのがよい方法かメリット▽中には緊急度の低い人の利用が減る▽有料化しても同居増ということ▽有料化するトラブルもあえて切って▽料金徴収により救急隊員の仕事の負担が増える。

救急車有料化同盟 あなたはどうする?

二〇〇七年七月二十日四国新聞七月七日付より引用・参照(文責:横山しおり)

きびしい対応

「一年間に五十回近く救急車を呼んだ身勝手な要求を行う隊員に蘇生を悪質な告発だった。この男に懲役三年六月——七月初句、高松地裁判決が言い渡された。きっかけは消防署の告発。対応は「今後も悪質なケースは告発をとる」との方針を強調。アメリカのほかヨーロッパ各都市のように、救急車の出動に数万円支払うことも近い将来現実になるかもしれない。

こうなると命にかかわっているそれがたまらないと想像するのなら、今からでも制度を守り、命にかかわる救命を切り捨てるべきではないか。これが失敗すればもちろん大きなリスクを生む。

10年で七割増

高松市消防局の2004年の救急車出動件数は一万五千八百二十六件で過去最多を記録。軽症は五千八百三十九件に上り全体の約四割を占める。

十年前と比較すると、出動件数は六千三百十八件増(66.4%増)に。一方で、消防庁の基準で救急車が必要ない軽症が全体の約四割を占めるなど、この十年変わっていない。このため現場の救急車が足りず、全体の到着までの時間は十年前より延びており、平均五分二十九.4%だった「五分未満」が十年前の五分台以上低下している。

通報を受け救急車に出動命令を出す。二高松市消防局指令管制室

6　郷土の自作資料の開発

(1) 教材の開発の要件
① 道徳の時間に生かす教材

　道徳の時間の教材は，道徳的価値の自覚を深めていくための手がかりとして大きな意味があり，様々な経験をしている児童生徒が，人間としての在り方や生き方などについて多様に感じ，考えを深め，互いに学び合う共通の素材として大切な役割を果たしている。

　現在は，道徳教育用教材として文部科学省が作成した「私たちの道徳」や，副読本の読み物資料を活用する学校が多いが，先人の伝記や地域の伝統文化等児童生徒にとって魅力的な教材を開発し，創意工夫のある指導を行うことも効果的である。

　「特別の教科　道徳」では検定教科書を用いるが，「道徳に係る教育課程の改善等について(答申)」(2014 中央教育審議会)において，「教科書のみを使用するのではなく，各地域に根ざした郷土資料など，多様な教材を併せて活用することが重要と考える」と述べられている。

　児童生徒の発達段階や特性等を考慮して魅力的な教材を開発するに当たっては，以下の要件を満たすことが大切である。

```
ア　人間尊重の精神にかなうもの
イ　ねらいを達成するのにふさわしいもの
ウ　児童生徒の興味や関心，発達の段階に応じたもの
エ　多様な価値観が引き出され深く考えることができるもの
オ　特定の価値観に偏しない中立的なもの
```

　さらに，より学習に意欲的に取り組み，学習への充実感をもち，道徳的価値の自覚を深めることができるように，さらに次の要件を満たしているものがふさわしい。

```
ア　児童生徒の感性に訴え，感動を覚えるようなもの
イ　人間の弱さやもろさに向き合い，生きる喜びや勇気を与えられるもの
ウ　生や死の問題，先人が残した生き方の知恵など人間としてよりよく生きることの意味を深く
　　考えさせられるもの
エ　体験活動や日常生活等を振り返り，道徳的価値の意義や大切さを考えることができるもの
オ　悩みや葛藤等の心の揺れ，人間関係の理解等の課題について深く考えることができるもの
カ　多様で発展的な学習活動を可能にするもの
```

　　　　　　　　　　　　　　　　　　　　　　　　　　　　(学習指導要領解説　道徳編より)

② 地域の教材の開発

　教材を開発するに当たっては，先人の伝記，自然，伝統と文化，スポーツなど，日頃から身近な出来事や情報等に関心をもち，児童生徒が感動を覚えるような題材を見つけようとする姿勢が大切である。

　中でも，昔から地域に伝わる伝統文化や民話・伝説，地域の先人の郷土資料などは，児童生徒にとって親しみがあり，また，道徳の時間に地域の人が実際に語り聞かせることで，より一層生きた教材となるであろう。地域の教材を開発するには，地域の人たちに取材をしたり，資料の提供をお願いしたりするなど，教師自身が教材作成の過程においてたくさんの地域の人たちと関わることができ，道徳の時間への積極的な参加や体験的な道徳教育の協力を得ることにつながる。

　今回取り組んだ郷土の先人の自作資料は，地域の人たちの協力があったことはもちろんだが，児童が普段から慣れ親しんでいる池や川，公園などで実際に体験しながら，児童自身が感じ，表現したことを基に作成した。また，毎年児童の体験を通して少しずつ修正していくことで，地域に根ざした学校独自の教材となり，今現在も受け継がれている。こうした自作資料の開発の過程をここで紹介したい。

(2) 郷土の先人の自作資料
① 社会科学習,総合的な学習の時間との関連
ア 社会科「水とくらし」

4年生1学期の社会科学習で,水不足に悩む香川県において,自分たちの住んでいる地域ではあまり水不足がなかったことを家族への聞き取りで知った。ダムや川,水源地等の調べ学習を通して,川の伏流水によってきれいな水が確保できていることを学び,きれいな川を守るための「ごみを減らす」学習へとつながった。

写真1【今は水不足がない豊かな町に】

イ 総合的な学習の時間「みろくの水をさぐろう」

しかし,3年生の社会科で「昔のくらし」を調べた時の,昔は水不足で村人たちの争いが絶えなかったことを思い出し,「水争いのあった村が,どうして今のように水不足のない町になったのか」の課題を探究するために,郷土に水を引くための先人の苦労を調べる総合的な学習へと発展した。

② 地域住民から学ぶ

三世代同居の家庭が多いため,身近なお年寄りに聞いて,地域にはため池にまつわるいろいろな話が残っていることがわかった。

そこで,郷土の歴史に詳しい地域の方を招き,水争いが絶えなかった村が,どうして水が豊富な今の町へとなったかを聞いた。その中で,山の反対側から水を引くために山を掘って石穴を造った『軒原庄蔵』のことを知った。そして,この偉業が認められ,香川県一のため池である満濃池の石穴造りも行ったことがわかり,児童は一層関心を示した。

写真2【「みろく池」を眺めて立つ銅像】

写真3【地域の人から郷土の先人の話を聞く】

③ 郷土資料を基にした自作資料

これまで社会科担当教員が,郷土資料を基にした社会科教材を作成していた。

社会科学習では,この教材を活用したが,児童が郷土の先人について関心をもっていることを感じたため,郷土資料を基にした自作資料「水の恩人,軒原庄蔵」を作成し,道徳の時間に活用した。そして,村人たちのために山に石穴を掘ることを決断し完成させた若い庄屋「軒原庄蔵」の思いについて,みんなで考えた。

水の恩人 ―軒原庄蔵―

今から,一五〇年ほど前,江戸時代の終わりごろ,…

(中略)

そして,安政二年(一八五五年)の七月,石穴をほる工事が始まったのです。しかし,今とちがって機械などなく,みんな手作業です。のみとつちを使って,少しずつ進んでいきます。一日かかってほんの十センチメートルも進まない時もありました。このように,とてもむずかしい工事で,もうやめたいと言い出す者がたくさん出て,工事ができなくなったこともなんどもありました。そのたびに庄蔵さんは,一人一人の家をまわって一生けんめいにお願いをしました。その結果,また工事が始まり,昼も夜も休みなく十二人交代で石穴はほられていったのです。

工事を始めてから二年四ケ月,安政四年(一八五七年)十一月十四日の夜明けに,両方からほり進んでいた石穴はとうとうつながったのです。とても大変な工事でしたが,長さ一九一メートルにも達する石穴は完成したのです。この知らせを聞いた庄蔵さんは,うれしさのあまり一言も声が出なかったということです。

(後略)

【郷土資料を基に作成した1作目の自作資料】

④ 歴史民俗資料館を見学して

道徳の時間に,「資料館にあるのが石穴かもしれない」という声が児童から上がった。そこで,近くの歴史民俗資料館に見学に行くことになった。

道徳の自作資料では,石穴を掘る様子を文章で表現していたが,石工たちが裸で岩を掘っている展示物を実際に見たことで,児童の感想には石工たちの苦労を思う言葉がたくさん書かれていた。

写真4【資料館で石穴工事の様子を見学】

⑤ 自分たちで「石穴」を体験

家の人から「昔は石穴で遊んでいた」という話を聞いた児童がおり,「石穴に入ってみたい」という声が高まった。そこで,教育委員会の社会指導主事の指導のもと,実際に「石穴」を体験した。

初めは立って入れたが,すぐに腰をかがめないと入ることができず,全長191mの石穴の入口20m程で引き返すことになった。石穴を実際に体験したことで児童一人一人が様々な思いを感じたようである。

写真5【実際に石穴の中を体験】

〈石穴体験後の感想より〉
- 腰をかがめないと入れず,頭もよくぶつけてヘルメットが傷だらけになった。昔はふんどしだけだったので,すごくけがをしただろうな。
- 足元の水がものすごく冷たく,頭も岩に当ってすごく痛かった。こんな中で昔の人は掘っていたなんて大変だっただろう。
- 中に入ると,ろうそくを立てる穴があった。こんな所に12時間も入っていたなんてすごい。
- 寒くてすぐに引き返した。昔の人は裸でしていたなんで,苦労しただろうな。
- 入るときは広がっていたのに,だんだん狭くなってつらかった。すごく腰を曲げないと入れず,その上,のみとつちだけで掘っていたなんで,昔の人の苦労がよくわかった。
- 石穴に入ってしばらくすると,腰と首が痛くなり,水がとても冷たくて寒かった。

⑥ 体験に基づいた台本作り

実際に体験したことにより,郷土の先人たちの苦労をもっと多くの人たちに知らせたいという思いが強くなった。

そこで,グループごとに紙芝居を作成し,場面ごとの言葉も自分たちで考えて下級生たちに読み聞かせた。

更に,地域の人たちが参加する集会で劇をしようということになり,台本作りを行った。登場人物の台詞はすべて児童が体験したことを基に考えた。

みろくの水物語

(前略)

石工① たいへんや。助けてくれ。
石工② どしたんや。
石工① 石穴がくずれて,中で二人が生きうめになっとる。早よ助けんと,死んでしまうぞ。
石工③ おらは,庄蔵さん,よんで来るわ。
石工④
石工② もう,いやじゃ。
石工① だめや,すごいけがや。
石工⑤ う〜,う〜。
庄蔵 おい,しっかりせ。
石工① 天井からは,冷たい水が落ちてきて,寒ていかん。毎日ほってもほっても,全然進まん。
石工② それに,動くたびに天井の岩で頭を打ってけがだらけや。
石工③ ずっとせまい所におるけん,首やこしがいとうていかん。
石工④ そうや,もう,体中きずだらけや。
石工① こんなこと,できるわけないわ。
石工② 石穴なんか,もうようせん。
石工③ わしらは,もうようせん。
石工④ おい,みんな待ってくれ。お願いやからやめんとってくれ。
村人① おい,石工さんたち,わしらを見捨てんとってくれ。

【児童が作った劇「水の恩人,軒原庄蔵」の台本】

⑦ 児童の声を基に改良した自作資料

　集会で劇を発表したことにより，これまで知らなかった児童や地域の人たちも，『軒原庄蔵』のことを知った。そして，4年生の社会科，総合的な学習の時間，道徳等が関連した総合単元的学習として，毎年学習するようになった。

　しかしある年，校区に大きな被害をもたらした台風の影響で石穴が土砂にうもれ，「石穴」の体験ができなくなった。そのため，これまでの体験ビデオを見たり教室で疑似体験をしたりすることで，石穴造りの苦労を少しでも実感できるように試みた。けれども，このような活動だけでは，これまでの児童のように先人たちの思いを考えることは難しいと思われた。そこで，郷土資料を基に作成した1作目の自作資料を見直し，児童が作った劇の台本を基に2作目の自作資料に改良した。

写真6【体験ビデオを見て】

写真7【教室での疑似体験】

```
水の恩人，軒原庄蔵

（前略）

　ある日のことです。
「大変や，石穴がくずれて，中で生きうめになっとる。」
「早よ助けな，みんな死んでしまうぞ。」
「おら，庄蔵さんよんでくるわ。」
　石工や村人たちは，せまい石穴を通って，くずれた岩をのけ，けがをした石工たちを助け出しました。
「おい，しっかりせ。」
「だめや，もうごいけがや。」
　村人たちも心配してかけよりました。
「もう，いやじゃ。毎日ほってもほっても，全然進まん。」
「天井からは，冷たい水が落ちてきて，寒ていかん。」
「ずっとせまい所におるけん，首やこしがいとうていかん。」
「動くたびに岩に当って，体中傷だらけや。」
「安い給料で，こんなえらい仕事は，もうできん。」
「どうか石工さんたち，やめんでくれ。わしら村人たちを見捨てんといてくれ。」
　石工たちは，けががたえず，ほってもなかなか進まないことにはらを立て，とうとう工事をやめてしまいました。しかし，
「石工さんたち，お願いやから，やめんとってくれ。」
　庄蔵さんと村人たちは，一生けんめい石工たちにたのみました。
「わしらの知ったことでねぇ。このままじゃ，わしらの体がもたん。」
　石工たちがいなくなった後，残された庄蔵さんと村人たちは，これからどうしたらいいものかと，ぼう然と立ちすくんでいました。
```

【児童の台本を基に改良した2作目の自作資料】

⑧ 改良した自作資料を活用した道徳の授業

　「石穴」体験ができなかった児童に，台本を基に改良した自作資料で道徳の授業を行った。村人や石工たちに対する軒原庄蔵の思いをみんなで考えていくことにより「石穴が完成したのは，庄蔵さんにどんな心があったからだろう」の発問に，児童は次のような心に気付き，そう感じた自分の思いを発表した。

写真8【道徳の授業】

- あきらめない心
- 勇気のある心
- みんなで励まし合う心
- ○○（郷土）を愛する心
- 村人を思いやる心
- 思いやりの心
- 勇気を分け合う心
- 絶対にやり遂げようとする心
- 村人を助けようとする心
- 人を愛する心
- 他の人を思う心

⑨ その後も改良を続け，学校独自の郷土の道徳教材に

　その後も，登場人物の言葉や説明書き，場面をどこで切るか等を見直し，2回の改良を重ねた結果，現在は4作目の「水の恩人，軒原庄蔵」が活用されている。それとともに，児童用ワークシートも見直され，学校独自の地域に根ざした郷土の道徳教材として定着している。

水の恩人　軒原庄蔵

「みろく池に、水がいっぱいほしいのう。」
「田んぼに水をいっぱい入れて、おいしい米をたくさん作りたいのう。」
○○の村人たちのなげきの声が今日も聞こえてきます。それは、今から百五十年ほど前の江戸時代の終わりごろのことです。○○のすべての村人は、米を作るために水不足でみろく池の水を使っていました。しかし、みろく池は水がいっぱいになることはなく、いつも水不足でみろく池の水争いがおこり、村人たちはこまっていました。そのため、どうにかして自分の田んぼへ水を引こうとして水争いがおこり、くわやかまを持って言い争ったり、殴り合ったりすることがたびたびありました。

こんな村人たちの苦しみをなくそうと立ちあがったのが、二十八才で○○の庄屋になった軒原庄蔵でした。庄蔵は、みろく池にたまる水の量を増やす方法はないかと、いつも心を痛めていました。

庄蔵は、水がかれはてたみろく池のほとりを歩きながら、いつもなやんでいる大きな山をながめていた庄蔵は、きっと目を見開き、
「やってみるか。」
と自分に言い聞かせるように言いました。

（中略）

ある日のことです。石のくずれるすざまじい音とともに石工の声がしました。
「大変や、石穴がくずれて、中で生きうめになっとる。」
「早よ助けや、みんな死んでしまうぞ。」
石工たちは、せまい石穴を何度も通って、くずれた岩をのけ、なんとかけがをした仲間を助けだしました。しかし、けがをした仲間を見た石工たちは
「もう、いやじゃ。毎日ほっても、ほっても、全然進まん。」
「こんなせまい所に一日おるもので、体は傷だらけじゃ。」
「安い給料で、こんなえらい仕事は、もうごめんだ。」
と口々に言い始め、とうとう工事をやめてしまいました。
「どうか石工さんたち、やめないでくれ。この石穴ができんと村のみんながこまるんだ。」
「わしらは、けんかのない村にしたいんじゃ。どうかお願いします。」
庄蔵と村人たちは、一生けんめいに石工たちにたのみました。しかし、
「わしらの知ったことじゃねぇ。このままじゃ、わしらの体がもたんわ。」
と言って石工たちは石穴からさっていってしまいました。残された庄蔵と村人たちは、石工たちの後ろ姿を見ながらぼう然と立ちすくんでいました。

その後、庄蔵は、石工たちの給料を増やすために、自分の田んぼや畑を売っただけでなく、自分の家までも売りはらいました。そして、石工たち一人一人の家をたずねて、毎日石工たちが少しでも働き続けようと、一生けんめいお願いしてまわりました。村人たちも、石工がいなくなった石穴へ入り、石穴をほり進めました。

しかし、石工たちのようにはうまくいかず、固い岩はぴくともしません。村人たちは石工たちの言い残した言葉を思い出しながら、作業を続けました。石工たちの言い残した言葉を思い出しながら、作業を続けて十日後のある朝、
「わしらでは、やっぱりだめだ。」
「あんなにがんばったのに自分の身のたけほれとらん。」
村人たちがあきらめかけていた時です。
「そんな気持ちじゃ、岩はぴくともしねえよ。ここからはおれたち石工にまかせてくれ。」
石工たちが、やさしい表情で村人たちに言いました。
「あっ、石工さんたち、もどって来てくれたんか。」
村人たちは立ち上がり、石工たちに近よりました。
「庄蔵さんの思いに、おれたちは心を動かされたんだ。おれたちは、最後まで庄蔵さんについていこうと決めたんだ。」
石工は言いました。
「ありがとう、石工さん、ありがとう、庄蔵さん。」
「さあ、またみんなでがんばろう。」
庄蔵の力強い声が石穴に響きました。

こうして、工事がまた始まりました。石穴の両側から朝晩交代で、無理のないようほり進める計画を立てました。庄蔵は、もうけが人がでないように、また前の工事では見ていただけの村人たちも、石工たちのご飯の用意をするなど、石工工事のために一生けんめいに働きました。その結果、けがもなく、どんな大変なことも乗り越えられるようになりました。

「おーい、水が来たぞ。みろく池に、石穴から水が来たぞ。」
工事を始めてから二年四ケ月、安政四年（一八五七年）十一月十四日の夜明けに、両方からほり進んでいた石穴はとうとうつながりました。石穴はついに完成したのです。
「みろく池にどんどん水がたまっていく。これでもう水争いもなくなるぞ。」
石穴からごうごうと音を立てて流れてくる水を見て、村人たちや石工たちは、かん声をあげて抱き合ったり、おどったりして喜びました。しかし、庄蔵だけは、朝日にかがやくみろく池の水面を涙を流しながらじっと見つめていました。
「庄蔵さんのおかげじゃ。ほんまに庄蔵さんは、わしらの水の恩人じゃ。」

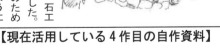

【現在活用している４作目の自作資料】

【単元構想図（みろく学習　55時間）】

```
ふるさとの「水」について，もっ         山ろくに広がる用水               「池」の役割について調べよう
と調べよう          みろく2              　　　社会                                       みろく3
○ 1学期に「川」について学習   ・郷土に水を引くた               ○ 身近な「池」について，何のため
したことから，今度はどんなこ      めの先人たちの苦                  に造られたのか，「池」の必要性
とを調べたいか，学習の見通し      労について調べる。                 について調べる。（課題追求する力）
を立てる。（課題発見する力）
```

テーマ「ふるさとのために」〜みろくの水をさぐろう〜
郷土のために尽くした先人の苦労を知ることにより，郷土を愛し，地域のよりよい発展を願う気持ちを持ち，そのために，みんなと協力しながら，「ふるさとのために」自分ができることをしようとする態度を育てる。

香川県の「ため池」について調べよう　　みろく4
○ 香川県に「ため池」が多いことから，先人の願いを知り，水を確保するための様々な苦労や工夫を調べる。　　　　　（課題追求する力）

これまでに学んだ「ふるさと」のすばらしさを多くの人に知らせよう。　みろく7
○ みんなで協力して地域をよりよくするために，これまで学んだことをホームページで発信する。　　（生かす力）

ふるさとのために
4－(5)　郷土愛
資料名「空海と満濃池」道徳1
○ 先人の苦労や業績を知り，積極的に地域とかかわりをもとうとする心情を育てる。

「心の輪を広げよう会」で発表しよう　　みろく8
○ 先人の苦労や努力を多くの人たちに知らせ，みんなで地域をよりよくしていこうとする気持ちを伝える。（生かす力）

「満濃池」について調べよう。　みろく5
○ 香川用水記念館や満濃池を見学し，「満濃池」を造るための先人たちの苦労や，今の「満濃池」の様子や役割を調べる。
　　　　　（課題追求する力）

軒原庄蔵のすばらしさをみんなに伝えよう　　みろく8
○ 軒原庄蔵について学んだことをわかりやすい方法で伝える。（かかわる力）

「ふるさとのために」〜みろくの水をさぐろう〜

郷土を思う心
4－(5)　郷土愛
資料名「西嶋八兵衛」道徳1
○ 郷土のために努力することの大切さを知り，郷土のことを知ろうとする心を育てる。

郷土のためにやりぬく心
4－(5)　郷土愛
資料名「水の恩人，軒原庄蔵」道徳2
○ 郷土の偉人の苦労と努力のすばらしさを知り，自分たちもふるさとのためにできることをしようとする気持ちを育てる。

軒原庄蔵について調べよう　みろく10
○ みろく公園の記念碑や「みろくの石穴」を見学して，軒原庄蔵がどのように苦労して石穴を造ったか調べる。（課題追求する力）（かかわる力）

昔のくらし　　社会
・昔の人々のくらしや，昔の道具について調べる。

○○の「ため池」について調べよう　　みろく8
○ 歴史民俗資料館を見学したり，地域のお年寄りに尋ねたりして，昔のくらしや水を確保するための苦労について調べる。（課題追求する力）（かかわる力）

① 他にも「みろくの水物語」
　　「みろくの水のおん人」等

② 水がないため，田んぼに水を入れる度に水争いが絶えなかった。

③ 村人たちが平和に暮らせる方法はないか庄屋である庄蔵は考えた。

④ 山の反対側に豊富にある水を引くために，石穴造りを相談した。

⑤ 毎日掘っても少しも進まず，けがが絶えない石工たちは工事をやめる。

⑥ 石工たちに工事を再開してもらうため，庄蔵は自分の家や田畑を売る。

⑦ 田畑を売った金を持って，石工たち一人一人の家を回ってお願いする。

⑧ 村人たちでは掘り進まず，あきらめかけた時に石工たちが戻って来た。

⑨ 石工たちのために，村人たちも石穴造りに協力する。

⑩ ついに2年4ケ月かけて石穴が完成し，みろく池に水がたまった。

【児童が「石穴」体験後に作成した紙芝居】

7　教育実習生の道徳授業から

(1) 教育実習前の学生の意識から

教育実習前に，高学年に配属される学生に対して「あなたが道徳の授業を行うとしたら，どのようなことに気を付けたり，大切にしたりしたいですか」と質問した。学生の回答は，次のようであった。

- ・子どもたちの意見を否定せず，考える時間をたくさんとる。
- ・子どもたち一人一人の考え方は違う。どれが正解でどれが間違いという結論を出さない。
- ・子どもたちの意見を否定せず，一人一人の考えを受けいれること。
- ・いろいろな意見が出るようにし，教師の意見の押し付けはしない。
- ・考え方は個人の自由であり，それをほめ過ぎたり，すべて否定したりしないようにする。

学生の回答からは，子どもたちの意見を受け入れ，教師の価値観を押し付けないようにして，授業を進める中でゴールを見出していくのが道徳授業であるという考えがうかがえる。

(2) 実践を通して

① 資料について

本実践では，学生の希望により「星野君の二るい打」という資料を扱った。この資料は，野球の試合の場面で監督の指示を守らずに自分の考えで打った星野君の行動について考え「きまりを守ることの大切さ」という価値に気付くことをねらうものである。授業者は，この資料を読み解く中で「監督から指示された役割を果たす星野君の責任」や「星野君を気遣う友達の思いやりの心」等の他の価値にも気付いた。そして，「星野君の二塁打によってチームは勝利したのだから，監督の指示を守ることが本当に大切なのか？」と葛藤を感じるようになった。授業者は，自分自身のこの葛藤から，授業において星野君の心情を追うだけでは「きまりを守ることの大切さ」という価値に気付けないのではないかと考え，監督の思いを同時に考えていく授業を構成した。

② 実践の具体（第5学年）

授業者は，本時の目標を「星野君と監督の両方の心情を読み取り，規則を守る大切さについて考えていくことができる」とした。学習の過程は以下の通りである。

学習活動	児童の意識の流れ	指導の実際
1　「星野君の二るい打」を読む。	・野球を知っているから，星野君の打ちたい気持ちが分かるなあ。 ・ヒットを打って勝ったから，よいと思うけどなあ。	**発問**「星野君と監督は，どんなことをつぶやいているのかな。」
星野君とかんとくの　心の中について考えよう		
2　星野君と監督の心情を場面ごとに探る。 (1)　バントを指示された時 (2)　二塁打を打った時	**星野君** ・監督の指示はきかないといけないけど，打ちたい。 **監督** ・確実に1点がほしい。 ・次の打者に託してほしい。 **星野君** ・二塁打が打ててうれしい。 **監督** ・なぜ指示に従わないのか。	○　場面の絵を黒板に順に示し，場面ごとの星野君と監督の心情を考えられるようにする。 ○　星野君と監督は，心の中でどのような葛藤をしていたのかノートに書くように指示する。 ○　星野君の「打ちたい」「監督の指示に従おう」という心の葛藤を，赤と青の心情円板で表す。

(3) 集まって話をした時	**星野君** ・勝てたのはいいけど，気分はよくない。 **監督** ・内容としてはよくない。		○ 監督の「星野君に打たせたい」「チームのためにバントをさせなければ」という心の揺れを，赤と青の心情円板で表す。
3 本時のまとめをする。	・星野君は自分のために行動したけど，監督は，チーム全体のことを考えていた。 ・きまりを守ることが大切。		○ 自分の責任を果たすことの大切さや，きまりを守ることの大切さについて話をする。

③ 板書記録

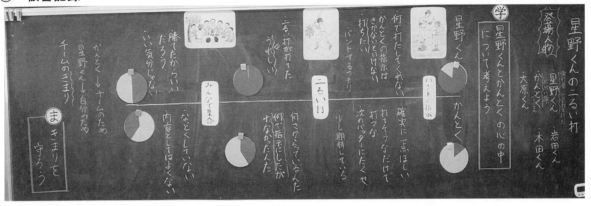

④ 授業後の振り返り

　事後討議では，授業者は「もっと子どもたちの意見を取り上げたかったが，時間がなかった」と授業を振り返った。多様な価値に気付く子どもたちの意見をすべて取り上げれば，授業の方向性はぼやけてしまう。本実践から，授業者は「この価値に気付かせたい，子どもたちに新たなこの価値を増やしたい」という明確な方向性をもって授業を進める大切さを学んだようである。

(3) 教育実習後の学生の意識の変化から

　教育実習後，先の学生に「実習前と実習後では，道徳の授業に対する意識に変化はありましたか」と質問をした。教育実習を通して，道徳の授業を実践・参観した学生の回答は次のようであった。

> ・資料を読めばどうにかなると思っていたが，一人一人によって感じ方は違ってくるから，自分（授業者）の中でゴールをはっきりさせておかなければいけない。
> ・教師の伝えたいことがぶれてしまうと，子どもたちの考えまでぶれてしまう。
> ・ゴールがなく，子どもの意見をまとめるものかと思っていたが，そうではないと気付くことができた。
> ・子どもの意識の流れを大切にしなければならない授業だと分かった。
> ・事後討議で，子どもには様々な考えがあり，その様々な考えがあることやそれを認められること，迷うことも大切だと感じた。

　実習を終え，教師の価値観を押し付けることになるのではないかと指導への抵抗があった学生も，授業の目標を明確にすることの大切さを実感していた。そして，子どもたちの中に「価値を増やす」ことが大切だと気付いていった。それは，授業者自身が資料の内容について葛藤を感じる中で得た気付きであり，道徳の授業づくりにおいて大変重要なことである。

　道徳の授業づくりにおいては，まず授業者自身が資料の内容を様々な角度から読み解き，学習指導要領の道徳の目標や内容に沿って，資料に含まれる多様な価値に気付くことが大切である。そして，中心となる価値を明確にし，子どもが感じるだろう様々な感情や迷いを授業者自身が感じながら授業の準備を行うことが，道徳の授業づくりの基本だと言える。

8 『私たちの道徳』を活用した道徳授業

「心のノート」が平成26年度に全面改訂され「私たちの道徳」として配布されている。この教材の趣旨として，児童生徒が道徳的価値について自ら考え，実際に行動できるようになることをねらいとして作成した道徳教育用教材とされている。各校でも道徳の時間や他教科，学校行事等と関連させ活用していることだろう。「私たちの道徳」においても，これまでの「心のノート」と同じように小学校低・中・高学年，中学校別の冊子となっている。大きな特徴として3つあげられる。

・「道徳の時間」はもちろん，学校の教育活動全体を通じて，また家庭や地域においても活用することが期待される。
・学習指導要領に示す道徳の内容項目ごとに「読み物部分」と「書き込み部分」とで構成している。
・児童生徒の発達の段階を踏まえ，先人等の名言，偉人や著名人の生き方に関する内容を多く取り上げるとともに，いじめ問題への対応や我が国の伝統と文化，情報モラルに関する内容などの充実も図っている。

活用していくにあたって，教材との出会いを大切にしていきたい。「わたしたちの道徳」の最初のページには，この教材の使い方や学ぶ内容が記されてある。文章を書いたり，掲載されている話をじっくりと読んだりすること。各ページに書いたことについて友達や家の人と話し合うこと。
こういった各ページの使い方や教師の思いや願いを丁寧に伝えることが大切と考える。

（文部科学省HPより一部引用　http://www.mext.go.jp/a_menu/shotou/doutoku/）

(1) 「私たちの道徳」を活用するにあたって

①教材を分析する

「私たちの道徳」には，前述しているように書き込み欄，読み物資料，コラム，格言，イラスト，写真等の多様な在り方で綴られている。また，1冊の教材を2年間で継続して使用していくこととなる。そのため，各学校においても年間計画をたてる際に，教材を十分に分析する必要が出てくる。その際には，各都道府県で作成している読み物資料教材などにおいても併せて見ていくことも必要である。道徳の授業時間で使用することを中心として，朝の会や帰りの会，他教科や他領域での使用も念頭において，教材をみていくことも大切だ。また，学年の段階によってページの構成に特徴がある。

低学年は，イラストや写真が多く，コラム等についても分かりやすく説明されている。中学年では，詩や生活作文を資料とし，日常の場面を取り上げた内容のページが多く見られる。高学年は，道徳的価値について図解されていたり，抽象的な表現を交えて，多様な考えを表出できるようになっていたりしている。このように，発達の段階に合わせて，内容の提示の仕方やページの構成について工夫されている。

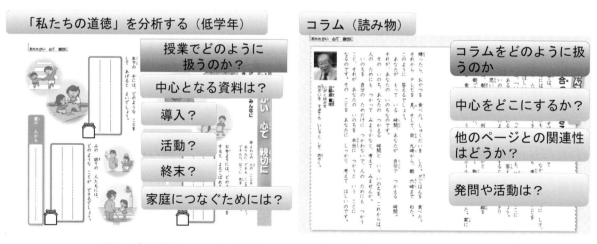

図1【低学年2－（2）思いやり，親切　書き込み欄，コラム】

②授業展開を検討する

どのように授業の中で扱えばいいのか検討していくことが必要である。

書き込み欄であれば，授業の導入で扱うのか，終末なのか。または，道徳の授業時間以外で書き込むことも考えられる。

コラムのページであれば，中心の資料として扱うのか，読み物資料の補助資料として提示するのか。また，中心として取り上げるのは，どの言葉になるのか。

読み物資料であれば，学級の子どもに適しているかどうか。他に子どもの実態にあった読み物資料（各都道府県で作成している読み物資料や地域教材）はないか。他のページとの関連をどのように行っていくのか等，実際の授業をイメージしながら教材を見ていくことが大切であると考える。

図2【低学年2-（2）思いやり，親切　読み物資料】

４５分の授業をつくっていく上で，価値内容が，教材の中にどのように，ちりばめられているのかを吟味し，どのような授業を展開にしていくことで，道徳的価値を学んでいけるのかを考えなければならない。

(2)　「私たちの道徳」を活用した授業づくり

「私たちの道徳」を道徳の授業で使っていく時に，他の教材の扱いについても留意しておきたい。右にある図3は道徳の時間に扱われる教材の例である。

これらと関連させることで，「私たちの道徳」の活用の幅が広がっていくとともに，道徳的価値の自覚を深め，道徳的実践につなげていくことが有効に働いていくと考える。

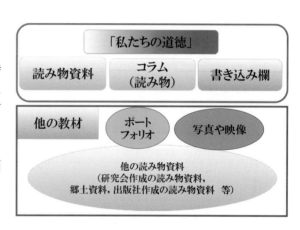

図3【道徳の時間の教材例】

活用のパターン

実際に授業でどのように教材を取り入れていくのか，いくつかのパターンに分けて考えることができる。（図4）

```
A：読み物資料                                          ※ □ は「私たちの道徳」
B：読み物資料         ＋  書き込み欄
C：読み物資料         ＋  書き込み欄  ＋  コラム等
D：他の読み物資料     ＋  書き込み欄
E：他の読み物資料     ＋  ポートフォリオ＋  書き込み欄  ＋  コラム
                         （写真）
```

【図4　「私たちの道徳」他の教材の活用パターン例】

(3)　第5学年授業実践【2-（5）尊敬・感謝】

子どもの実態として，新年度に入り新しい学級で，友達とも打ち解けつつある。また，5月には運動会という大きな行事もあり，学級が一つにまとまろうとしているところである。そして，校内においても高学年としての自覚が徐々に芽生えてきている。

① 教材を分析する

「私たちの道徳」の該当ページは、トピック、書き込み欄、読み物資料（「黄熱病とのたたかい」野口英世）で構成されている。また、書き込み欄には、①自分を支えてくれている人の思いについて気付いた心情を記述する欄、②その思いに応えるために、具体的にどのようなことができるのかを記述する欄が設けられている。

図5【尊敬・感謝2－（5）】

② 価値を分析する

今回扱った内容は、「支え合いや助け合いに感謝して」2－（5）感謝の内容項目である。学習指導要領には、感謝の対象が人のみならず、多くの人々の支え合いや助け合いで成り立っている日々の生活そのもの、さらにはそのような中で自分が生きていることに対する感謝にまで広げることが必要であると述べられている。

子どもが、よりよい人間関係を築いていくために、互いを認め合うことが大切である。その根底には、相手に対する尊敬と感謝の思いが必要になってくる。それは、周りの人々に支えられたり、助けられたりして自分が存在するという認識があって生まれてくる。

まず、高学年の実態に合わせて、周囲の人々に支えられて、今の自分の生活が成り立っていることや自分の生活に多くの人がかかわり合っていることを認識することが大切である。そして、それに対して、有り難く思う心情を授業を通して育んでいきたい。

③ 学校行事と関連させる

子どもたちの生活から、課題意識を表し、道徳の時間を通して育んだ道徳的実践力を生活に返していくために、他教科や他領域と関連させていくことも有効である。今回は運動会の練習を行う自分たちの姿を導入に取り入れ、本時のめあてをもたせることで、子どもたちの関心・意欲は高まった。

写真1【経験を想起する】

④ 授業の実際

ア 導入 ～経験を想起させる～

「私たちの道徳」の該当ページを見る前に今、自分たちが頑張っていることを想起させる。運動会に向けての表現やリレーの練習、スポーツ少年団などの習い事などの意見が表れる。また、運動会に向けて頑張っている自分を支えている人たちはどんな人なのか問いかけた。すると「家族」「先生」「友達」などの意見が出てきた。このように、今の自分たちをとりまく周囲の姿を想起していった。

イ 展開 ～教材に触れ考えを深める～

教師と子どもたちとの話し合い、本時のめあてをたてた。そして、自分たちを支えてくれてい

る人に，どんな気持ちを抱いているのかを問いかけ「私たちの道徳」の該当ページを読んでいった。そこで，子どもたちから出てきたのが「ありがとう」「感謝」といった思いである。

　この心情を深めたり，広めたりするために，グループで話し合いをしながら「誰に」「何に対して」感謝の気持ちを抱いているのかを図で表していった。

写真2【グループで話し合いながら「ありがとう」の心情をもとにつながりを図に表していく】

　作った図について，グループの中で根拠を交え，じっくりと話し合っていく。この中で，グループで強く感じるキーワードを短冊カードに書き，黒板に貼っていく。それぞれのグループから短冊カードが出されたら，全体交流を行う。全体交流では，グループが多様なキーワードの中から1つを選択した根拠を話し合った。そして，「周囲の人が命を支えてくれていることへの感謝」「自分たちの普段の生活を支えてくれていることへの感謝」と子どもたちから出てきた根拠を整理し，まとめた。

ウ　終末

　終末では，本時学習したことをもとにして，「私たちの道徳」の記述欄に書き込みをした。その後，記述した内容を学級全体で紹介し，互いの思いを理解し合えるようにした。そして，これから自分たちの感謝の思いをどのようなかたちで，周りの人に返していけばいいか話し合いをした。

　最後に，何気ない日常を送ることができることの有り難さについて教師が語った。

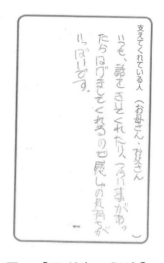

図6【子どもの記述】

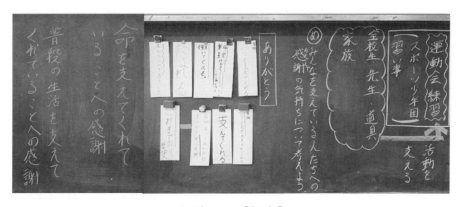

写真3　【板書】

(4)　第1学年授業実践【2－(2) 思いやり，親切】

①生活文脈を大切にする

　道徳の時間に，子どもの生活文脈にそって経験を想起することにより，日常では，気付かずに通過してしまう気持ちを道徳的価値について補充していくことができる。また，資料や自分の経験に基づいた多様な価値への考えを深化させ，自分との関わりで考え，統合する事により価値への考え

を再構成していくことができる。
　今回の実践は，2—(2)「あたたかい心で　親切に」である。子どもにとって具体的で身近な人を想像しながら，考えを深め，実践する力を育めるようにすることが大切になる。

② 教材と出会うきっかけを大切にする
　本学級では，6月から定期的に幼稚園の園児との交流を行っている。その園児とのかかわりをきっかけに読み物資料「はしの上のおおかみ」を読んでいった。年間計画に基づいて資料を扱っていくが，子どもにとっての生活文脈に寄り添い，導入時に生活を意識し引き出すことで，より自分のことと関連させて学ぶことができると考える。

③ 授業の実際
ア　導入
　園児との交流の様子が表れた写真を示し「先日，幼稚園の友達と一緒に活動をしたね。自分より年下の友達ともうまく遊べたかな。」と問いかける。ここで子どもは，以前の出来事を想起しする。また，肯定的な反応だけでなく，うまくいかなかった経験を想起した子どもの発言も，認めることが大切である。このように，以前の姿をメタ認知させることを意識して授業のめあてをたてた。

イ　子どもと共に板書をつくる

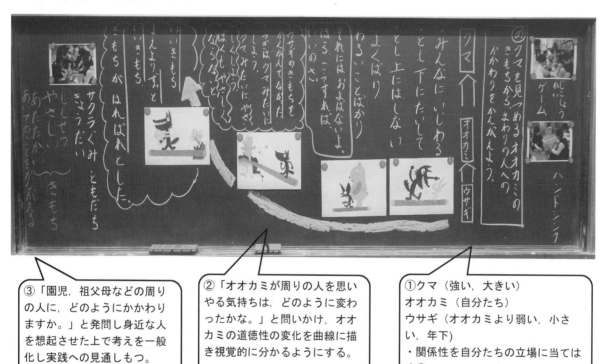

③「園児，祖父母などの周りの人に，どのようにかかわりますか。」と発問し身近な人を想起させた上で考えを一般化し実践への見通しもつ。

②「オオカミが周りの人を思いやる気持ちは，どのように変わったかな。」と問いかけ，オオカミの道徳性の変化を曲線に描き視覚的に分かるようにする。

①クマ（強い，大きい）
オオカミ（自分たち）
ウサギ（オオカミより弱い，小さい，年下）
・関係性を自分たちの立場に当てはめる。

ウ　意識を生活につなぐ
　終末にはノートに今後，周りの人に対して，どのようにかかわっていくのかを記述する。そしてペア・全体で話し合いながら，考えをまとめていく。また，普段から意識的にノートの記述を振り返る場を設けることで，子どもの生活文脈の中で生かされていくと考える。

(5) 第1学年授業実践【3—(2) 動植物愛護】

① 価値の内容をとらえる
　今回扱ったのは，3—(2)「生きものに　やさしく」である。学習指導要領解説道徳編には，「身近な自然に親しみ，動植物に優しい心で接する。」とある。このことからも，資料だけでなく，日常の経験を生かした授業づくりが求められているのが分かる。

② 他教科との関連させる

今回は，生活科での「あさがおを育てよう」の学習と関連させた。生活科においては，あさがおの観察を通して，種からだんだんと成長していく様子に気付き，観察シートにまとめたり，絵に描いたりしている。観察シートには，気付きの他に「〜な花を咲かせてほしい。」「枯れてしまってさみしい。」など成長を心待ちにしている気持ちも入っている。

生活科で積み重ねた観察シートを活用することで，あさがおの成長を支える自分の姿を振り返り，動植物へ関わる自分自身を見つめ直せるようにした。

③ 授業の実際

「どんな気持ちで種をまいたのですか。」といった発問で，自分たちがあさがおの観察をしている時の写真を提示し，どんな気持ちであったのかを全体で話し合う。そして，「わたしたちの道徳」１０２項にその気持ちを記入する。そして，どんな気持ちで，あさがおに関わり，育てていったのかを話し合えるようにする。

写真４【自分の関わりを想起する】

ア　成長を実感させる

子どもたちが，あさがおに対してどのような関わりをもっていたのかを考えられるようにするために，実際に育てているあさがおの様子を見る時間を設定する。そこで，あさがおの成長を支えるために，どんな事が必要かを考えていった。

イ　あさがおへの関わりを一般化する

・水をきちんとあげた。	→かかさず食事をする。
・つるを巻き付けてあげた。	→踏まれないようにする。成長しやすいように助ける。
・倒れていたら起こしてあげた。	→傷つかないようにする。

このように，子どもの発言を広げたり，追究したりして動植物へのの関わりを一般化していく。そうすることで，あさがお以外の，他の動植物に対しても同じように，大事に守り育てようとする気持ちを高めるとともに，具体的な関わり方についても考えを深めることができるのである。

ウ　終末

学級で育てているひまわりやメダカの生長の様子を紹介した。そして，これまで動植物に関わった経験を想起できるようにした。最後に，「わたしたちの道徳」の「シロクマピース」のトピックスを読み，飼育員や教師の思いを伝えた。

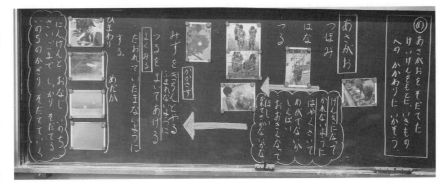

写真５【あさがおのかかわりから動植物全体へ一般化する】

参考文献

文部科学省　２０１４「私たちの道徳」低学年・中学年・高学年
文部科学省　２０１４　初等教育資料　７月号　Ｐ３６・３７
吉原聖人　２０１４『教材の構成を生かし，自らの生き方への深化をめざす』道徳教育１０月号　pp.７４－７５　明治図書
吉原聖人　２０１５『子どもの生活文脈と教材をつなぐ』道徳教育１月号　pp.７４－７５　明治図書

9　資料　いのちに関するブックリスト

No.	テーマ	題名	作	絵	写真	出版社	初版
1	いのちのはじまり・成長	いのちのまつり「ヌグヌグスージ」	草場一壽	平安座資尚		サンマーク出版	2004
2		うちにあかちゃんがうまれるの	いとうえみこ		伊藤泰寛	ポプラ社	2004
3		おへそのひみつ	やぎゅうげんいちろう	やぎゅうげんいちろう		福音館書店	2000
4		こいぬがうまれるよ	ジョアンナ＝コール		ジェローム・ウェクスラー	福音館書店	1982
5		赤ちゃんのはなし	マリー＝ホール＝エッツ	マリー＝ホール＝エッツ		福音館書店	1994
6		みんなあかちゃんだった	鈴木まもる	鈴木まもる		小峰書店	2000
7		せいめいのれきし	バージニア・リー・バートン	バージニア・リー・バートン		岩波書店	1964
8		赤ちゃんの誕生	ニコル・テイラー	レナルト・ニルソンほか		あすなろ書房	1996
9		いのちは見えるよ	乃川和男	長野ヒデ子		岩崎書店	2002
10		うまれたよ！セミ	小杉みのり		新開孝	岩崎書店	2013
11		あさがお	荒井真紀	荒井真紀		金の星社	2011
12		たんぽぽ	甲斐信枝	甲斐信枝		金の星社	1984
13	家族	ハッピバースデー～命かがやく時間～	青木和雄			金の星社	2005
14		あやちゃんのうまれたひ	浜田桂子	浜田桂子		福音館書店	1984
15	共生	おかげさま　「いのちのまつり」	草場一壽	平安座資尚		サンマーク出版	2010
16		のにっき	近藤薫美子	近藤薫美子		アリス館	1998
17		世界がもし１００人の村だったら	池田香代子			マガジンハウス	2001
18		アンジュールある犬の物語	ガブリエル・バンサン			ブックローン	1986
19		ともだちをたすけたゾウたち	わしおとしこ	遠山繁年		教育画劇	2002
20	リレーされるいのち	ちいさなあなたへ	アリスン・マギー	ピーター・レイノルズ		主婦の友社	2008
21		つながってる！「いのちのまつり」	草場一壽	平安座資尚		サンマーク出版	2007
22		おじいちゃんのおじいちゃんのおじいちゃんのおじいちゃん	長谷川義史	長谷川義史		BL出版	2000
23		いのちのバトン	日野原重明	いわさきちひろ		ダイヤモンド社	2008
24		おじいちゃんは１０６さい	松田ともこ	菅野由貴子		ポプラ社	1999
25		ピリカ、おかあさんへの旅	越智典子	沢田としき		福音館書店	2006
26	いのちをいただく	いのちをいただく みいちゃんがお肉になる日	内田美智子	魚戸おさむとゆかいななかまたち		講談社	2014
27		食べてるものは生きものだ	森枝卓士		森枝卓士	福音館書店	2014
28		死を食べる			宮崎学	偕成社	2002
29		いのちをいただく	内田美智子	諸江和美		西日本新聞社	2009
30		ぶたにく	大西暢夫	大西暢夫		幻冬舎	2008
31		しんでくれた	谷川俊太郎	塚本やすし		佼成出版社	2014
32	連鎖するいのち	いのちのいれもの	小菅正夫	堀川真		サンマーク出版	2011
33		ライオンのしごと	竹田津実	あべ弘士		偕成社	2004
34		たべることはつながること	パトリシアローバー	ホリー・ケラー		福音館書店	2009
35		森のいのち	小寺卓矢		小寺卓矢	アリス館	2006
36		山のいのち	立松和平	伊勢英子		ポプラ社	1990
37	感じる	からだのなかでドゥンドゥンドゥン	きさかりょう	あべ弘士		福音館書店	2008
38		月人石	谷川俊太郎		写：川島敏生 書：乾千恵	福音館書店	2005
39		いのちのえんそうのお話	三代目魚武濱田成夫	三代目魚武濱田成夫		メディアファクトリー	2000
40		みんなおなじでもみんなちがう	奥井一満		得能通弘	福音館書店	2007
41	輝く	かがやいてる　「いのちのまつり」	草場一壽	平安座資尚		サンマーク出版	2013
42		いのちのおはなし	日野原重明	村上康成		講談社	2007
43	生きる	くまのこうちょうせんせい	こんのひとみ	いもとようこ		金の星社	2004
44		きみはきみだ					
45		いのちは	内田麟太郎	たかすかずみ		WAVE出版	2014
46	いのちを守る	アントン―命の重さ―	エリザベート＝ツェラー	フェレーナ＝バルハウス		あかね書房	2006
47		小さないのち　まほうをかけられた犬たち	今西乃子		浜田一男	金の星社	2010
48		１００グラムのいのち	太田京子			岩崎書店	2012
49		杉原千畝物語	杉原幸子・杉原弘樹			金の星社	1995

50	死って？	かないくん	谷川俊太郎	松本大洋		東京糸井重里事務所	2014
51		葉っぱのフレディーいのちの旅—	レオ・バスカーリア	島田光雄		童話屋	1988
52		１００万回生きたねこ	佐野洋子	佐野洋子		講談社	1977
53		おじいちゃんがおばけになったわけ	キム＝フォップス＝オーカン	エヴァ＝エリクソン		あすなろ書房	2005
54	死の受容	まいごのことり	ねじめ正一	松重真理子		佼成出版社	2004
55		ぶたばあちゃん	マーガレット・ワイルド	ロン・ブルックス		あすなろ書房	1995
56		きんぎょのきんちゃん	おおのさとみ	オオノヨシヒロ		長崎出版	2009
57		アニーとおばあちゃん	ミスカ・マイルズ	ピーター・パーノール		あすなろ書房	1994
58	心の中で生きる	おじいちゃんとのやくそく	石津ちひろ	松成真理子		光村教育図書	2014
59		ぼくはねこのバーニーがだいすきだった	ジュディス・ボーフト	エリック・ブレグバッド		偕成社	1979
60		わすれられないおくりもの	スーザン・バーレイ	スーザン・バーレイ		評論社	1996
61		スーホの白い馬	大塚勇三	赤羽末吉		福音館書店	1967
62		さよならエルマおばあさん	大塚敦子		大塚敦子	小学館	2000
63		おじいちゃんわすれないよ	ベッテ・ウェステラ	ハルメン・ファン・ストラーテン		金の星社	2002
64		ずーっとずっとだいすきだよ	ハンス・ウィルヘルム	ハンス・ウィルヘルム		評論社	1988
65		おじいちゃんのごくらくごくらく	西本鶏介	長谷川義史		鈴木出版	2006
66		くまとやまねこ	湯本香樹実	酒井駒子		河出書房新社	2008
67		おばあちゃんがいるといいのにな	松田素子	石倉欣二		ポプラ社	1994
68		さよならチワオ	なりゆきわかこ	津金愛子		ポプラ社	2006
69		さようなら、おばあちゃん	メラニー・ウォルシュ	なかがわちひろ		ほるぷ出版	2014
70		おばあちゃんといつもいっしょ	池見宏子	池見宏子		岩崎書店	1997
71		レアの星	パトリック・ジルソン	クロード・K・デュボア		くもん出版	2003
72		千の風になって	新井満	佐竹美保		講談社	2004
73		いのちの木	ブリッタ・テッケントラップ	ブリッタ・テッケントラップ		ポプラ社	2013
74		てんごくのおとうちゃん	長谷川義史	長谷川義史		講談社	2008
75	自然のいのち	わたしのもみじ	岩間史朗	岩間史朗		ポプラ社	2001
76		えぞまつ うけつがれるいのちのひみつ	神沢利子	吉田勝彦		福音館書店	1986
77		絵ときゾウの時間とネズミの時間	本川達雄	あべ弘士		福音館書店	1994
78	理不尽・避けられない死	ぼくの見た戦争 2003年イラク	高橋邦典		高橋邦典	ポプラ社	2003
79		種まく子供たち	佐藤律子編			ポプラ社	2001
80		空への手紙	佐藤律子編		中川雄三	ポプラ社	2002
81		シリーズいのちの授業２ いのちがおわるとき	種村エイ子編			ポプラ社	2002
82		マヤの一生	椋 鳩十			大日本図書	1970
83	魂	死	谷川俊太郎	かるべめぐみ		大日書店	2009
84	死を見つめて	わたしのいもうと	松谷みよ子	味戸ケイコ		偕成社	1987
85		６さいのおよめさん	鈴木中人	城井文		文屋	2014
86		ぼくのいのち	細谷亮太	永井泰子		岩崎書店	1999
87		電池が切れるまで	宮本雅史	石井勉		KADOKAWA	2009
88	災害の恐ろしさ	タンポポ あの日をわすれないで	光丘真理	山本省三		文研出版	2011
89		心のおくりびと 東日本大震災 復元納棺師 ～思い出が動きだす日～	今西乃子	浜田一男		金の星社	2011
90		ふるさとは火の島	石井収			汐文社	2001
91		はげましをありがとう	西宮市ＥＷＣ子ども委員会編			小学館	1995
92	自分を守る	ちびまる子ちゃんのあんぜんえほんシリーズ	さくらももこ			金の星社	1999
93		おっとあぶない	マンロー・リーフ			学習研究社	1968
94		インターネットや携帯の危険から身をまもる	藤田悟			ポプラ社	2002
95		誘惑にかつ酒・タバコ・ドラッグ	鳥飼新市			金の星社	1999
96	親・大人が	おとうさんがおとうさんになった日	長野ヒデ子	長野ヒデ子		童心社	2002
97		おかあさんがおかあさんになった日	長野ヒデ子	長野ヒデ子		童心社	1993
98		うまれてきてくれてありがとう	にしもとよう	黒井健		童心社	2011
99		輝け！いのちの授業	大瀬敏昭			小学館	2004
100		毎日がいのちのまつり	草場一壽	平安座資尚		サンマーク出版	2011

上記以外にも多くあるが、主に子どもたち向けで、次のリスト等を参考にした。
※参考：種村エイ子さんの「いのちのブックトークリスト」、長崎市立図書館のブックリスト、東村山図書館の小・中・高校生のための「いのちの大切さ」を考える本、教科書に紹介された本、香川の子どもたちに読ませたい本１００選
種村エイ子監修 シリーズ「いのちの授業」ポプラ社の5巻「いのちの図書館」にも多く紹介されている。

10 資料 「こころのノート」と「わたしたちの道徳」の比較 3-(1)の内容〈小学校 1・2年〉

p.	こころのノート〈香川県版〉（6ページ）	p.	わたしたちの道徳（14ページ）
54	どんな 気もちかな おちばを いっぱい あつめて つみ上げて おふとん みたいに もぐりこんで みよう。 　どんな においが するかな。 　どんな 音が するかな。 　どんな 気もちかな。	88	③いのちにふれて
55	いのちに ふれよう よく見よう。耳をすまそう。 　小さな 小さな いのちに。 　近くに よって 見つめよう。 　遠くに はなれて かんじよう。 　大きな 大きな いのちを。	89	(1)いのちを大切に (2)生きものにやさしく (3)すがすがしい心で
56	みんな みんな 生きて いるよ 　生まれた ばかりの いのち。 　たった 一つの 大切な いのち。 　元気に 大きく なれますように。	90	(1)いのちを大切に 　生まれた ばかりの いのち。 　たった 一つの 大切な いのち。 　元気に 大きく なれますように。
57	あなたが 生まれた ときの 話を 家の 人に 聞いて みましょう。　【書き込み部分】	91	・あなたが 生まれた ときの 話を 家の 人に 聞いて 書きましょう。　【書き込み部分】 ・あなたの 名前を ていねいな 文字で 心を こめて 書きましょう。【書き込み部分1年・2年】 　あなたの 名前には、どのような ねがいが こめられて いるのでしょう。
58	元気だなって かんじるのは どんな ときかな。 元気カードで あなたの 元気パワーを たしかめよう。 　・朝 元気に おきられた 　・ごはんが おいしい 　・学校の 勉強が 楽しい 何まいとれるか ときどき たしかめて みよう。	92	どのような ときに 「生きて いる」ことを かんじますか。 　・しんぞうが どきどきする 　・気もちよく おきる 　・楽しく 勉強する
59	・やりたいことが たくさん ある ・力 いっぱい あそんだ 新しい元気カードを 作って もっともっと 元気パワーを ふやそう！	93	・手が あたたかい ・おいしく 食べる ・楽しく うんどうする ほかに どのような ときに、生きて いる ことを かんじますか。 みんなで 話し合いましょう。
		94～99	◇読んでみよう　　　　　　　　【読み物部分】 「おはかまいり」河合 雅雄 「ハムスターの 赤ちゃん」
		100	生きて いるって すばらしい 声に 出して 読んで みましょう。
		101	みんなで 歌って みましょう。 「手のひらを 太陽に」やなせ たかし　＊詩

資料　「心のノート」と「わたしたちの道徳」の比較　3-(1)の内容〈小学校　3・4年〉

p.	心のノート〈香川県版〉（6ページ）	p.	わたしたちの道徳（14ページ）
54	雨上がりのみずたまりをとびこえようとしたら どこからまぎれこんだのか 水の中で・・・・・・ 　　　　　・・・するりとすべっておりた。 元気になって、大きくなって 思い切り歌を歌うんだよ。	88	③命を感じて
55	いのちを　感じよう 自然やいのちの 大きさやふしぎさを 全身で感じてみよう	89	(1)命あるものを大切に (2)自然や動植物を大切に (3)美しいものを感じて
56	生きているってどんなこと ・病気やけがをしても、くじけない力をもっていることかな。 ・食事がおいしく食べられることかな。 ・喜んだり、悲しんだりする心をもっていることかな。	90	(1)命あるものを大切に 生きていることってどのようなことでしょうか ・笑ったり泣いたりすることかな。 ・病気やけがをしても、くじけない力をもっていることかな。 ・おいしくご飯を食べられることかな。 ・思いきり力を出せることかな。
57	・思いきり力を発きできることかな。 ・もっとよくなりたい、という心をもっていることかな。 ・人の役に立つことができることかな。 あなたが「生きているってすばらしいな」と感じるのは、どんなときですか。(例)…【書き込み部分】 〔家の人にも聞いてみましょう。〕【家庭】	91	一生けん命　生きる！ それは、 思いきりがんばること。 命をかがやかせること。 ○「生きているってすばらしいな」 　　と感じるのは、どのようなときでしょうか。 【書き込み部分3・4年】
58	かけがえのないいのちだから、 　　　みんな助け合って生きている ・わたしたちは、多くの人びとにささえられて生きています。 ・わたしたちも、多くの人びとをささえることができます。	92	助け合って生きている　一生けん命生きている ・わたしたちは、多くの人びとにささえられて生きています。 ・生きているからこそわたしたちも、多くの人びとをささえることができます。
59	みんな一生けんめい生きている 一生けんめい生きるとは、思いきり取り組むこと。 いま、思いきりやってみたいと思うことに、どんなことがあるだろう。【書き込み部分3・4年】	93	・食事をいただくことは命をいただくこと。 ・たくさんの命にささえられてわたしたちは生きています。 ○命の大切さを感じたできごとを書いてみましょう。【書き込み部分3・4年】
		94	命あるかぎり生きる　　　　　　＊詩 「命」　宮越由貴奈（小学4年）…院内学級
		95	○この詩を読んで、「命」について考えたことを書いてみましょう。【書き込み部分】
		96～99	「ヒキガエルとロバ」　　　　【読み物部分】
		100	たった一つの命　つながる命
		101	「生きているって…」葉　祥明　　　＊詩

資料　「心のノート」と「わたしたちの道徳」の比較　3-(1)の内容〈小学校　5・6年〉

p.	心のノート〈香川県版〉（6ページ）	p.	私たちの道徳（14ページ）
62	この地球上に あたりまえのようにあるもの。 空気、大地、水、光。 　　　（中略） でもそれはきっと 奇跡に近い、あたりまえのこと。	96	③命をいとおしんで
63	いのちを　愛おしむ 活動の場も安らぎの場も、 生命あるものがいつくしみ合い生きる世界。	97	(1)自他の生命を尊重して (2)自然の偉大さを知って (3)大いなるものを感じて
64	たったひとつの、かけがえのないものを わたしたちはもらった。 花や木にも、動物たちにも、わたしにも だれにも平等にたったひとつだけ。 それは わたしの力で生かしていくものだから そして 多くのものに支えられているものだから 何よりも大切にしたい この　いのち。	98	(1)自他の生命を尊重して 限りあるたった一つの命だから 私たちは、たった一つの かけがえのない命をもらった。 花や木にも、動物たちにも、私にも だれにでもたった一つの命。 命は、自分の力で生かしていくもの。 そして、多くの人たちに生かされていくもの。 かけがえのない命、限りある命だから 精一杯かがやかせたい。
65	いま　生きているわたしを感じよう	99	読んでみよう　「人類愛の金メダル」　【コラム】
66	あたえられたいのち　支えられてきたいのち 　そっと胸に手を当ててごらん…大きく息をすいこんでごらん…そして手を大きく広げて… わたしがいまここにいるのは、… 　　…支えてくれる多くの人たちのために。 ・いのちについて学んだこと、そして考えたこと 　　　【書き込み部分：教科、道徳、行事等6カ所】	100	今、多くの人との関わりの中で生きている 　私たちの命は、様々な人々との支え合いの中で育まれています。家族や親類、先生や友達など、私たちはたくさんの人たちとの関わりの中で生かされています。命は、私たちの先祖から自分、そして私たちの子孫へと受けつがれていきます。
67	・自分のいままでをふり返ってみよう 　　　【書き込み部分：あのころ…3カ所】 これからももっともっとかがやかせていきたい ・自分のこれからを考えてみよう かぎりあるいのち　かけがえのないいのち 受けつがれるいのち　わたしが生かしていくいのち わたしのいのち　　　　だから…	101	この世に生を受けたものは、いつかは死をむかえます。私たちの命の長さは、人によって様々です。生まれてすぐなくなる人もいれば、病気や事故でなくなってしまう人もいます。また、百年以上生きる人もいます。
		102	自分の命を見つめてみよう ○自分の周りの人たちに、幼いころの自分の様子やエピソードを聞いてみましょう。 　　【書き込み部分：赤ちゃん〜今…4カ所】
		103	○人間の誕生の喜びや死の重さ、生きることの尊さ、共に生きることのすばらしさなどを考えてみましょう。　　　　　　　　　　　　【書き込み部分】
		104 〜 109	「その思いを受けついで」〔祖父の死〕【読み物部分】 かけがえのない命〔東日本大震災〕【読み物部分】 「命てんでんこ」（中学校2年生の作文）

第5章

中学校の部屋

1 中学校における道徳教育での実践の充実のために

(1) 中学校の現状

　小学校に比べて，中学校では道徳教育，特に，道徳教育の要である「道徳の時間」の取り組みが充実していないということをよく耳にする。しかし，日本全国の中学校すべてがそうではない。自治体によっても温度差があるし，同じ自治体の中でも地域によって，また，同じ学校であっても学年団や教員によっても温度差があるのは事実である。道徳教育の四国大会や全国大会に参加するたびに香川県の教員の授業力の高さを痛感する。道徳だけではないだろうが，道徳の授業において香川県の教員の授業力は非常に高い。香川県内には道徳教育に熱心に取り組み，毎週の道徳の授業を地道に実践している中学校教員はたくさんいる。しかしながら，高い授業力をもった教員の授業技術や開発した資料，作成した学習指導案，教材，ワークシート等がその学年団，その学校や地域に広がっていないということが課題としてあげられる。香川県でも大量退職時代を迎え，若年教員の割合が高まっている。このような現状にあるからこそ，各教科だけではなく，教科化に向けて，道徳においても授業力の継承が重要課題となっている。

(2) 道徳教育を推進するための協力体制

　日々の道徳教育を推進する原動力は，言うまでもなく一人一人の教職員の意識と自覚である。しかし，その個の力を学校というチームの力とするためには，校長が明確な道徳教育の方針をもつことと，校長のリーダーシップは不可欠である。平成26年10月21日に出された中央教育審議会答申（以下は，答申とする）にも，以下のような記述がある。（太文字は筆者）

> 「特別の教科　道徳」（仮称）の指導に当たっては，児童生徒をよく理解している学級担任が原則として担当することが適当であると考えるが，全てを学級担任任せにするのではなく**校長をはじめとする管理職や，学校や学年の教員全体が，自らの得意分野を生かす取組なども重要**である。「特別の教科　道徳」（仮称）に係る指導力は，教員の教育活動全般にわたっての指導力を高める上でも極めて重要なものであり，例えば，学校の全ての教員が，授業の準備，実施，振り返りの各プロセスを含め，道徳の学習指導案の作成や授業実践を少なくとも年に1回は担当して授業を公開するなど**学校全体での積極的な指導力向上の取組**も望まれる。

　上記の答申に関係する取り組みを3点挙げる。

① 管理職が行う道徳授業の実践

　校長等の管理職自らが道徳の授業を積極的に実践する。各クラスへの出前授業でも全校道徳でも構わない。管理職自らの授業実践で，道徳教育充実への意気込みを示すとともに，これからますます増加していく若年教員に授業を見せ，管理職と若年教員が道徳の授業について話し合うことのきっかけにもなる点において重要である。管理職から若年教員への授業力の継承という点においても有意義である。

② ローテーション型道徳授業の実践

　中学生という時期は，思春期がゆえに反発もするが，自分の生き方を模索している「自分さがし」の時期でもある。そのため，中学校の道徳教育は，生き方学習であると常々思っている。つまり，保護者とともに，子どもにとって一番身近な大人である教職員が道徳の授業等で，子どもに生き方モデルを示すことは重要である。子どもと教員が人間としての生き方を求め，ともに考え，ともに悩み，ともに語り合うことが道徳の時間の醍醐味でもある。

　学級担任にも得意分野，不得意分野があり，例えば，道徳の時間にはスポーツ関係の資料ばかりでは不適切である。そこで，学級担任かどうかは関係なく，自分の得意分野を生かしたとっておきの道徳の授業を実践するローテーション型授業が有効である。どのクラスにも多様な価値観をもった子どもがいる。学級担任一人の価値観では十分ではなく，多様な価値観をもつ多くの教職員とのかかわりは重要である。多様な価値観をもった教職員が行うとっておきの授業だからこそ，生き方を模索している中学生の心に響き，生き方の道しるべとなる光を灯せるのではないだろうか。中学生が相手だからこそできる，深く，心に響く道徳の授業があるはずである。学期に1回ぐらいの頻

度で実施したいものである。

ローテーション型道徳授業は，教科担任制の中学校だから違和感なく実践できるものである。部活動や生徒指導で多忙な中学校においては，合理的で効率的な方法でもある。

③ 週時程上の「道徳の時間」の位置付け

時間割上の「道徳の時間」を学年団で同じ時間にそろえるかどうかは，今までも賛否両論あった。同じ時間にそろえると共通認識をもって，授業実践がしやすく，「道徳の時間」を他の時間に振り替えにくくなるというメリットもある。しかし，同じ時間に「道徳の時間」があると学年団集会等にすりかえられてしまうというデメリットもある。

若年教員への授業力継承という観点から考えると時間割上の「道徳の時間」は異なる時間がよいのではないかと考える。例えば，同じ学年団で，火曜日に１組の，水曜日に３組の道徳の授業を若年教員が参観し，道徳の授業をイメージした上で，若年教員が金曜日に自分のクラスで道徳の授業を実践する。中堅やベテラン教員は，道徳の授業を見せるだけではなく，道徳の授業のおもしろさ，奥深さを見せる。まさしく，「道徳の授業を魅せる」のである。授業に至るまでの過程で，読み物資料の選定や発問，板書等について，若年教員と他の教員が話をしたり，ともに教材づくりをしたりすることで協働性も培われる。若年教員の道徳の授業を管理職や同じ学年団の教員が参観し，賞賛したり，助言したりすることを通して，授業力の継承だけではなく，道徳の授業について話し合う雰囲気も高まり，学校全体で取り組む道徳教育に着実に近づいていく。

（3） 若年教員　初めの第一歩
① 地道な道徳の授業実践

若年教員や教育実習生に今までに何回か聞かれて，答えられずに困った質問がある。それは，「どのような道徳の授業がよい授業なのか」という質問である。教員をしている間，その質問の答えを探し続けていく，それが教員というものではないのだろうか。よい道徳の授業がどのような授業なのかは，だれかに答えをもらうものではなく，自分で試行錯誤をしながら，自分で答えを見つけ出していくものではないかと思う。

そのためには，とにかく，「道徳の時間」を大切にし，道徳の授業に地道に取り組むことである。「道徳の時間」をとばしたり，他教科に振り替えたりしないで，毎週毎週の道徳の授業をきちんとすることが当たり前ではあるが，子どもにとっても教員にとっても大切なことである。これをするかしないかは，教員としての資質・能力というよりは人間として誠実かどうかではないかと以前から思っていた。最初から上手い道徳の授業ができるはずがない。ベテラン教員だから上手い道徳の授業ができるわけでもない。失敗してもいいから，上手い授業でなくてもいいから，１時間１時間，地道に道徳の授業を積み重ねていく。その積み重ねの中で，子どもも少しずつ成長していくし，教員としての自分も成長していくはずである。「道徳はバファリンではなく，漢方薬だ」

② 教員用道徳授業ノートのすすめ

私が20代の頃に使っていた「道徳ノート」（自分の予習用ノート）を今も大事に持っている。捨てられないのだ。道徳の授業の準備をしたり，授業の構想を練ったりすることが楽しかったのを覚えている。でも，授業は失敗の連続だった。そのノートには，ラインを引いたり，書き込みをしたりしている読み物資料のコピーが貼ってあり，授業の流れ，発問，板書計画等が書かれている。そのノートを基に道徳の授業を行い，その授業で子どもが書いた感想等のコピーを貼っている。ノートの表紙裏には，第〇回道徳授業，日付，資料名，内容項目を記入し，毎週の道徳の授業をとばさないで実践しようとしていた。自分との闘いだったのである。どんなに頑張っても，１回もとばさずに道徳の授業をしても年間35時間を達成したことがないのに，各種調査を見ると多くの学校が年間35時間以上，道徳の時間をしたことになっているのは本当に不思議である。

若年教員にお願いしたいことは，道徳の授業を楽しんでほしいということである。道徳の授業をする側の教員が楽しく授業をやらなければ，その授業を受ける側の子どもは当然楽しくない。この新聞記事を使って，子どもに考えさせたら，いろいろな意見が出てきて，おもしろいだろうなあとか，この発問をしたら，あの子はこう答えるだろうなあとか，このように考えること自体が楽しい。実際に授業をしていると授業をしている教員が考えてもいなかった発想をする子どもがいる。大人が想像もつかない程，子どもの考え方は柔軟である。予想していなかった子どもの反応で，「え

っ！？」と戸惑ったこともあった。しかし，「そういう考えは，少しも浮かばなかった。すごいね，その考え方。私も勉強になったよ。」と教員の素直な気持ちを言葉にすることをお勧めしたい。すると，子どもは素敵な笑顔になり，次回からも道徳の時間に様々な考えを素直に発表してくれる。まさに，「子どもから学ぶ」ということである。「子どもから学ぶ」ことは，教員が大切にすべきことでもある。このように，授業準備や授業そのものを楽しんでほしい。道徳の授業をする教員が楽しそうに授業をすれば，子どもも少しでも楽しく道徳の授業を受けられると思う。

授業を楽しむためには，授業の準備をきちんと行わなければならない。教員用道徳授業ノートは教員としての自分の軌跡であり，宝物にもなり得るものである。だから，その宝物を捨てられないのである。

③ 道徳授業の基本スタイルを身に付ける

私もそうであったが，若年の頃には，DVD 等の視聴覚教材，新聞記事や生徒作文等を活用するなど，自作教材を使っての道徳授業に走りたがる傾向がある。様々な道徳の授業があってよいとは思うが，道徳の授業の基本は，読み物資料を使って行う授業である。これは，今までも，そして，これからも変わらない。何事にも不易（変わらないもの）と流行（時代とともに変化していくもの）があり，読み物資料を使っての道徳授業は，不易の部分である。そこで，若年の間に，読み物資料を使った道徳授業の基本スタイルを身に付けておくとよい。具体的には，資料分析の仕方，中心発問，発問構成（基本発問と補助発問），予想される子どもの反応，子どもの発言に対する切り返し，子どもの多様な考えを交流するための活動，学習の流れと中心がわかる板書，学習のまとめの方法等である。

道徳授業の基本スタイルを身に付けるためには，「まねぶ」ことである。同じ学年団の教員や指導教員から授業準備，資料選定の仕方，資料分析の仕方，発問構成，板書計画等を指導してもらったり，道徳の授業を参観させてもらったりして，まずは，「まねぶ」ことである。「まねぶ」段階が終わったら，自分の個性を出したり，自分の得意分野を生かしたりしながら，自分なりのバージョンアップを図ればよい。基礎・基本の上にしか応用はない。教員になって早い段階で，道徳授業の基本スタイルを身に付けると道徳の授業を楽しめるようになってくる。つまり，道徳授業の基本スタイルを身に付けることが習得であり，そこから活用，探究というステップに進むことで，道徳授業におけるプラスの循環ができると考える。

教科化に伴って，初任者研修でも道徳教育に関する研修の時間が多くなることが予想される。ぜひ，多くの道徳授業を参観して，授業を見る目をもち，授業力を磨いてほしい。

④ アンテナを張って教材探し

道徳の授業で使用する教材は，読み物資料だけではなく，特に，中学生には多様な資料が必要である。実話，話題の本，DVD 等の映像資料，新聞記事，生徒作文等が定番である。実話が子どもに与える影響は非常に大きく，実話だからこその感動も大きい。実話や話題の本の中でも人間の生き方に関するものは，中学生には魅力的な教材になる。DVD 等の映像資料や話題の本，新聞記事等，「もしかしたら，道徳の授業で使えるかもしれない」という気持ちで常々，教材探しのアンテナを張っておくことが望まれる。

⑤ 道徳なかまをつくる

毎週毎週の道徳の授業のことを自分一人で考えるのは，非常に負担感が大きく，長続きしない。地道に道徳の授業を積み重ねていくためにもチーム力が大切である。同じ学年団の中で，協力して，知恵を出し合って，一つの授業を練りあげ，創りあげていく。その過程で，「中心発問はこっちの方がいいのではないか」，「こういう交流方法もあるよ」などと話し合うことで，お互いの授業力も向上するし，学年団の雰囲気もよくなっていく。また，貼り物等の教材も協力して作成する。中学校では，いわゆる教科の壁があると言われるが，全教職員がするべき道徳教育は，いわゆるバリアフリーであり，道徳教育を一つの話題として，学年団や学校の雰囲気もよくなり，組織としても活性化することが期待できる。

職員室の中で，道徳の授業のことが話題にあがれば，温かい雰囲気の職員室にちがいない。「この新聞記事を使って，道徳の授業をしたら，子どもたちがよく考えた」という発言を聞いたら，すかさず，その新聞記事やワークシートをもらってストックしておこう。すぐには使わなくても，いつか使うかもしれないし，そのまま使わなくても少し手を加えて使うことも考えられる。ゼロから

教材を作らなくてもよいのだから，もらえるものは遠慮せずにもらっておくことをお勧めする。また，各学年団で作成した資料や教材，ワークシート等は，紙媒体とデータの両方で職員室の道徳資料コーナー等にストックしておくと使い勝手がよい。職員室内のハード面やソフト面での環境も大切であることがわかる。

異なる学校であっても道徳なかまがいると心強い。このような人的ネットワークをもっていると道徳に限らず，「なでしこジャパンのDVD録画してる？」，「○○な資料持ってる？」など教材やワークシート等を共有できるなど活用度は高い。

⑦ 子どものニーズを把握

テレビのCMで顧客満足度という言葉をよく聞くことがあった。学校における顧客は子どもである。授業は教員だけではなく，子どもとともに創りあげていくものであり，特に，道徳の授業は人間の生き方を子どもとともに考え，悩み，語り合うことをベースとしている。よりよい道徳の授業を子どもとともに創りあげていくためにもぜひ，子どものニーズを把握しておきたい。以下にアンケート例を示す。（『心のノート』のところを『私たちの道徳』に置き換えて使用してほしい。）

「道徳の時間」に関するアンケート

1	道徳の時間は好きですか？	1　はい　　2　どちらかといえば好き 3　どちらかといえば好きではない 4　好きではない
2	1で答えた理由は何ですか？ 自由に書いてください。	
3	道徳の時間で楽しいと感じるときは，どんなときですか？ （複数回答OK）	1　話し合いをしているとき 2　先生の話を聞いているとき 3　資料の内容が心を打つとき 4　心の中でじっくりと考えているとき 5　ビデオやDVDの内容がよかったとき 6　その他 （　　　　　　　　　　　　　　　　）
4	道徳の時間は何をする時間だと思いますか？ （複数回答OK）	1　自分の生き方について考える 2　資料を読む 3　今までの自分を振り返る 4　友達の意見や考え方を聞く 5　自分の意見や考えを発表する 6　話し合いをする 7　その他 （　　　　　　　　　　　　　　　　）
5	道徳の授業で心に残っていることは何ですか？自由に書いてください。	
6	あなたは，どのような道徳の授業を受けてみたいですか？	
7	道徳の授業を受けて心や行動が変わったことは，ありますか？	1　ある 2　ない
8	7であると答えた人は，どのようなことか具体的に書いてください。	
9	今までの道徳の授業で「心のノート」を使ったり，読んだりしたことがありますか？	1　ある 2　ない
10	9であると答えた人は，「心のノート」についての感想を自由に書いてください。	

私は1年間の最後の道徳授業で，「心に残った道徳授業」を選んでもらい，「心に残った道徳授業ベスト10」を学級通信に掲載していた。教員側は，時間をかけて教材開発をした研究授業が当然トップになるだろうと予想していたが，圏外であり，普段通りの道徳授業がトップになっていた。どのような授業が子どもの心に残るのかは，子ども一人一人によっても異なるが，子どもと教員との考え方のギャップにも驚かされる。このランキングは，自分の1年間の道徳授業を振り返るためにもよいものだと考える。

⑧　話し合いがしたい中学生

　前述したアンケートで，「道徳の時間で楽しいと感じるときは，どんなときか」と以前，第2学年の中学生90人にアンケートを実施すると56.7%の生徒が「話し合いをしているとき」と回答した。また，平成25年度の全国学力・学習状況調査において，香川県では「普段の授業では自分の考えを発表する機会が与えられているか」という項目では79.5%（全国平均との差＋2.6），「普段の授業では学級の友達や生徒との間で話し合う活動をよく行っているか」という項目では54.1%（全国平均との差－6.8）という結果がある。大部分の生徒が教科の授業を想定して回答したと考えられるが，生徒は話し合い活動をしたいと希望しているのに，授業では話し合い活動があまり設定されていないという現状がうかがえる。この2つの質問項目は道徳の授業改善をする上では注目に値する。そこで，個人の考えを発表しやすい道徳の授業において，グループで話し合う活動を積極的・意図的に設定する。グループでの話し合いで友だちの考えを聴き，自分の考えとの共通点や相違点を明確にすることで，視野を広げたり，自分の考えを深めたりすることができ，道徳性も高まる。また，現行学習指導要領で重視されている言語活動の充実にもつながると考える。

⑨　小学校から学ぶ点と小学校との相違点

　小学校の道徳の授業を参観すると，小学校の道徳授業から学ぶべきことも多いことを痛感する。具体的には，小学校では場面ごとの挿絵を黒板に提示し，場面の様子を理解させる工夫，子どもの表現物による交流場面の設定等，そのまま中学校の道徳授業に取り入れても可能なものがある。

　しかしながら，小学校と中学校の道徳授業には共通点もあるが，相違点もある。答申にも，以下のような記述がある。

　発達の段階によっても効果的な指導方法は異なることから，小学校と中学校での指導には一定の違いがあってしかるべきである。例えば，小学校低学年では，人としてしてはならないことを具体的に指導し，しっかりと自覚させることに重点を置き，中学校では，人としての生き方や在り方について多角的に考えさせることを重視するなど，児童生徒の発達の段階を踏まえた指導方法を工夫することが求められる。

　生き方を模索している思春期の中学生だからこそ，「生き方モデル」を示すことができる道徳授業が求められている。この重要性については，すでに述べた。「生き方モデル」を示すとは，具体的には，以下のようなことが考えられる。
　ⅰ　読み物資料の登場人物を通して
　ⅱ　DVD等，映像資料の登場人物を通して
　ⅲ　講演会等での人物の生き方を通して
　ⅳ　偉人の生き方を通して
　ⅴ　学級担任や道徳の授業にかかわる教職員の生き方を通して

　上にもあげたが，特に，ⅴが重要である。子どもは教員の体験談が好きで，特に，失敗談が大好きである。道徳の時間や各教科，朝の会や帰りの会等，様々な時間で「教員が自分を語る」ことは大切である。「教員が自分を語る」ことで，教員は子どもにとって，もっと身近な存在になり，生き方モデルにもなり得る。「教員が自分を語る」ことで，人間の生き方について，子どもとともに考え，語り合いたいものである。

2　宗教に関わる問題と道徳教育

(1) 求められる宗教が社会で果たしている役割の理解や宗教に関する寛容の態度

　文部科学省(2014)『私たちの道徳 中学校』では，3(3)の「人間には弱さや醜さを克服する強さや気高さがあることを信じて，人間として生きることに喜びを見いだすように努める」ための教材として，杉原千畝が登場した。氏が世間に認知されていなかった頃，氏を素材にジレンマ資料を作成した(伊藤1993)。氏の生き方と関わる信仰の扱いに苦慮し，複雑になることも恐れ，キリスト教徒であることを伏せ作成したが，課題として残った。授業でよく登場する星野富弘氏も事故後に信仰を得て立ち直ったキリスト教徒である。読み物資料は，星野氏と信仰との関係の記述はない。星野氏の著作も読まず，キリスト教徒であることも知らずに授業をする者も少なくないだろう。両氏の判断や行動に信仰が関わっていないのだろうか。本人の強さや努力だけ取り上げてよいのか。

　中央教育審議会(2014, p.10, 下線は引用者)では，「グローバル化の中では，自国の伝統や文化への深い理解はもとより，<u>多様性の尊重や価値観の異なる他者との共生なども重要な内容であり，その際，宗教が社会で果たしている役割や宗教に関する寛容の態度などに関して授業の中でどのように扱うべきかについて，学習指導要領等の配慮事項として示すべきとの意見もあった</u>」。「それぞれの民族が固有に育んできた宗教文化をそれとして理解する能力を欠如することは，そこでの対話能力の喪失を意味することになる」(加藤1999, 130)。だが，国家が神道を宗教でないと言って国家神道として利用したので，宗教の扱いは羮を懲りて韲を吹く状態だった。加藤(1999, 96)は，「子どもたちがその成長の過程において身につけるべき教養の一つである宗教批判能力は十分に啓培されていない」と言う。「それぞれの民族は固有の宗教文化を持ち，そこに伝統的な宗教的価値，宗教行為が日常の暮らしのなかに生きている場合が多い，そこに日本人の宗教理解と行動の曖昧さとは質のちがう問題があることに気づくことが，今日ほど強く求められている時はない」(加藤1999, 210)。

(2) 宗教教育の課題と道徳教育

　菅原(2005, 214)は，曖昧すぎる宗教教育を①宗教知識教育，②宗派教育，③宗教的情操教育，④対宗教安全教育，⑤宗教寛容教育に分類した。①は，主な宗教の歴史や文化，教義を知識として客観的に教える。従来から社会科等で細々と行われたが，平成20年度学習指導要領では，①に関わる内容が強化された[1]。②は，特定宗派のための教育であり，公立学校では禁止される。③は見解が別れ，道徳で扱うことへの是非が問われる。否定派は，山口(1998)や加藤(1999)のように「特定の宗教と無縁の宗教的情操など果たしてありうるか」と疑義を呈し，やがて政治等に利用されると危惧する。伊藤(2000)が生活科教科書の御輿の掲載の問題性を述べた際，宗教と習俗との峻別を問題視したが，この峻別は難しい。宗教的情操が神道に回収される恐れが無いとも言えない。また，菅原(2005, 215-216, 下線は引用者)の「私は，公立学校でも宗教について教える道がないものか，と模索してきた。しかし，最近になって『<u>宗教的情操の分野は，しばらく無理かな</u>』という気持ちになってきた。多くの学校現場を回ってみたが，壁を感じざるをえないのだ。<u>大多数の教師が宗教に無関心である現状を考えると，まちがった宗教心を教えかねない，という心配</u>」も考えられる。④は，カルト，霊感商法，オカルト，占い，スピリチュアル等から子どもの安全をどう守るかというものである。⑤は，グローバル化や価値多元化，人口減少が進み，移民問題も取り沙汰される日本では，大変重要な教育である。菅原(2005, 215)の指摘のように，④と⑤はセットで考えたい。

　宗教上の理由で剣道実技を拒否して退学処分を受けた事案等からも，学校現場の宗教に対する知識不足だけでなく，宗教への感覚やセンスの欠如を感じる。それ故，懸案の③は，髙德(2010, 172-173, 下線は引用者)の「『<u>神とは何か』『信仰とは何か』『なぜ信じるのか</u>』など宗教一般についての宗教哲学的，あるいは宗教心理学的宗教教育が実践されている」「リセのような『宗教哲学的宗教教育』や『宗教心理学的宗教教育』を導入することで，小・中学校での道徳教育でいう宗教的情操を発展させ，<u>宗教を生徒にとって主体的で，もっと内面に迫る問題として扱う</u>ことができるのではないだろうか」という提案を深く考えたい。加藤(1999, 112)の「『宗教とは何か』について客観的，科学的な知的認識の範囲に留まるべきものであるべきかと考えられる。しかも，それは宗教に代わる非宗教的な立場の考察はもとより，宗教と非宗教の間についての議論も許容する幅広いものである」ことも考えたい。主に道徳以外で啓培される①を踏まえ，道徳は，③～⑤に関わる。

(3) 「ヒジャブ」を巻いた"なでしこ"の授業〈日本道徳性発達実践学会香川大会(2013.12)公開〉

宗教寛容教育と関わる授業を紹介する。同授業は，筆者の一人伊藤が山城にその骨子を提案し，山城が授業実践を快諾したので，二人で相談して作っていったものである。指導案は以下の通り。

① 「ヒジャブ」を巻いた"なでしこ"の学習指導案

第2学年1組　道徳 学習指導案

指導者　山　城　貴　彦

1　主題　　「正義・公正公平」「法の遵守・権利義務」（内容項目4－(1)，(3)）
2　資料　　「ヒジャブ」を巻いた"なでしこ"～イラン女子サッカーチーム～
3　主題について

(1) 現代のような変化が激しくグローバル化が進む社会においては，子どもがよりよく生きる力を育み，未来を拓く主体性のある日本人を育成することが求められている。道徳授業では，さまざまな道徳的問題を適切に認識し，その問題を追求し，解決する能力を身につけ，道徳的実践力を育成することが必要である。そこで，本資料にみられる，女子サッカーイラン代表チームに対する試合出場禁止処分といった出来事を，「ルールの遵守」や宗教とかかわっての「スポーツにおける平等性」などの視点から考えさせ，異文化の理解や公正・公平の観点から差別や偏見のない社会づくりに努める態度を身につけさせたいと考え，本主題を設定した。

(2) 本学級の生徒は，全体的に明るく素直で，男女の仲もよい。教師の話や友達の考えを聞いて自分の考えを深めることができる者が多い。そこで，多面・多角的に考えなければならない現代的課題に対して，それぞれの考えを交流させ考えを深めさせる活動を取り入れることが有効であると考えられる。

　1年生のとき，社会科においてイスラームにおける食の戒律である，ハラールについて学んでおり，イスラームに対する認識は高いと感じる。しかし，宗教的な服装により，国際大会で出場禁止になると思っている生徒は皆無であると考える。

(3) 本資料は，国際サッカー連盟(FIFA)が2012年ロンドン五輪予選で，女子サッカーのイラン代表チームに対し，服装を理由に出場禁止処分としたものによる。その理由に，FIFAは「ヒジャブが競り合いの際に首が絞まる危険性がある」，「宗教を持ち込まない」などの理由を挙げた。一方，イラン側は，「サッカーはすべての人のもの」であると主張し，ヒジャブ禁止条項の廃止を訴えた。内容項目4－(1)と4－(3)にかかわることであり，出来事が起きるまでの経緯をたどりながら，「ルールの遵守・安全性」，宗教とかかわっての「スポーツにおける平等性」といった視点から，現代社会の諸問題に迫る授業である。

　指導にあたっては，出場禁止になった選手たちの気持ちを考えさせた上で，「ルールの遵守・安全性」や宗教とかかわっての「スポーツにおける平等性」の複数の視点からこの出来事を考えられるように，根拠となる発言や資料などを用意し，議論を活発化させたい。また，FIFAの理事として，決定するように伝えることで，自分の立場を決定することに責任を持たせて，当事者性を高めるように心がけたい。その上で，意見を深めるために，4人グループで活動させ，ひとつのグループを「認める」側と「認めない」側に分けた会議を行わせる。また，二度にわたる意志決定の場面を設けることで，その変容が見やすいようにネームカードを用いる。認める，認めないといった立場に立って，賛否だけを話し合わせるだけではなく，なぜ認めるのか，認めないのかの理由付けが深まるように心がけたい。

4　本時の学習指導

(1) ねらい

　異文化の理解や公正・公平の観点から差別や偏見のない社会づくりを行うといった現代的課題に対して，自ら考え，主体的に判断し，その考えを交流して深めることができる。

(2) 準備物　ワークシート・サッカーに関する写真・イラン国歌・ホイッスル

(3) 学習指導過程

学習内容及び活動	教師の支援活動及び指導上の留意点
1　写真の選手たちが何をしているかを考える。	・写真からわかったことを自由に語れるように，4人グループにしておく。 ・意見が出ない場合は，これまでの社会科学習を思い出すように助言する。

・イラン女子サッカーチームが出場禁止になり，跪いている場面	・選手たちの足下にある国旗に注目させることで，試合が始まる前であることに気づかせたい。 ・イラン国歌を生徒に聴かせることで，試合前の雰囲気を再現させた上で，出場禁止になったことを伝える。
2 選手たちの気持ちを考える。 ・出場禁止の宣告を受けた後の，選手の気持ち ・出場禁止の理由を聞いた後の選手の気持ち	・いくつかの写真を見せながら分かりやすく説明し，サッカー未経験者にも出場禁止の理由のポイントが理解できるようにさせる。 ・出場禁止の事実を自分の問題としてとらえさせるために，出場禁止の理由を聞く前と聞いた後の選手の気持ちを考えさせる。 ・ある選手のインタビューを紹介し，出場禁止になった選手の気持ちを深くとらえさせる。
あなたは，このチームの出場を認めるか，認めないか。	
3 自分の立場とそう判断した理由を明確にする。 ・認める側 　差別よりルールを変更すべきである ・認めない側 　相手にけがをさせるべきではない	・FIFAの理事として，決定するように伝えることで，自分の立場を決定することに責任を持たせる。 ・ネームプレートを用い，それぞれの立場を黒板に貼らせ，他者の意見との交流を図りやすくさせる。 ・FIFAも何度も勧告していることを伝えることで，突然の決定ではないことを理解させる。 ・「サッカーはすべての人のもの」という言葉から，平等などの言葉を連想させることで，生徒の判断理由の一つにさせるとともに，安全性などルールを重んじる「認めない」側の理由との対立を生み出させる。
4 グループ毎に会議を行う。	・「認める」側と「認めない」側が半数になれば，それぞれを異なった立場に立たせ，会議を行わせる。また，数に大きな違いがあり，会議が成立しがたいと予想される場合は，便宜的にグループを「認める」側と「認めない」側に分けた会議を行わせる。 ・会議によって，自分の考えを仲間に知ってもらったり，逆に仲間の考えを聞いたりすることで，自己の考えを振り返らせる。
5 自分の立場を明確にするために再度，意志決定する。 ヒジャブ禁止条項の廃止を訴えるため，ヨルダン（イスラム国）のアリー王子が東京でのFIFA理事会に出席した…。この理事会であなたはどのように決定をするか。	・考えの変容を図るため，選手の気持ちや自分の考え，会議での内容を振り返らせる時間を設ける。 ・理事会の場面を設定することで，考えの変容を表出させやすくさせる。 ・考えの変容した生徒，考えがまとまらない生徒の意見を積極的に取り上げる。 ・本時の学習を振り返り，「ルールの遵守・安全性」，宗教とかかわっての「スポーツにおける平等性」といった点を再確認して，異文化の理解や公正・公平の観点から差別や偏見のない社会について考えさせる。

② **本授業の背景－相対主義をこえて－**

　本題材だけでなく，フランスのスカーフ事件[2]からも分るように，「宗教に関する寛容の態度などに関」する授業は，相対主義の問題が問われる。倫理学が学問として成り立つかを考察した坂井(2007, 25)は，「道徳問題に複数の答えが可能であることは，倫理学の存立可能性に少しも脅威を与えない。この意味では，『みんな違ってみんないい』。しかし，『違う』から『いい』のではない。そう言うためには，自分の道徳判断を理性的に正当化するという条件を満たさなければならない。」とした。相対主義と正対したコールバーグから，自分の道徳判断を理性的に正当化する術を考えてみた。

　隈元(1993, 88)によれば，コールバーグは，現代社会の危機的状況である道徳的価値の崩壊の大きな理由の一つに，文化的・倫理的相対主義の蔓延を挙げ，相対主義の本質的意味に関する誤解から，社会科学上の様々な基礎概念との誤った関係が樹立され，混乱を深めると言う。隈元(1993, 89)によれば，コールバーグは，その誤解を次のように捉える。「文化相対主義」は，道徳原理は文化に応じて異なるという文化人類学的事実を主張し，「倫理的相対主義」は，「文化相対主義」を受容した上で，そのような道徳原理間の相違を調停し一致にもたらす合理的な原理や方法はない，と主張する。多くの社会科学者に擁護される価値の相対主義は，「文化相対主義」と「倫理的相対主義」との混同による。普遍的に受容される倫理的規準はないという観察的事実から，普遍的に受容されるべき規準はないという倫理的原理が導出され，これは自然主義的誤謬だとコールバーグは言う。そこで，コールバーグは，道徳教育を「正義」や「善」の具体的内容を教えることと捉えず(それをすると，特定の価値の注入へと陥る)，価値づけの過程に注目する。コールバーグは，どのような過程によって判断が生じるかは，判断の導く心の構造に依存し，その構造化には，人間の道徳的成長に対応した幾つかの

段階があり，上の段階ほど適切な判断が下せると考える。心の構造は，どのような理由によってある行為をよしとするかという理由づけの構造であり，この構造化の仕方に，道徳的に見て高い理由づけを導くことができるものと，低い理由づけしか導かないものとが，段階的な順序性をもって存在し，このような構造と順序性[3]は，文化や時代を超えて人間に共通する，と言う（隈元 1993, 95-96）。このコールバーグの考え方に導かれ，本授業は，内容項目4-(1)と4-(3)に関わる「ルールの遵守・安全性」と宗教とかかわっての「スポーツにおける平等性」の点から討論をさせた。

(4) 終わりに

杉原千畝記念館で，ある方から「宗教のような小さいことが，氏の判断に影響を与えるわけがない」と言われた。幸子夫人が，「私を頼ってくる人々を見捨てるわけにはいかない。でなければ私は神に背く」（杉原 1990, 204）と千畝の言葉を記したことをどう捉えるのか[4]。「宗教のような小さいこと」という認識は，「宗教が社会で果たしている役割」の無理解から来ていないか。インドネシアの味の素追放事件[5]を見ても，宗教は小さなことではない。「宗教のような小さいこと」という認識こそ問題である。菅原の「宗教的情操の分野は，しばらく無理かな」との嘆きも，「宗教のような小さいこと」という認識から生まれていないか。生き方と関わる宗教にもっと目を向けるべきである。

注

1) 例えば，平成20年度学習指導要領中学校社会では，各分野の特質に応じ宗教に関する学習が組み込まれた。地理的分野では，世界各地の生活と宗教とのかかわりや，世界の主な宗教の分布について学習するようになった。歴史的分野では，我が国の歴史の背景となる世界の歴史の扱いを充実させる中で，宗教のおこりについて学習するようになった。公民的分野では，国際社会における文化や宗教の多様性について学習するようになった。
2) 1989年にパリ郊外の公立学校に通うムスリムの女子生徒がスカーフ（ヒジャブ）を被って授業をうけることが，非宗教性に反するとして問題となった。2004年に，公立学校での宗教的表徴の着用を禁じる「反スカーフ法」が制定された。日本でも，宗教と教育をめぐる訴訟（剣道実技を拒否して退学処分を受け適法性をめぐる争いや日曜日参観授業を欠席した児童の欠席記載の合憲性をめぐる争い等）があった。これらは，"より公平でより世俗的"であろうとする国家（公教育）にたいし，個の内面の差異性が"寛容"されることを求めて，国家に"不平等のなかの自由"を要求する図式」（山口 1998, 36）である。"異なる権利"への"寛容"を限りなく求める価値相対主義を応援する社会的背景を，山口（1998, 29）は，次のように説明する。

> 近代人権思想が措定する平等の前提にあるのは，公共意識にもとづいて理性的に行動できる"抽象的個"である。普遍人権が擁護の対象としたのは，この"抽象的個"の集合体としての"人一般"にほかならない。しかも，その"人一般"の要素は同時に，社会的属性や思想・信条によって差別されない"平等で自由な個"である。したがって，独立した個人の自由な自己決定・主張は，個の本性としての差異性認知を，すなわち"平等なき自由"を求めるようになるのは当然の帰結である。－中略－宗教的少数者の権利要求は，"人一般"に与えられた普遍的権利を媒介として，つねに個別的差異性の承認を，すなわち"平等なき自由"を社会に対して要求するものであったといえる。

3) コールバーグの心の構造とその順序性の詳細については，隈元（1993）を参照。
4) 渡辺（2009, 96）が，幸子夫人に杉原の「査証を出しときの心境にふれ，『私を頼ってくる人々を見捨てるわけにはいかない。でなければ私は神に背く』と記されていますが，これには多分に宗教的な匂いがします。こうした考え方はお二人が信仰するギリシャ正教の教えに通ずるものですか？キリスト教徒であるが故にユダヤ人に敵対的ということもありえるだけに，特定の宗教を持たない私には理解できないところがあるのですが…」と尋ねた際，夫人は「自分たちが洗礼を受けたのは事実ですが，特別に敬虔な信者というわけではありません。だから，今では本のあの表現は，誤解を与えるものだったと思っています。」と答えた。だが，言わないことを夫人が書いたとは思えず，千畝のこの言葉をどう捉えるかという問題は残る。
5) 2000年に「味の素」の原料にイスラームで禁忌される豚肉使用の疑いがあると噂が流れた。豚の成分は使用していないが，発酵菌の栄養源を作る過程で触媒として豚の酵素を使用していたため，現地法人社長が逮捕され，味の素製品は同国の食料品店から姿を消した。同社は2001年（平成13年）2月に商品回収を終了，触媒を変更したことにより販売許可が下り，社長も釈放され，製造販売を再開した。

参考文献

伊藤裕康　1993「六千人の命」荒木紀幸編著『資料を生かしたジレンマ授業の方法』明治図書, pp. 77-79
伊藤裕康　2000「新学習指導要領と生活科授業づくりの諸問題に関する一考察」広島文教教育14巻, pp. 49-60
加藤西郷　1999『宗教と教育　子どもの未来をひらく』法蔵館
坂井昭宏　2007「倫理学は学問として成り立つのか」坂井昭宏・柏葉武秀編『現代倫理学』ナカニシヤ出版, pp. 3-25
隈元泰弘　1993「認知発達論の基礎構造」佐野安仁・吉田謙二編『コールバーグ理論の基底』世界思想社, pp. 87-112
菅原伸郎　2005『宗教の教科書12週』トランスビュー
杉原幸子　1990『六千人の命のビザ』朝日ソノラマ
髙德　忍　2010『対立と対話　「いじめ」の問題から「対話」の教育へ』つげ書房新社
山口和孝　1998『子どもの教育と宗教』青木書店
渡辺克義　2009「報告　駐カウナス日本領事館臨時領事・杉原千畝夫人，杉原幸子氏との会談（1993年8月4日）覚書」山口県立大学国際文化部紀要第2号

3　多様な方法による道徳授業

(1)　アンケート調査から考える中学生が望む道徳授業とは？

　前述の道徳アンケートによれば、「道徳の時間が好きか」という問いに対して、肯定的な回答の生徒は72.3％であった。主な理由は、「資料を読んで、人の気持ちなどを考えるのが楽しい」「意見を発表したり、友達の意見を聞いたりできる」「自分のためになることが多い」「自分を見直すことができる」「正解はなく、自由に考えられる」「生き方を学べたり、自分の生き方に生かしていきたいという気持ちになったりする」である。ここに中学生が望む道徳授業のヒントがある。

　逆に、否定的な回答の生徒は27.7％であった。主な理由は、「自分の意見を言うのが苦手」「他の人の気持ちを考えるのが苦手」「自分の考えを書くのが苦手」である。否定的に考える理由は、道徳授業改善のヒントにもなる。否定的な回答の生徒から聞き取り調査をすると、「この時の登場人物の気持ちは？を何回も聞かれて、嫌だ」「この時の登場人物の気持ちを何回も書かされて、嫌だ」「わかりきっていることを聞かれることが嫌だ」という回答があった。これが中学生が嫌がる道徳授業のいくつかのパターンである。

　「道徳の時間は何をする時間だと思うか」という問いに対して、「自分の生き方について考える」「友達の意見や考え方を聞く」という回答が最も多く、次に「今までの自分を振り返る」という回答であった。つまり、子どもは道徳の授業のねらいや本質を理解している。

　「どのような道徳の授業を受けてみたいか」という問いに対して、「TVやDVDを使った授業」という回答が最も多く、次に「話し合いの多い授業」「みんなが意見を言えるような授業」「教員の体験談」「自分が共感できるような授業」「人としての生き方が学べるような授業」「自分を見つめ直す授業」と続いていく。

　アンケート結果からは、思春期の中学生だからこそ望む道徳の授業、思春期の中学生だからこそ嫌いな道徳の授業が垣間見える。まずは、このような中学生の実態を踏まえた上で、道徳の授業づくりをしていくことが大切である。次に、中学生だけでなく、小学生も含めて、ワンパターンの道徳授業にしないことである。時には、映像資料を使ったり、絵本を使ったりするなど、手を変え、品を変えながら道徳の授業を実践していくことが、中学校においては大切である。

(2)　多様な手法を使った道徳授業の実際
① **再現構成法**　…資料名「足袋の季節」（かけがえのないきみだから、学研、第2学年）

　「道徳の時間」が学習指導要領に位置付けられた1958（昭和33）年から副読本に掲載され続けている読み物資料に『足袋の季節』がある。本資料を扱う際には、文章が長く、大正時代という時代設定や貧乏で足袋が買えないことや、小樽の厳しい寒さ等を実感することが、子どもには難しい。

　そこで、再現構成法という手法を使って、『足袋の季節』の授業を行うと、生徒が深く考え、自分の中では成功した授業となった。

　再現構成法とは、文章資料を生徒の手元に渡さず、教員の語りでストーリーを進め、生徒と対話をしながら、道徳的価値や主題に迫っていく形で授業を進めていく。活発な発言や話し合いができるように机は後ろに寄せ、場面絵を貼った黒板を囲むようにして、生徒は椅子に座る学習形態をとる。この学習形態のメリットは、次の3点である。

ⅰ　座席は自由席で、仲のよい友達が近くにいるため、生徒の意見交流がしやすいこと
ⅱ　生徒と教員の距離が近いため、生徒のつぶやきを拾いやすいこと
ⅲ　場面絵をもとに教員の語りによる展開で、情景や登場人物の気持ちをイメージできること

　座席配置や場面絵を次頁に示す。

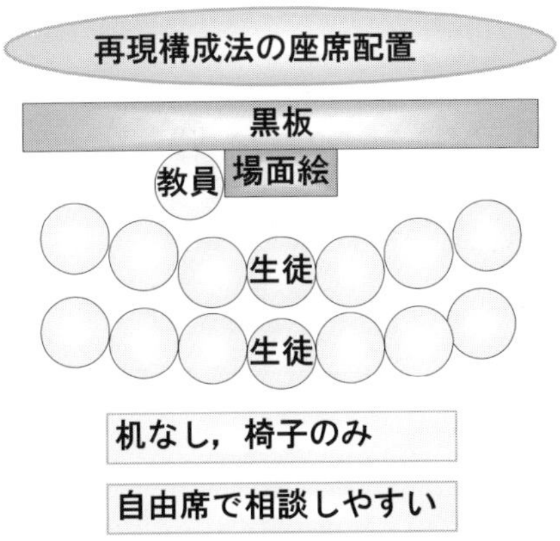

【図1　再現構成法の座席配置】

【写真1　場面絵と板書】

《主題名》［3−（3）］人間の弱さの克服

《ねらい》主人公と自分を重ね合わせて考えることを通して，人間には，だれにでも弱く醜い部分があり，それを克服しようとするところに人間の気高さがあることに気付き，誇りをもって生きていこうとする心情を高める。

《学習の流れ》　　○おもな発問，●中心発問

学習活動・おもな発問	指導上の留意点
1　冬の小樽をイメージする。	・場面絵①で小樽の冬の寒さ，降水量を強調しておく。
2　資料の内容を聞きながら，主人公の気持ちを考える。 ○おばあさんが「50銭玉だったね」と言った後，主人公はどう答えたかと思うか？その理由は？ ○「踏ん張りなさいよ」というおばあさんの言葉を聞いて，主人公はどんな気持ち？ ●なぜ，もちを買いに行けなかったのか？	・足袋がほしい主人公の気持ちを押さえておく。 ・場面絵②を提示し，足袋をはいていない主人公と貧しいおばあさんの様子を強調する。 ・ストーリーを止め，その後の主人公の言動を予想させることで，自分と主人公を重ねて考えさせる。 ・「踏ん張りなさいよ」というおばあさんの言葉をキーワードとして，黒板に貼る。  ・主人公の葛藤を心情円盤で示す。 ・生徒のつぶやきを聞き取る。 ・なぜ，主人公は，このことを長い間，忘れなかったのか？という補助発問も用意しておく。
3　主人公が言いたかったひと言を考え，ワークシートに記入する。 ○主人公は，何と言いたかったのか？	・じっくり考えさせるために，自分の座席に戻るように指示し，心が落ち着いたところで場面絵③を提示する。 ・自分と重ね合わせ，話し言葉で書かせることによって，深く考えさせる。
4　今日の学習を振り返り，自分の気持ちをワークシートに記入する。	・『私たちの道徳』P122を教師が読み聞かせする。目を閉じて聴きながら，本時の学習を振り返るように指示する。 ・授業後に『私たちの道徳』P122を教室掲示することにより，道徳の授業の日常化の手立てとする。

《準備物》場面絵①小樽の冬の風景
　　　　　場面絵②もちを売るおばあさんと主人公
　　　　　場面絵③果物かごを投げる主人公

【図2　場面絵①】

【図3　場面絵②】

【図4　場面絵③】

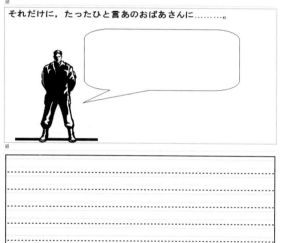
【図5　ワークシートの例】

道徳の授業で使用するワークシートは図5のパターンが多い。つまり，授業の中で生徒に書かせるところは，2～3箇所までに絞っている。一番上には，学習日，次に資料名，上半分はその時の授業によって異なる。図5のように吹き出しの時もあれば，空白にしておいて，参考になった友達の意見を意見をメモさせる時もある。下半分は，どの資料で授業をしても図5のパターンで，終末に本時の学習で学んだこと等を書かせるため，行数を多く設定している。一問一答型のワークシートは，道徳の授業には適していない。

再現構成法という授業手法に関する生徒の感想を以下に示す。「席が自由だったので，友達と話をしながら考えることができた」（50％）「絵があって，イメージしやすかった」（50％）「先生の話を近くで聞けたので，よかった」「大きく場面が変わるところで自分たちも席に戻ったのがよかった」「椅子だけで，手ぶらだったので集中しやすかった」

```
再現構成法に適している絵本の例
『わすれられないおくりもの』(評論社)
　作，絵：スーザン・バーレイ，訳：小川仁央
　中心価値：3－(1) 生命尊重

『しょうぼうじどうしゃ　じぷた』(福音館書店)
　作：渡辺茂男，絵：山本忠敬
　中心価値：1－(5) 個性伸長

『100万回生きたねこ』(講談社)
　作，絵：佐野洋子
　中心価値：3－(1) 生命尊重
```
【図6　再現構成法に適している絵本の例】

再現構成法を使って授業をする際の留意点を3点あげる。1点目は，場面絵についてである。人物を描くときには，表情があまり見えない角度にしたり，影絵風のものにするなどの工夫が必要である。2点目は，場面絵に台紙を付ける際には，台紙の色に注意することである。登場人物の絵に明るい色の台紙を付けるとうれしい等のプラスの気持ちに，暗い色の台紙を付けると悔しい，悲しい等のマイナスの気持ちに子どもを誘導してしまう可能性があるからである。3点目は，椅子だけという学習形態への工夫である。机がないため，書く活動がしにくい。そこで，書く活動をするときには，自分の席に戻らせ，心を落ち着かせた状態で書かせる。ストーリーや場面が大きく変化するところで席に帰らせることがポイントである。絵本は，再現構成法に適していて，あなどれない

存在である。特に，動物系の絵本は，表情があまりなくて考えやすいというメリットもある。

② **役割演技（ロールプレイ）** 資料名「キャッチボール」（かけがえのないきみだから，学研，第1学年）

　道徳の授業で役割演技を活用できる資料は多い。発達段階にもよるが，中学生も結構，喜んで役割演技をしたがる。様々な研究授業等で役割演技を活用した授業を参観するが，役割演技の基本を知らずに実践している例が多いように思える。

　役割演技の注意点は，役割を交代させることである。読み物資料「キャッチボール」を例にあげると，ここでキャッチボールをしてはいけないことを知っていながらキャッチボールをしている明夫と小さい子どもを連れて通路を通ろうとして明夫に注意するおばさんの2人に注目して，役割演技をさせる。明夫の役，おばさんの役を演じて，「どんな気持ちだったか」を聞いて，役割演技終了という授業をよく目にする。役割演技をすることによって，その立場，相手の立場に立つことができる。そのため，1回目の役割演技で明夫役を演じた生徒は，2回目はおばさん役を，1回目におばさん役を演じた生徒は，2回目は明夫役を演じる，つまり，役割交代をするところがポイントである。役割交代をすることで，初めて相手の立場に立つことができる。両方の役を演じるからこそ，考えられることもある。生徒全員に役割演技させることは，なかなかできない。そのため，代表者に役割演技をしてもらい，それを見ているギャラリーに意見を聞く，ここも役割演技の際のポイントである。ギャラリーは両方の立場に立って役割演技を見ている。「私なら，こんなふうに演じるのになあ」と考えている生徒もいるはずである。安易に役割演技を取り入れるのではなく，目的や注意点を知った上で，中学生も喜ぶ役割演技を取り入れてほしい。

③ **えんぴつ対談** 資料名「父の仕事」（かけがえのないきみだから，学研，第2学年）

　読み物資料「父の仕事」は7ページと長い資料である。このような長い読み物資料を使って授業をする際には，副読本をそのまま，道徳の授業までに宿題や朝学習の時間に事前に読ませておく等の工夫も考えられる。また，資料を区切って，分割してプリントにして，生徒に配布するという工夫も考えられる。その際，どこで資料を区切るのかがポイントとなる。生徒に考えさせたいところで資料を区切るのがよいと思う。「この後，主人公は，どうしたと思う？」などと考えさせることができるからである。

　「父の仕事」では，体を壊して長年やってきた大衆食堂を畳もうとしている父と新幹線の食堂で主任コックをしている息子の前半部分を読ませ，ストーリーの内容を押さえておく。その後，後半部分でえんぴつ対談を取り入れる。

　えんぴつ対談とは，自分なりに登場人物になって対話し，登場人物はおそらくこう考えるだろうと自分が想像して書く方法である。小学校では国語の時間に活用されているようである。

　「父の仕事」では，えんぴつ対談を使って，父の大衆食堂を息子が継ぐか，継がないかを論点に図7のシートにしゃべらず，登場人物になりきって吹き出しに書いて，相手と対話していく。自分一人の考えではなく，相手がこう書いているから，それを受けて，自分はこう書いて返そうなどと相手があっての対話なのである。また，お互いが話すのではなく，書くことに意味がある。文字として残るからこそ，相手が書いたことを読み返して，より深く考えて書くというメリットがある。中学生も学年が上がるとなかなか発表しなくなってくる。しかし，えんぴつ対談であれば，隣の生徒といわゆる筆談であるため，熱心に取り組む。私は，大学の道徳教育論の授業の中で大学生にさせたが，大学生も熱心に取り組み，考えが深まったようである。

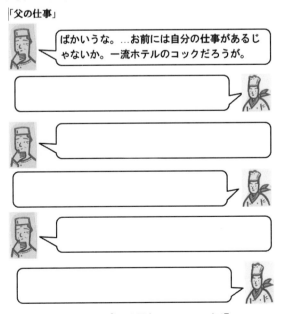

【図7　えんぴつ対談シートの例】

```
道徳の授業と他の教育活動との関連
【総合的な学習の時間】
  ・仕事のやりがいについて
  ・職業調べ
【道徳の時間】
  ・「父の仕事」
【総合的な学習の時間】
  ・職場体験学習
```

【図8　道徳の授業と他の教育活動との関連】

全国的に第2学年で職場体験学習を実施している。総合的な学習の時間の枠で職場体験学習を実施する学校が多い。職場体験学習という体験活動を有意義なものにするためにもぜひ「道徳の時間」との有機的な関連を図りたい。図8には，「道徳の時間」で「父の仕事」の授業を行った。その後，職場体験学習を行い，勤労の尊さだけでなく，家族愛や感謝についても考えるようになる。図8では，体験活動の事前に行う「道徳の時間」であるが，体験活動の事後に行う「道徳の時間」も意義深い。中心価値［1－（5）］充実した生き方，関連価値［4－（5）］勤労の尊さ，関連価値［4－（6）］家族愛についての道徳的価値について学習する。職場体験学習後に異なる職場での体験を振り返り，クラスで共有することで，その体験活動に道徳的な意味付けを「道徳の時間」で行う。体験活動を事前に行う「道徳の時間」や事後に行う「道徳の時間」でサンドイッチするスタイルが理想である。

④　NHK「道徳ドキュメント」を使った授業
　　　資料名「思い出修復します」（編集版）（NHK道徳ドキュメント）第2学年
　テレビでも放送しているNHK「道徳ドキュメント」は15分間であり，小学校の45分授業，中学校の50分授業の中でも使いやすいものである。
　NHK「道徳ドキュメント」は，キミならどうする？，人生はチャレンジだ，人とつながるという3つのシリーズで構成され，年間20本放送されている。録画予約をしておけば，手軽に活用できる映像資料である。使い勝手のよい映像資料であるだけでなく，NHKのHPでは，ビデオクリップ（全編視聴可），ワークシート，指導案，スライドショー，重要シーン画像といった教材も公開している。HPにあるイラストや重要なシーンの画像をプリントアウトして，黒板に提示することも可能であり，非常に活用度の高い教材である。
　現在のNHK「道徳ドキュメント」はドキュメントを通して学ぶ，小学校高学年から中学生向けの道徳番組である。具体的には，以下のような工夫で中学校でも有効に活用できる。

i	タイトルを出さないで，映像資料のタイトルを生徒に考えさせる。
ii	途中で映像を止めて，生徒に考えさせ，続きの映像を流す。
iii	アナウンサーのコメントやナレーションを編集でカットする。

　上述したi～iiiのように，同じ映像資料でも子どもの発達段階に応じた活用方法がある。つまり，中学生に応じた切り口や関連する内容項目等、小学校とは少し異なる場合もある。
　私が上記のii，iiiの工夫をして，第2学年で，「思い出修復します」（編集版）（NHK道徳ドキュメント）を活用して道徳の授業を実践した。その道徳授業の意図を以下に示す。
　i　本映像資料「思い出修復します」に出てくる漆塗り職人の石川さんの仕事のやりがいと難しさを考えさせ，そのような石川さんの生き方に共感させることに適している。そして，様々な生き方がある中で，石川さんの生き方を一つのモデルとして示すことで，自分の生き方を主体的に探していこうとする意欲を高める上でも有効である。
　ii　小学校5・6年生向けに作られた本映像資料を中学校の道徳の時間で扱い，道徳的価値をより深めていこうと考えた。つまり，小学校高学年と中学校との接続性を鑑み，また，小学校高学年と中学校の内容項目の違いから，人間としての生き方という視点にまで発展させて，本映像資料を扱いたい。
　iii　学級担任以外も道徳の授業を行うことが学習指導要領でも強調され，平成26年10月21日の

中教審答申にもこの考え方は継続している。授業実践当時，総合的な学習の時間の計画・運営をしている学年主任の立場で，学年道徳として本資料を使って授業を行うことで，職場体験学習に向けて学年団としての共通の意識をもたせたいと考えた。普段の道徳の授業では聞くことのできない他のクラスの友達の意見を聞き，自分を振り返ることで道徳的価値を深く自覚させたい。

iv　総合的な学習の時間に学年団で共通に視聴したDVD「平成若者仕事図鑑　美容師編」の内容や第１学年時の屋島集団宿泊学習で聴いた屋島水族館の飼育員さんの話とも関連をもたせることで，補充・深化・統合を図りたい。

v　道徳の時間と他の教育活動（総合的な学習の時間）との関連を図り，職業に関する生徒の意識を点から線へとつなげ，職場体験学習への意欲付けとしたい。

《主題名》

1－(5) 充実した生き方	1－(4) 理想の実現	4－(5) 勤労の尊さ
関連価値	中心価値	関連価値

（なお，小学校での扱いは，勤労の尊さである。）

《学習指導計画》

		配当時間	実施月日	時間の枠
(1)	いろいろな職業を分類しよう	１時間	4/16	総合的な学習の時間
(2)	働くことの意義を考えよう（保護者アンケートより）	１時間	4/23	
(3)	職業ウォッチング（本，インターネット,DVD視聴）	４時間	5/12,14,26	
(4)	職場体験学習事前指導	４時間	6/18,23,25	
(5)	**働く喜びから充実した生き方へ**	**１時間**	**（本時）**	**学年道徳**
(6)	大人って，すごい！	１時間	7/16	学級道徳
(7)	職場体験学習	３日間	9/7,8,9	総合的な学習の時間

《ねらい》石川さんの生き方に共感することを通して，働くことの喜び（やりがい）が充実した生き方（生きがい）につながることに気付き，主体的に自分の生き方をさがそうとする心情を高める。

【写真２　体育館での学年道徳の様子】　　【写真３　重要シーン画像を活用した板書】

《学習の流れ》

学習内容・学習活動	指導上の留意点
1　今までの総合的な学習の時間を振り返る。	・他の教育活動との関連を意識させ，職業シリーズの一環としての本時を位置付ける。
2　DVDを視聴し，石川さんの仕事の喜びと難しさについて考える。	・石川さんの写真（NHKのHPより）を提示し，仕事の内容を紹介する。
なぜ，石川さんは思い出工房という名前を付けたのだろうか。	
(1)依頼人①の反応から考える。 　（仕事の喜び）	・生徒が考えやすいようにDVDを2分割して視聴させる。 ・依頼人①（イラストはNHKのHPより）の反応から，石川さんの仕事はものを直すだけでなく，思い出もよみがえらせていることに気付かせる。
(2)依頼人②の反応から考える。 　（仕事の難しさ）	・依頼人②（イラストはNHKのHPより）が残念そうなのは，なぜかを考えさせることで，中心発問に迫りたい。 ・生徒の意見を類型化して板書すること（補助教員の手伝い）で，自分が気付かなかった友達の意見を印象付け，他者受容感を高めたい。 ・補助発問を用意し，今までの総合的な学習の時間の内容と関連付ける。（補充・深化・統合） ・「心のノート」P111を読み，自分の生き方を考える手がかりとしたい。
3　日常生活で難しさを乗り越えた後の喜びの経験について，意見交流をする。	・スパイラルの図を提示することで目標実現がゴールではなく，スタートであることに気付かせたい。 ・普段は聞けない他のクラスの友達の意見を聞く場を設定する。
4　今日の学習を振り返り，充実した生き方についての自分の考えをワークシートに記入する。	・石川さんの生き方を通して，どの仕事にもやりがいと難しさがあり，難しさを乗り越えた時に充実感があり，それが生きがいにつながっていくことに気付かせたい。 ・補助教員に机間指導してもらい，よい意見を書いている生徒の胸ポケットに色画用紙カードを入れることで，意図的指名を行う。 ・生徒の意見を類型化して板書すること（補助教員）で自分の意見と友達の意見を比較させ，道徳的価値をより深く自覚させたい。

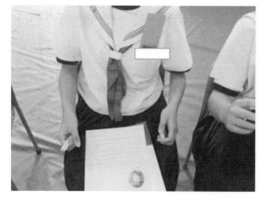
【写真4　胸ポケットに入れた色画用紙】

【写真5　ワークシートに記入している様子】

　なお，この授業は，学年団道徳として，体育館で授業を行ったが，普段の道徳の授業でも実践可能である。私は，他の学年（第3学年）のあるクラスでこの授業を実践した。

《生徒のワークシートより》
○今まで仕事の話をいっぱい聞いてきて，みんな「仕事はやりがいがある」と言っていて，「やりがい」って何だろうとずっと思っていました。でも，石川さんのお話を聞いて，やりがい＝生きがいだと知りました。
○その人の考え方や大事なものをよく理解して，相手のことを思っていると難しさを乗り越えることができるんだとわかりました。私の父母も相手やお客さんに喜んでもらえる時がうれしいと言っています。私も喜びがわかるように，今しなければいけないことを一生懸命にして，これからのことも考えたいです。
○夢をかなえるためにも，夢をかなえた後でも努力が必要だと感じました。夢をかなえるまで，とてもしんどくて苦しい道のりもあるかもしれないけれど，粘り強く続けていきたいと思いました。小さな一歩でも毎日あきらめず，どんどん続けていきたいと決意しました。

⑤ 心情曲線を使った授業

私が道徳の授業で心情曲線を活用しようと思ったきっかけは，小学校では国語の時間によく活用しているという話を聞いたことである。このように小学校で活用している手法を中学校でも活用することは大切である。

元ニートが目標をもつことで困難を乗り越え，周りの人たちに支えられながら，充実した生活を送るという内容のDVD（「うどんとニートとルミばあちゃん」）を使用した。映像を視聴しながら主人公の心情について考え，心情曲線をかくことで，目的意識をもたせたり，自分と重ね合わせたりする。以下に生徒がかいた心情曲線を示す。心情曲線をかいた後，「心情曲線がマイナスになっているところで，水谷さんは，どうやって乗り越えていったのだろうか？」という中心発問を考えさせた。なお，心情曲線は，読み物資料「長縄跳び」（かけがえのないきみだから，学研，第1学年）等，いろいろな資料で活用できるものである。

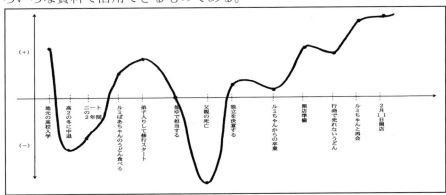

【図9　生徒がかいた水谷さん（主人公）の心情曲線】

⑥ CD（曲）を使った授業

中学生は日常的に音楽を楽しんでいる。それは，リズムだけではなく，その歌詞にも心動かされているからである。そのため，道徳の授業で曲を活用することも有効である。例えば，読み物資料「償い」（かけがえのないきみだから，学研，第2学年）と曲「償い」（さだまさし），「私たちの道徳」の中にあるコラムと歌詞「旅立ちの日に」と曲「旅立ちの日に」等，読み物資料と曲のコラボレーションである。また，曲「3月9日」（レミオロメン），曲「心のノート」（大野靖之）も道徳の授業に活用できる。

紹介しきれなかったモラルジレンマ資料，心情円盤，エンカウンター的道徳など，様々な方法による道徳の授業が展開できる。これまで，多様な手法による道徳授業について述べてきたが，「手法ありきではない」ことを忘れないでほしい。あくまでもこのような手法を活用する目的は，道徳的価値の自覚を深めるための一つの手段（ツール）にすぎないのである。「道徳の時間」のねらいは何か？を忘れないで，道徳の授業を楽しんでほしい。楽しみながら道徳の授業の準備をし，子どもとともに楽しみながら，生き方を考え，教師力をアップさせる若年教員を待ち望んでいる。

4 学校経営と道徳教育～全校集会・学年団道徳・全校道徳からの発信～

(1) なぜ,「全校」なのか?

学習指導要領にもある「校長や教頭などの参加,他の教師との協力的な指導などの工夫」の実現には,全教師が共通意識をもって取り組み,生徒に様々な角度から接する体制が必要である。また,そこから,普段の授業では気付かなかった新たな発見が生まれるかもしれないとも期待した。そして,何よりどの教師も常に前を向き,生徒の行動・心情・友人関係・家庭環境等に気を配って根気強く教科や部活動の指導をしている素地があることも大きい要因であった。

(2) なぜ,「道徳」なのか?

中学校において、道徳は全教師にとって,最大公約数的な研究のポジションを占めるものであり,学級担任を中心に誰もがかかわった経験がある。それを生かして教科の壁を越えた研修を展開すれば,生徒にも教師にもプラスになる相乗効果が得られると考えた。

(3) だれに何を「発信」するのか?

① 生徒に心の揺さぶり(感動,発見,再認識,希望など)を発信し,日常生活に生かすとともに自らの成長を実感できるようにする。
② 教師に教材の開発や授業の工夫を発信し,より一層生徒理解が図れるようにするとともに指導体制の確立をめざすようにする。
③ 保護者に道徳の授業の重要性や心の教育の大切さを発信したり,地域に学校の様子を発信したりして,家庭・地域との相互の連携を深めるようにする。

【写真 入学式でのメッセージ】

(4) 全校集会や行事

道徳的要素を組み入れた内容を精選し,「校長の話は堅苦しい」という概念を打ち破り,「次の集会は何だろう」と思える意識改革を図りたいと考えた。話を聞くという受身的なイメージから,自らもかかわるという能動的な方法を工夫し,強くインパクトを与えるようにした。そのためには,常日頃の声かけ等で生徒や教師との距離を縮めておくことも必要条件の一つである。

【実践例】

①「中学時代に『しんゆう』をつくろう」(4月)[2-(3)友情]---「しんゆう」と発音する言葉(親友,新友,伸友,信友,真友,心友,進友)を一字ずつ書いた画用紙を提示し,3年生に持たせ,その意味を発表させた。この紙を3年全学級に掲示して,日常生活の中で意識付けを図った。

②「あいさつをしよう」(5月)[4-(7)よりよい校風の樹立]--- 教師数人との役割演技で,先に私が「おはようございます」と言うと,A=目を見て,あいさつをして通り過ぎる,B=あいさつをするが,目を見ずに通り過ぎる,C=何も言わずに(無視)通り過ぎる,の3パターンを見せ,自分たちの生活を振り返らせた。CM「あいさつするたび,友達増えるよ」(AC-Japan)も録音して聞かせた。翌日のあいさつは,効果抜群で反響の大きさに驚いた。

③「『これが○○中だ!』とアピールしよう」(5月)[4-(4) 集団生活の向上]---1か月後に迫る運動会を地域の人たちに自分たちの良さをアピールする絶好の機会と捉えさせた。各部のキャプテンにステージ上で「名門○○中の底力を運動会で見せようじゃないか」と訴えさせた。その後,全体練習の前に生徒会長がスローガン「輝跡」と書いた紙を示して全校生の士気を高めていた様子を見て,少しずつ意図が浸透している手ごたえを感じた。

④「望みを高くもとう 心を広くもとう」(6月)[1-(5)充実した生き方]---曲当てクイズと称して,校歌をピアノで演奏した。歌詞の中にある「望みは高し山のごと 心は広し海のごと」を取り上げ,希望をもつことは若者の特権であることと,寛容の気持ちは相手の心を温かくすることを説いた。同時に地域の祭りに参加し,清掃等のボランティアに参加した中学生に寄せられたお礼の手紙を披露した。これを機に地域の方々からの学校への期待や改善点をできるだけ積極的に公開して,人のために役立つことの素晴らしさや自尊心の向上に努めた。

⑤「夢はきっとかなう」(9月)[1-(4)理想の実現]---体育館後方に「Let's begin!」と書いた紙を予め掲示しておき,後ろを振り向かせ,「とにかく何からでもやっていこう」と呼びかけた。校内のいろいろな場所にこの言葉を掲示することで,意識の継続化を図ることをねらった。

(5) 学年団道徳

　学校の中で少しずつ全校集会の話題が出るようになり，入学式で漠然と感じていた生徒や教師の愛校心は確信へと変わりつつあった。また，学年団を中心とした教師間の連携もよく，生徒の成功を自分のものと捉えていっしょに喜んだり，逆に失敗をともに悲しんだりする姿勢に心温まるものも感じていた。そこで，生徒・教師・保護者を巻き込んだ道徳の授業をすることで，生徒間のつながりの深化，教師の道徳に対する意欲の向上，地域に発信する学校評価の拡大など，大いなる期待を抱いて学年団道徳の実践を試みた。

① 授業の工夫
- 体育館のスクリーンを板書の代わりにし，power point を活用して大画面での効果をねらった。
- 資料を数多く提示し，選択を増やすことで，多様な考え方を引き出す手立てとした。
- 教師同士での役割演技や映像・音楽・実演など，感覚に訴えることで，場面のイメージを描き易くするとともに親近感をもたせた。
- 意見交流やグループ活動を展開しにくいため，学年団教師による巡回指導を組み入れた。

② 発信の工夫
- オープンスクールの期間を利用し，より多くの保護者や地域の方々に実情を理解してもらった。
- 「学年団道徳」「校長が実施」といった興味を引くフレーズを提示することで来校意欲を高めた。
- 教師一人一人に役割を与え，学年団単位で工夫するよう課題を与えた。また，指導案に写真や挿絵を入れる等，分かりやすくして，「道徳は難しくない」という意識変革を試みた。
- 1、2年で全く同じDVDを使用して，違う価値観へと導くことで道徳の幅広い展開を知らせた。

(6) 全校道徳

　学年団道徳から発展させ，さらに学校の良さを発信させるねらいで全校道徳を実施した。

① 授業の工夫
- 校庭の石碑クイズや校歌のBGM演出によって，身近にふるさとを感じさせた。
- 文化祭に，校区の幼稚園長や民生委員など学校にかかわる方々をゲストティーチャーに招き，多方面から本校に寄せる期待を感じ取らせるようにした。

〔ねらい〕○○中学校を愛する先人・先輩の思いを校庭の石碑等から感じ，母校を大切にする心情をはぐくむ。（〔4－(7)〕よりよい校風の樹立）

学　習　活　動	教　師　の　支　援　活　動
1．クイズを解く。	校内外の石碑への関心を自己診断させ，振り返らせる機会にする。
2．○○中及び周辺の石碑について理解する。	石碑に託された想いを資料の裏付けを基に伝える。
3．○○中の良さについて考える。	○○中の良さをハード面（校風や伝統，物理的条件）とソフト面（生徒）の両面から考えさせる。校歌を聞かせることで，一層ムードを高める。
4．○○中の良さについて話を聞く。	ゲストティーチャーとパネルディスカッションをし，愛校心について考える機会としそれぞれの思いを感じ取らせる。
5．石碑に残す言葉を考える。	「もし，あなたが母校となる○○中学校に石碑を残すとしたら？」と問いかけ，心情を高めたい。また，保護者にも参加を呼びかける。
6．オリジナルの歌を聞く。	運動会のスローガンの紙を掲げ，美術部員にその願いを発表させる。
7．感想を書く。	○○中のイメージから作った歌「○坂から」をコーラス部と共に演奏する。

(7) 変容

　最近では、全校集会の話を長くしてもしっかりと注目して聞いており、まちがいなく距離が縮まっている。登下校のあいさつに限らず，様々な場所で元気なあいさつが聞こえてくるようになり，教師との会話にも笑顔が見られることからも推察できる。また，学校生活で生徒の出番を設定することによって「自分にはいいところがいっぱいある」といった自尊感情の高まりや自分を取り巻く環境への感謝の気持ちに気付かせるきっかけになった。教師も映像や役割演技、ディベートなどの手法を取り入れたり，TTに挑戦したりするなど道徳の発展を予感させている。保護者の学校評価にも大きな変化が見られ，特に「登下校の状況や服装など生徒のマナーはよくなってきていますか。」の肯定的回答（大変そう思う・ややそう思う）は前年比33％から73％に伸びた。また，「学校は保護者との交流の機会を適切に設けていますか。」では肯定的回答が94％と高い数値を示した。

5 命の大切さを学ぶ道徳教育

(1) 中学生として新たなスタートをきった子どもたちへ

　なぜ，中学校の最初の道徳の授業で命について考えるのか。それは，私たちが「今ここに生きている」存在であるからだ。自他の命について考え，尊重できる心情を育てることは，その後の全ての教育活動や家庭，社会生活においても重要である。

　現代社会において，いじめ・暴力行為等，生徒指導上の問題がクローズアップされて久しく，学校現場においても，命を軽視した言動をする生徒が増えている。情報化が進み，自然や人間とのかかわりが希薄になり，命とは何かということを考える機会が少なくなった。このような時代において，生命尊重の心情を高めることが，中学生の時期には非常に重要であると考える。その中で，一人一人が命について深く考え，心で感じることが道徳性の高まりにつながると考える。

　しかし，子どもたちは中学生ともなると自立も進み，ややもすると反抗的な言動が目立ち始める。そこで，保護者の愛情や深いつながりに気付かせ，今ここに自分が生きていることのありがたさ，精一杯生きられる喜びを実感させたい。また，中学校生活への期待や，将来に向けてよりよい生き方をめざすきっかけとするためにも，子どもたちに自分が生かされていることを深く考えさせたい。

　保護者には，中学校入学後，最初の授業参観で子どもたちとともに感じ考える中で，我が子の命の大切さについて再認識してもらう。保護者の温かい眼差しのもと，子どもたちは伸び伸びと成長でき，周りの人たちとの信頼感をはぐくむことができる。かけがえのない子どもたちのために，家庭と学校に何ができるのかを考え，共通理解を図り，協力して取り組むことをめざしたい。

(2) 命の大切さを学ぶ道徳教育実践　～第1学年の取り組みから～

①自分とは何者か　～学級活動～

　子どもたちは，中学に入学し，気持ちも新たに頑張ろうとしている。そこで，過去・現在の自分についてふと立ち止まって振り返る時間を取り，未来の自分はどのようになりたいのかを想像させることで，よりよく生きるイメージをもたせる。また，家族についても様々な場面を振り返らせ，保護者の言葉等をインタビューシートに書いてくることで，その存在のありがたさを再認識する。

②「命の大切さを伝えて」　～道徳の時間～

　本資料は実話で，映像資料であることから，読み物資料と比べると追体験しやすい。そのため，生徒の心に深く入り込み，より自分自身と重ね合わせて考えることができると考える。中学生の子どもたちに「命」について考えさせるには，自分たちにも起こり得る現実のこととして捉えさせることが必要である。本時では，どの子も大切な命をもっており，家族に大切にされているかけがえのない一人なのだということを気付かせ，考えを深める中で指導を進める。また，映像資料の活用のポイントとして，前半と後半部分に分けて視聴し，それぞれの内容をおさえ，母である共子さんの心情の変化についての発問をする。人は周りの人たちに支えられて生きていることに気付かせるなど，深まりをもたせる。最後に，共子さんからのメッセージを聞き，自分たちがこの授業を受けて感じたことや考えたことについて，共子さんへのメッセージという形でまとめを行う。その中で，自分はこれからどのように生きたいのかについて考える生徒が多くみられた。

写真　命の大切さを伝えて（道徳）

命の大切さを伝えて（道徳）のワークシート

第1学年　道徳学習指導案

1　主題名　自他の生命の尊重　［内容項目３－(1)］
2　資料名　命の大切さを伝えて（出典「NHK道徳ドキュメント」）
3　本時の学習指導
(1)ねらい　命には限りがあるからこそ，命を大切にし一生懸命に生きようという心情を高める。
(2)学習指導過程

学習内容・学習活動	予想される生徒の反応	教師の支援及び指導上の留意点
1　「命」という言葉から考えられることを発表する。	○一人に一つしかない大切なもの。 ○生きていくのに必要。	○いろいろな意見を発表させるために，つぶやきやすい雰囲気をつくる。
\multicolumn{3}{c}{「命」について考えよう}		
2　「命の大切さを伝えて」のDVD（前半）を視聴し，息子を失った共子さんの気持ちを考える。	○つらくて立ち直れない。 ○生きていく希望が無くなった。 ○周りの人を元気づけるのは無理。 ○息子を迎えに行かなかったことに後悔が残る。	○交通事故で突然息子を亡くした共子さんの気持ちを，DVDの内容を確認しながら考えさせる。
3　DVD（後半）を視聴し，共子さんの気持ちの変化について考える。	○息子の夢を叶えるために自分も行動する。 ○今の自分にできることは何かを考えている。 ○息子を亡くしても強く生きている。 ○つらい悲しいことを乗り越え，次の行動に移している。 ○多くの人たちに「命」を大切にすることを伝えたい。	○共子さんの気持ちが徐々に変化していった様子を板書でおさえながら，なぜ変わっていったのかを考えさせる。 ○班で話し合うことで，さまざまな意見を知り，自分の考えを広げさせる。
4　一人一人が輝いて生きるために，今自分にできることを考える。	○何事もあきらめずに精いっぱい努力する。 ○困っている人に進んで協力していく。 ○すべての「命」を大切にする。	○一人一人が輝いて生きるためには，これからどんな思いをもって生きていくべきかを考えさせる。
5　共子さんのメッセージを聞き，手紙を書く。	○今ここにいることに感謝して，毎日を一生懸命に生きたい。 ○周りの人たちを大切にすることで「命」を尊重していく。	○共子さんからのメッセージを朗読し，その思いを伝えることで，「命」の重さを再確認させる。

板書計画

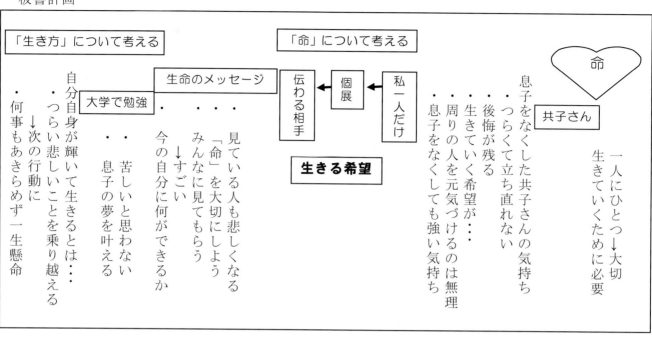

「生き方」について考える ／ 「命」について考える

命 — 共子さん

- 息子をなくした共子さんの気持ち
  - つらくて立ち直れない
  - 後悔が残る
  - 生きていく希望が…
  - 周りの人を元気づけるのは無理
  - 息子をなくしても強い気持ち

私一人だけ → 個展 → 伝わる相手

生命のメッセージ
- 大学で勉強
- 「命」を大切にしよう
- みんなに見てもらう
- 見ている人も悲しくなる
  - 苦しいと思わない
  - 息子の夢を叶える
  - 今の自分に何ができるか
  - →すごい

生きる希望

自分自身が輝いて生きる
- つらい悲しいことを乗り越える
- 何事もあきらめず一生懸命
  - →次の行動に

一人にひとつ → 大切 生きていくために必要

○○中学校のみなさんへ

生命を伝えるメッセージ展代表　鈴木共子

○突然、最愛のわが子の命を交通事故で奪われるという私の体験をどう受けとめられたでしょうか。

○私の体験は、だれもが体験してしまうかもしれないのです。つまり他人事ではないのです。特に交通事故は日常茶飯事に起こります。

○もしも自分に起こったとしたら想像してみてください。あなた自身の無念さ、そしてご両親の嘆き……。それだけで胸が詰まることでしょう。

○「やりたいこと、夢ばかりでいまの僕はまだ何もしていない。未知数だ。これからひとつひとつ手にしていって僕を生きていきたい。」という言葉を、息子は大学に合格した時に残しています。

○息子は生きたくても生きることができなかったのです。そんな息子が哀れでなりません。夢も希望も断ち切られたのです。

○みなさんは、自分に命があって、生きているということに何ら疑問を感じることはないでしょう。あたりまえだと思っていませんか？もしかしたら、命を輝かせる生きている命を生きているのです。

○みなさんは、その奇跡の命を生きているのです。生きていることは奇跡的なことかもしれません。夢や希望をもって、あなたの命を精いっぱい輝かせてほしいのです。

○挫折しそうになったら、生きたくても生きることのできなかった人たちに思いをはせてみてください。

○一人ひとりが命の輝きをもって生きていたら「生命のメッセージ展」で夢見ている「生命が大事にされる社会」も実現することでしょう。

○最後にみなさん、一人ひとりの命にエールを送らせてください。

（3）保護者からの感想（学級通信の返信より）

○ 命の大切さを感じるとてもよい授業だったと思いました。命については，毎日話をしています。
○ 命に対する意識が，私も息子も深まった授業だったと感じています。命はいつまであるか，その命のある限り悔いのないよう生きたいものです。
○ 命の大切さをクラス全体で考え，みんな自分のこととして捉えているなと感じました。「今を大切に」してほしいですね。
○ 「命」について，なかなか向き合って考えにくいテーマでしたが，親として，人としてすごく考えさせられました。涙が止まりませんでしたが，とても勉強になりました。ありがとうございました。

（4）「みんなに伝えたいメッセージ」（12月人権集会）より　〜学校行事〜

　12月に全校生徒参加のもと人権集会を行った。そこでは，自由に自分の思いを発言したり，質問したりできる。それに向け，これまでの道徳の時間などを振り返りながら，自分が今思っていること，考えていることを言葉にしてみようということで，「みんなに伝えたいメッセージ」をそれぞれが書き上げた。

「みんなに伝えたいメッセージ」のワークシート

　このクラスでは，左の文中にあるように，入院しているクラスメートのために，自主的に授業のノート等を書くようになった。また，一部の人たちだけでは大変だからという意見も出て，協力する生徒が増え，クラス全体が，みんなで助け合おうという雰囲気になっていった。

6 教育実習生の道徳授業から

(1) 教育実習生による道徳授業の実践方法

　教育実習生が道徳の授業を実践する上で，自分自身がこれまでに生徒として受けてきた道徳の授業や大学で学んだ授業づくりの体験や経験が基となるであろう。しかし，そうした体験や経験が十分でなく，実習に来て初めて道徳の授業づくりを経験する者も多い。また，他校種での実習を経験していても，全員が道徳の授業実践をしているとは限らないのが現状である。本校では各学級に7～8名の教育実習生が配属される。そのため，実習期間中に全員が道徳の授業を実践することは困難である。そこで，教育実習生が道徳の授業を実践するに当たり，配属学級の教育実習生全員で授業づくりを行うこととした。チームでの道徳授業の実践である。教育実習生は，道徳の授業づくりを行う上で，「どのようなことを取り上げればよいのか」「発問やまとめは，どのようにすればよいのか」「授業の形態としては，どういったものがふさわしいのか」など様々なことについて学びたいという意欲をもっている。その際，一人で考えるだけでなく，教育実習生同士で一つの道徳の授業をつくっていくことで，一人一人の考えを深めることができると考える。

　また，限られた実習期間ではあるが，チームで取り組むことにより教育実習生全員が道徳の授業づくりにかかわることができる。これは教育実習生が行う道徳授業の充実にもつながると考える。教育実習生がどのような道徳の授業を実践したか，事例を基に以下に示す。

(2) 教育実習生による道徳授業の実践内容
① 指導内容

　本校では，教育実習期間第1週目に配属学級にて道徳の授業を参観し，第2週目に教育実習生による道徳の授業実践を行っている。授業を参観後，学級ごとに，何を生徒に考えさせたいのか，そのためにどのような資料を用いるのか，そこでの効果的な授業の流れは，などについて話し合い，指導内容を決定している。それぞれの学級での実践内容は表1の通りである。

表1　道徳授業の実践例　　*資料の出典：「かけがえのない　きみだから　中学生の道徳　香川県版」学研より

学年		主題	教育実習生が設定したねらい	資料名
3	①	今の自分に感謝し，それにこたえる　【2－(6)】	多くの人に支えられて現在の自分があることに感謝し，それにこたえようとすることができる	「ありがとう」と言われる自分に，言える自分に
3	②	集団の役割と責任　【4－(4)】	集団の中で自分の役割を理解し，協力することについて考えることを通して，集団生活の向上に努めることができるようにする	一針一針
3	③	なりたい自分になるために何をすればよいのか　【1－(2)】	自分がどんな人間になりたいのかを見つめ直し，そのためには何をすればよいのかを考えることができる	ボクは新人
2	④	学校を愛する心　【4－(7)】	集団の中の一員として，どのような行動をすべきかを考えることができる	伝統で終わることなく伝説に
2	⑤	法やきまりの意義　【4－(1)】	自分の周りに存在するきまりの意義について考えられるようにする	昼休みの自由
2	⑥	自他の権利の尊重　【4－(1)】	自由ときまりの意義を理解し，所属する団体のきまりや規律に対応する意識を養う	昼休みの自由
1	⑦	公徳心　【4－(2)】	社会の秩序や規律を高めることの大切さを理解し，公徳心をもつことの大切さを自覚させる	キャッチボール
1	⑧	個性の伸長　【1－(5)】	自分らしさに気付き，それを伸ばして充実した生活を追求しようとする態度を養う	世界に一つだけの花
1	⑨	弱さの克服　【3－(3)】	人間には弱さもあるが，それを克服し，強く正しく生きる力もあることを信じで，人間として誇りをもって生きようとする態度を養う	つかの間の出来事

指導内容は，実際に生徒たちとかかわっていく中で，教育実習生一人一人が感じ取ったことを基にして，生徒に考えさせたいことはどういうことかを話し合い，決定された。今回の教育実習期間中は，文化祭を控えていた。そのため，生徒とともに文化祭に向けての準備を行う中で，生徒に今必要なことは何か，集団としてどのような行動をとってほしいかなど，感じ取ったことが基になり指導内容を決定した学級が多く見られた。その他，毎日の清掃活動をともに行って感じたことや，入試を控えた生徒の様子やその会話の中から感じ取ったことなどが基になった学級もあった。学級に配属された数名の教育実習生が，学級の生徒と個々にかかわることで生徒の実態が具体的に把握しやすくなる。その結果，それぞれの配属学級の生徒の実態に応じた指導内容が選定されていたといえる。また，授業を実践するにあたっても，生徒にどのような言動がとれるようになってほしいかということを具体的に捉えて実践できた。

② 指導方法の工夫
ア 授業の展開（導入部分）

生徒の実態に合わせて，どのような授業の流れにするのが効果的かを考える必要がある。生徒に考えさせたい道徳的価値について，生徒が自分のこととして捉えることができなければならない。そこで，道徳的価値への関心を高め，資料の中にどのような道徳的価値が存在しているのかを生徒に気付かせるために，授業の導入段階で生徒自身の体験を振り返る場面を取り入れた。生徒は日常生活において様々な体験をしている。その体験を振り返ることで，生徒が自分を見つめ直すことができ，授業への参加意欲を高めることができる。また，ねらいとする道徳的価値に関する意識をもつきっかけにもなる。そして，資料の内容へと導いていくことで，体験と道徳的価値とを結び付け，価値への関心を高めていくことができる。また，この場面において授業者である教育実習生も自らの体験を語り，生徒と同じ目線でともに考える姿勢を示すことより，生徒の授業への関心をさらに高めていくことができる。次の図1，2は，表1の第2学年⑥及び第3学年①の実践についての学習指導過程である。導入部分において，生徒の体験を振り返る場面が設定されており，資料の内容へと導き，道徳的価値へと方向付けるものとなっている（点線枠囲部分）。

図1　学習指導過程（表1　第2学年⑥）　　図2　学習指導過程（表1　第3学年①）

また，授業の導入部分で，教育実習生による劇や歌を取り入れる方法も実践された（図３，４）。ここで用いた歌には，ねらいとする価値につながる歌詞があった。そこで，劇を通して生徒の関心を高め，歌詞の意味をじっくりと考えることで，追求したい価値について生徒の意識を高めていくものとした。こうした取り組みにより，生徒が自然と資料の内容へ導かれ，道徳的価値について考えるきっかけをつくることができた。

図３　役を演じる教育実習生　　　　　　　図４　学習指導過程（表１　第３学年③）

イ　板書の工夫

　道徳的価値について感じたり考えたりするためには，資料について生徒一人一人がきちんと理解することが必要となる。資料に描かれている世界を生徒がしっかりとイメージでき，その状況や登場人物の心情などを把握することで，自分の考えを深めていくことができる。そこで，生徒が資料の内容を理解したり，資料を通して考えを深めたりすることができるような板書の工夫を行った。

　表１の第１学年⑦の実践では，資料の内容について場面絵を用いて表現した。資料を読み進めていくのに合わせて，場面絵を掲示することで，生徒が物語の状況をイメージしやすくなり，その内容を把握しやすくなった。また，物語の状況を生徒全員が把握することは，登場人物の気持ちを考えさせたり，道徳的価値に迫ったりすることに有効となった。このように，場面絵を用いることで，視覚的に訴えることができ，考えを深めていくことができたといえる（図５）。

　また，それぞれのグループに分かれて課題について考えた際には，生徒にグループの意見を板書させた。そして，その意見を，どのような立場から考えているかをチョークの色を使い分けて分類し，整理して示した。こうすることで，板書を通して様々な視点に気付き，多様な視点から物事を考えることに気付かせることができた（図６）。

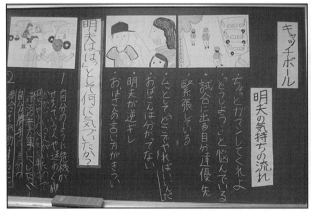 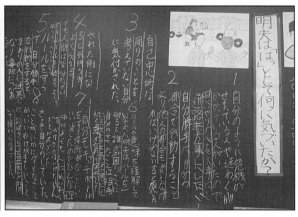

図５　場面絵を用いた板書　　　　　　　　図６　意見を色で分類した板書

また，表1の第2学年⑥の実践では，資料の登場人物の絵を用いて，それぞれの気持ちを考え，それに対する生徒の意見を板書した。これにより，立場によって考えが様々であることや，同じ立場でも様々な意見があることが視覚的に分かるようになった。そして，それぞれの意見を基にして課題を追求していくことで，自分の考えを深めていくことができた（図7）。

このように効果的な板書をすることにより，資料を読み進めていく中で，生徒自らが考えたり，話し合った意見を基に気付い

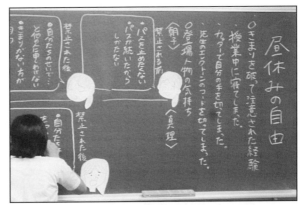

図7　登場人物の絵を利用した板書

たりすることができる。これは，生徒が自ら道徳的価値に気付き，考えを深めていくことに効果があると考える。

③　本時における教育実習生のかかわり方

教育実習生による道徳の授業の実践は1時間であった。チームで授業づくりを行ってきたが，本時でのそれぞれの教育実習生のかかわり方としては，いくつかの形式がとられた。例えば，「役割を演じて資料を読む」「全員で劇をする」「資料の場面によって複数で指導する（T1，T2）」「グループで考える場面に一人ずつ入る」などである。特に，「グループで考える場面に一人ずつ入る」というのは，教育実習生が複数いるからこそできる指導法である。一つのグループに一人ずつ配置し，教育実習生も生徒とともに意見を交わす。これにより生徒は，生徒同士で話し合うときには気付かなかった新たな考えに気付くことにもなり，活発に意見を交わしながら，自分の考えを深められた（図8）。

また，教育実習生にとっても，全体では出なかった意見がグループで交わされていることや生徒の考えが予想以上のものであることに気付いたり，どのような問いかけをすれば考えさせたい内容に生徒が気付いてくれるのかなどを考えたりする機会となった。さらに，発問を吟味し，自分の中に考えさせたいことがはっきりとしていないと話し合いが充実したものとならないということを実感する機会ともなった。これは，教育実習生が今後，道徳の授業を実践していく上でも，教科の授業

図8　教育実習生が入ってのグループ活動

を実践していく上でも必要となる大切な視点を獲得するという意味で貴重な体験となったといえる。

(3)　教育実習生による道徳の授業の実践を振り返って

実習開始時に行った「道徳の時間に求められていることは何だと思うか」というアンケートによると，「豊かな心を育てること」「倫理観を形成すること」などといった抽象的な意見が見られた。同じ項目で，道徳の授業実践後に行ったアンケートによると，「自分の生活を振り返り，課題について一人一人が深く考えること」「自分を見つめ直し，自分の考えを見つけること」など生徒一人一人が自分を見つめ直すことができたり，生徒の本心に問いかけたりすることの必要性を感じる意見が増えた。今回は，教育実習生が道徳の授業づくりにかかわることができるように，チームでの授業実践を試みたが，チームだからこそ実践できたものもある。しかし，どのような形であれ，授業づくりを経験するということには価値があり，道徳の授業の在り方を考える上で，実践の場を確保し，それを充実させることが必要不可欠であると感じている。

7 『私たちの道徳』の活用

　平成26年4月に『心のノート』に代わり,『私たちの道徳』が配布され,5月には確実に配布し,活用してほしい趣旨の通知文も出された。通知文中には,「本教材は,学校に備え置くのではなく,児童生徒が家庭に持ち帰って家庭や地域等でも活用できるよう,対象児童生徒に確実に配布してくださいますよう重ねてお願いします。」という文言がある。中学校の現状を鑑みると厳しいが,もし持ち帰らせるとしたら,必要な頁を印刷して持ち帰らせる等の工夫で有効な活用も考えられる。

　私が第2学年を担任していた時,放課後にある女子生徒が「『心のノート』を持って帰りたい」と申し出た。理由を聞くと,「『心のノート』に載っているミツルの友情に関する詩が気に入ったから,持ち帰ってコピーしたい」と言うのだ。教室の中に置いていても,いつでも子どもが手に取って読むことができる環境にしなければと思った瞬間でもあった。これもヒントの一つである。

　『私たちの道徳』をいかに活用するかは,日本全国どこの学校においても課題の一つであろう。活用に当たってのキーワードは,「もっと気楽に使おう」である。『心のノート』の時にも同様であり,『私たちの道徳』に書き込ませなくちゃ…と四角四面に考えている間は,なかなか活用できない。もっと気楽に使えばいいのである。具体的には,以下に示す。

(1)　校長講話に活用する『私たちの道徳』

　校長先生が全校集会や○○式等の節目の際の講話の中に『私たちの道徳』の一部を盛り込んで話をする。すでに多くの学校でも実践されているかもしれないが,効果的であろう。以前,勤務した中学校の校長先生は,入学式,卒業式,始業式,終業式等の講話に必ず,『心のノート』の一部を盛り込み,子どもへの意識付けをしていた。集会後に教室に戻った子どもに学級担任が『心のノート』を開いて,読むことで,さらに子どもへの意識付けを図ることも可能である。

　また,校長室前に自ら,『心のノート』コーナーを設置し,来客や子どもが手にとって,読めるような環境づくりの設定も大変好評であった。管理職と連携しながら,多様に活用することは他の先生方にも影響を与えるだけでなく,来客者や地域の方にも情報発信となり,学校としての姿勢を示すことにもつながる。

(2)　教員が活用する『私たちの道徳』

　下記に活用方法例を示すが,有効に活用するには,全体を通して内容の理解を図ることである。そのことで,活用方法や工夫等もイメージできるので,『私たちの道徳』を一読して,是非活用できるページを探してほしい。そして,生徒が自主的に読みたくなる環境づくりをめざしてほしい。
　① 　学級担任が朝の会や帰りの会の話の中に『私たちの道徳』の一部を盛り込む。
　② 　道徳の時間に一部を活用する。写真,イラスト,コラム,格言の一部等を気楽に使用する。
　③ 　道徳の時間に使った『私たちの道徳』の中の一部を学級通信に掲載や掲示に活用する。
　④ 　帰りの会前後に実施する『私たちの道徳タイム』
　　「道徳の日」に合わせて,帰りの会前に全校一斉の『心のノートタイム』を実施していた。道徳教育推進教師の全校放送により,例えば,合唱コンクール前には,それに関連するようなページを全校一斉に開いて,読んだり,書き込んだりする。全校放送後には,学級担任がそれに関係するような話をして,有機的な関連を図る。卒業式前には,卒業ソングを放送で流すなど,楽しみながら実施していた。子どもからも好評であり,「次は,どこのページを読むの?」,「次は,どんな曲を流すの?」という声も聞かれた。
　⑤ 　各教科の授業の中で『私たちの道徳』を活用する。
　　歴史の授業で杉原千畝やアンネ・フランク,会津藩の什の掟,公民の授業で権利と義務,法やきまり,世界人権宣言,まちづくり,伝統と文化,異文化理解,国際社会のページを活用できる。また,理科,保健体育,音楽等の授業の中でも活用できるページがある。ぜひ,自分の教科でも考えてほしい。
　⑥ 　総合的な学習の時間,学校行事と関連させて『私たちの道徳』を活用する。
　　職場体験学習,進路学習,運動会,合唱コンクール,食育,「いのちのせんせい」講演会,人権学習,親子勤労体験,卒業式,ふるさと学習等で活用できるページがある。

第6章

広がりの部屋

~幼稚園、高等学校、少年院での取り組み~

1 幼児期に大切にしたい視点 ～道徳性の芽生えを大切に～

(1) 幼児期における道徳性

　春。園庭の桜の花が咲き誇る頃，入園，進級に胸をふくらませた子どもたちが園での新しい生活をスタートさせる。集団生活が初めての子どもたちは，保育者が優しく迎えてくれたり，一つずつ丁寧に生活の仕方を伝えてくれたりすることを通して，保育者に対する親しみの気持ちをふくらませていく。そんな保育者の存在を心の基地にして，保育室のおもちゃや園庭の遊具などにも目を向けるようになる。「このおもちゃで遊びたいな」「ブランコしよう」と，少しずつ心が動き出した子どもたちは，すぐ側にいる友達の存在にも気付き，名前を呼び合い，一緒に過ごすことのうれしさを感じていく。

　夏。日射しが強くなり緑の葉が生い茂るとともに，一回りたくましくなってきた子どもたち。持ち物の片付けや，衣服の着脱などを自分の力でしようとすることにより，生活習慣が身についてくる。園庭を走り回り，水の冷たさや心地よさを体いっぱいに感じる。みんなで育てている夏野菜の生長を喜んだり，園舎の裏や草むらで虫取りに夢中になったり，生き物の世話をしたりすることを通して，生命の不思議さやすばらしさにも気付いていく。

　秋。さわやかな秋空のもと木々の葉っぱが色づき，子どもたちは，身体を思い切り動かして遊ぶことを楽しむようになる。一方で，友達とのかかわりが深まるとともに，友達とぶつかることや，自分の思いが通らないことなども経験し，葛藤したり挫折感を味わったりする。それらを通して，友達の思いを聞くことや，我慢すること，譲ることなどの大切さについても学んでいく。また，木の実拾いに近くの公園に出かけたり，地域のお祭りに参加したりする中で，多くの人とかかわったり，地域の一員として守らなければならないルールに気付いたりする。

　冬。葉を落としてしまった木々に冷たい風が吹く中，気心の知れた友達との遊びを心ゆくまで楽しむようになる。互いの思いが通じ合うのか，顔を見合わせてほほえみ合っていることもある。また，発表会という大きな行事を経て，クラスのみんなと過ごすことや，ルールを共有しながら共に遊ぶことの楽しさも感じるようになる。

　子どもたちにとって園での生活は，丸ごとの生活であり，生活することを通して人として生きていくために必要なことを学んでいく。また，幼児期の教育は，生涯にわたる人格形成の基礎を培う重要なものであり，そのため「芽生えの教育」や「後伸びする力を育む教育」などとも呼ばれている。「道徳性を養う」ことについても，小学校以降の「道徳の時間」のような特定の時間が設定されているわけではなく，幼稚園等での教育活動全体を通じて「道徳性の芽生え」を培っていく。

　幼児期は，基本的には他律的な道徳性をもつ時期であると言われる。「お母さんに言われたから」「先生に叱られるから」という理由で，善悪の判断をしたり，ルールを守ろうとしたりする。幼稚園等での生活や遊びの中で，人とのかかわりが豊かになるにつれ，他者の思いを感じることができるようになったり，自分と他者の気持ちの違いにも気付くようになったりする。そうして，大人が言うことをただ聞くのではなく，友達と仲良く遊ぶためにはルールが必要だということを理解するようになっていく。

写真1　友達と一緒に水コースづくり

(2) 幼児期に大切にしたい視点

幼稚園教育要領には，道徳性の芽生えを培うことについて次のように記されている。

> 道徳性の芽生えを培うに当たっては，基本的な生活習慣の形成を図るとともに，幼児が他の幼児とのかかわりの中で他人の存在に気付き，相手を尊重する気持ちをもって行動できるようにし，また，自然や身近な動植物に親しむことなどを通して豊かな心情が育つようにすること。特に，人に対する信頼感や思いやりの気持ちは，葛藤やつまずきをも体験し，それらを乗り越えることにより次第に芽生えてくることに配慮すること。

ここでは，道徳性の芽生えを培うために，幼稚園等で大切にしたいことを考えていく。

① 人とのかかわりの中で

家庭での生活から幼稚園等での集団生活が始まり，多くの人とかかわるようになる。道徳性の芽生えは人とのかかわりを通して養われていく。子どもたちは，保育者に受け入れられていることを実感することで，安心して自分自身を表現する。保育者との信頼関係を基盤に，クラスの友達，異年齢児，小学生や地域の人たちなどいろいろな人とのかかわりが生まれるような生活をつくっていきたい。ただ，人とのかかわりが豊かになることは同時に，「してはいけないこと」や「守らなければならないこと」も増えてくるということである。一方で，子どもたちの「自分で自分の思うようにやりたい」気持ちも高まり，両者の間に葛藤が生じることもある。子どもたちの複雑な心情を受け止め，子どもが自分自身に向き合い，折り合いをつけ，自己調整していく姿を支えていきたい。

② 遊びを通して

子どもたちは自発的な活動である遊びを通して，友達と一緒に活動することや心が通い合うことのうれしさや心地よさを味わい，共感や思いやりの気持ちをもつことができる。同時に，友達との遊びの中では，自分の思いが通らないことやすれ違うことも多く，いざこざやけんかが起こり，悲しい気持ちや悔しい気持ちも味わう。そのような経験の中で，友達と仲良く遊ぶためには，相手の気持ちを受け止めたり，自分の感情を抑えたりすること，ルールに従う必要があることに気付いていく。幼稚園では，子どもたちが心を揺らせる遊びを大切にしていきたい。

③ 家庭との連携を

人とのかかわりを通して幼児期にふさわしい道徳性の芽生えが培われるようにするためには，家庭との連携を図っていくことが重要である。それぞれの家庭には，それぞれの子育てに対する考え方がある。それらを踏まえて，幼稚園等で大切にしていることや幼児期の教育についての基本的な考え方などを理解してもらえるように努めていきたい。このとき，家庭や保護者に対して，幼稚園等から一方的に要求や依頼ばかりを伝えるのではなく，双方向のやりとりができるような機会を設け，保護者の子育てについての支援につながるような方法を工夫していくことが大切である。

④ 保育者の役割

保育のスタートは，子ども理解であると言われる。

保育者は，子どもの「〜しようとしている」姿を捉え，「〜せざるを得ない」気持ちに寄り添い，その子どもの身になって理解しようとすることが大切である。保育者が，そのような見方をするとき，子どもは，保育者に受け止めてもらっていることを実感し，喜びの気持ちをもって主体的に動き出そうとする。また，保育者との心のつながりを感じ，安心して周りの友達にも自分からかかわろうとする。このように，保育者と子どものかかわりが温かく肯定的なものであると，子ども同士の関係性も良好なものになっていく。

しかし，行ってよいことと悪いことの区別ができない場合や，相手の気持ちを傷つけるような振る舞いをしたときには，毅然とした態度で，保育者の思いや願いを伝えていくことも重要である。「あなたの気持ちは分かったよ。でも，私は，〜思うよ」と。保育者の真剣な表情や言葉は，子どもたちの心に届く。

参考文献

文部科学省　2008「幼稚園教育要領解説」フレーベル館

2　附属幼稚園における実践　〜保育記録・事例研究を大切にした取り組み〜

(1) 研究の経緯　〜3つの関係づくりで子どもの発達を見る〜

　附属幼稚園では，子どもたちの発達を「できる，できない」「わかる，わからない」という観点では見ていない。子どもたちが生活の中でかかわっている人（他者），自然や社会事象，文化，歴史といったものやこと（対象世界），及び自分自身（自己）との関係づくりの広がり，深まり，高まりの過程だと捉えている。

　この発達観に立ち，平成21年度より，主体性を基盤として子どもたちの「協同」への育ちの過程を見つめ，平成24年度からは，主体性と協同性に視点を当てて，教育課程の再編成と指導計画の作成に取り組んでいる。

(2) 保育記録から事例研究

　附属幼稚園では，今日の保育を振り返って保育記録を書くことを大切にしている。書いていく過程の中で，「実践者としての私」と「記録者としての私」が自己内対話を行い，自分の保育への理解を深めていくことができる。日々の保育記録をもとに，子どもの内面や保育者自身の内面にも目を向け事例を書き起こし，保育者集団で話し合う事例研究を継続している。

　この事例研究を通して，具体的な子どもの姿や実践の在り方を検討する中で，教育課程の再編成や指導計画の作成を進めている。

(3) 実践例

　では，以下，平成25年度の研究紀要から実践事例を取り上げ，日々の保育の中で道徳性の芽生えを培うことについて考えていきたい。これらは，道徳性の芽生えに視点を当てて書かれた事例ではないが，幼稚園において大切にしたいことを実践の中から読み取ることができる。(名前は仮名です)

□事例1）自然の不思議さとの出合い　〜ヨウシュヤマゴボウ〜　3歳児9月

　ゆうすけが，「この実採ったらお花が咲くよ」と言う。「え？どれ？」とゆうすけの指さす先を見ると，本当に実を採った後の部分がかわいらしいお花の形になっていた。「すご〜い！」と，感動して見つめる子どもたちと教師。続いてゆみが「先生見て」とほんのり紫色の汁がついた指を見せ，一粒の実をじっくりと眺めて「ここから色がでてきよるよ」と呟く。そこへ，じょうとさくが加わり，じょうは，実を一粒採ると手のひらでコロコロと転がして遊び始めた。何も言わず，ただただずっと転がしている。さくは，一粒採ると，両手ではさんでグチャッと潰し，何度も様子を確かめながら両手をこすり合わせて紫色の汁を手のひらに広げた。そして，「おばけだぞ〜」と教師を驚かせることを楽しんでいる。

　実を採った後の部分がお花のような形をしていると気付く姿，実から出る紫色の汁はどこから出てくるのか不思議に思う姿，一粒の実に思わず無言になってかかわる姿，実から出た汁で紫色に染まることやそこから湧き出たイメージで遊ぶ楽しさに心躍らせる姿。どの姿からも，ヨウシュヤマゴボウという植物に初めて触れた感動や面白さ，不思議さなどをじっくりと味わっている様子がうかがえる。このような姿にふれ，子どもたち一人一人が本来もっている感性，その豊かさを実感する。幼稚園での遊びの中で，身近な植物にじっくりとかかわり，その不思議さや面白さを心ゆくまで味わわせたい。

写真2　見て，ぼくの手

□事例2）相手の気持ちを感じて　〜咲かない友達のアサガオ〜　4歳児6月

　今日も，ほのかとゆうかがひよりの鉢植えの前で座っている。教師は，「どうしてだろう？」とひよりのアサガオを見に行くと，まだつぼみすらふくらんでいなかった。数日後，欠席しているひよりのアサガオに水をあげようと思っていると，ほのかとゆうかがやってきて，小さなつぼみを見

> つけ，「赤紫の花が咲きそうやな」「早く咲くんだよ」と言いながら，水をあげる。
> 　数日後，ひよりのアサガオが見事な花を咲かせた。ほのかは，ひよりが登園してくるのを，「ひよりちゃん，まだかな～」とぴょんぴょん飛び跳ねながら待っていた。ほのかとゆうかは，まるで自分の花が咲いたときのような笑顔だった。

　ほのかとゆうか，二人の行動に心温まる思いがする。
　けんかをしたときに，「相手の立場になってごらん」と言うことがある。しかし，子どもたちにとっては難しい。この事例で，相手の気持ちを感じる上で大きく影響したのが『アサガオ』という共通体験だと考える。種まきした日からアサガオの生長をみんな楽しみにしてきた。芽が出た日の喜び，本葉が出てくるまでのわくわくした気持ち，ツルが伸びていく不思議さや面白さ，なかなか咲かない花をもどかしく思う気持ち，花が咲いた日の飛び跳ねたくなるような嬉しさ，どの人も経験している"気持ち"である。そんな気持ちを知っているから，ほのかとゆうかは，ひよりの花が早く咲いてほしいと願っていた。
　幼稚園での集団生活を通して，友達と"気持ち"を共有していく経験が，相手の思いに気付き尊重しようとする姿につながっていく。

□事例3）ルールを作って遊ぶ楽しさを味わう　～氷鬼～　4歳児10月

> 　築山で氷鬼をしている子どもたちが，いつもとは違う動きをしている。教師が，近づいていくと，バリア場になっている築山には，目には見えない透明のバリアが張っているという設定のようだ。鬼たちが，ドーンとバリアにぶつかっては跳ね返される。氷の子どもたちは，バリアから入れない鬼を見て，「鬼さんこっちだよ」と笑っている。
> 　鬼のしょうごが，バリアにパンチをし始め「どぉん，どぉん，どぉん，ぱり～ん」と突入。氷たちは，意表を突かれて慌てて逃げる。教師も氷たちを追いかけ，バリアにぶつかり「ど～ん，痛っ」と言う。氷たちは喜んでいる。鬼のしょうごがやってきて，「パンチしたら割れるよ，やってみな」と言う。教師は，「どぉん，どぉん，どぉん，ぱり～ん」とバリアを割り，氷たちを追いかけた。

　子どもたちの子どもらしいイメージからできたルールを大切にした遊びである。教師もまた，子どもたちの考えたルールを受け入れ，一緒になって遊びを楽しんでいる。そのことにより，様々なイメージやアイディアを作り出す楽しさや，そのイメージを友達や教師と共有しながらやりとりする楽しさを味わうことができた。
　教師は，子どもたちがルールを考えたり，変化させたりしながら楽しく遊べるように支えていくことで，ルールを守ろうとする気持ちを育てることができる。

□事例4）クラスのみんなで考える　～カレーライスパーティーに向けて～　5歳児6月

> 　ジャガイモを収穫した翌週，「カレーライスパーティーがだんだん近づいているね。どんなカレーライスパーティーにしたい？」と尋ねた。「みんなが，"カレーおいしいね"って言ってくれるパーティー！」と言う声に，「そうそう」「ほんまや」と，"そんなことはみんなが承知の上"だという感じ。「実は，パーティーがあることを知っているのは，年長さんだけなんだ。年中さんや年少さんは知らないんだ」と言うと，驚きの表情。「どんなふうにお知らせする？」と投げかけた。「みんなで知らせに行ったらいい」「手紙書いたらいい。前の年長さんみたいに」「リズム室を，輪っかみたいなんで飾ったらいい」「"いらっしゃいませ"とか書いてお店っぽくする」次々にアイディアが出る。
> 　「なんか楽しくなりそう！ワクワクするな！」と言うと，子どもたちも「うんうん」と楽しみな気持ちを膨らませたようだった。

　幼稚園の年中児や年少児を招待してカレーライスを振る舞うパーティーは，年長児としての誇らしい自分を感じることができる大きな行事である。当日，張り切って仕事をするだけではなく，パーティーに至るまでの過程をも大切にして，一人一人の子どもの意欲や思いを生かした行事にしていきたい。自分の仕事としてやり遂げる達成感，相手とかかわり合う喜び，友達と思いを共有する楽しさの中で，自分への自信や友達を受容する心がふくらんでいく。

3　幼稚園での実践〜「朝市」をとおして道徳性の芽生えを〜

－金銭教育から学ぶ心の教育－

　報道等では，金銭にまつわる事件事故が後を絶たない。子どもたちは何不自由なく生活を送るなかで，お金や物に対する感覚が次第に希薄になってきている。しかし，現在では経済的にも厳しい家庭が増加し，貧困家庭や，暴力・ネグレクトなどの児童虐待など，残念だが子どもを取り巻く環境は劣悪化している。そのような中，子どもたちに生きる力を培うとともに，自立し，自律できる子どもたちを育てるためにはどのような教育・保育実践を行っていけばよいかを模索した。

(1) ねらい
① 家庭と連携をし，お金について話し合い，親子で金融・金銭教育に興味関心をもつ。
② 朝市をとおして，働くことの大切さを知る。
③ 物の売買をとおして，正しい金銭感覚を身に付ける。
④ 人とのかかわりをとおして，コミュニケーション能力を身に付ける。
⑤ 多くの人の協力から，やさしさや感謝の心，思いやりを育てる。
⑥ 金銭教育をとおして生きる力を培う。

(2) 理想とする子どもの姿〜道徳性の芽生えを〜

　そこで本園では平成25年度から，香川県金融教育広報委員会の金銭教育の研究指定園となり実践に取り組んでいる。その実践を通して子どもたちに，働くことの意味や尊さ，ルールを守ることやマナーの大切さを体験を通して感じたり学んだりしてほしい。その過程を通じて，道徳性の芽生えを培うとともに，相手のことを思いやることのできるやさしい子，そしてありがとうと言える感謝の心や素直な心をもち，自ら考え行動できるたくましく生きる力をもった子どもに育んでいきたいと願い，実践に取り組んだ。

(3) 活動の意義（魅力とおもしろさ）

　保護者も今回の活動について楽しみにしていた。6月の朝市後のアンケートによれば，買い物に行ったときにも値段について子どもたちが興味を示し，家庭でも話題に出るようになった，という意見が多くあった。このことから，金銭教育をとおして人とのふれあいを楽しむことや，相手を思いやるやさしい心，感謝の心，コミュニケーション能力の向上など，子どもにとってより良い成長の一助となるのではないかと感じた。

　また，この朝市の体験は子どもたちにとって，将来，自立した消費者となり，正しい価値観をもった社会人として行動できる態度を養うことに大きな意義を感じている。そして，人としての倫理観を身に着け，犯罪や事故を起こさない人材を育成していけるのではないかと思う。今後もこの活動を継続し，このような人材に育ってほしいと願っている。

(4) 活動研修計画

＜平成24年度＞
○　園内研修7回（金銭教育，お金についてのクラスでの話し合い，公開保育の内容等について）

＜平成25年度＞
○　園内研修9回（今年度の研修計画，保育の振り返り，金銭教育保育実践等について）

＜平成26年度＞
○　園内研修9回（朝市の内容，金銭教育と郵便ごっこの関係，朝市の実践の振り返り等について）
○　朝市の実践5回（6月・7月・11月・12月・2月）

(5) 実践　〜朝市について〜

　金銭教育という言葉は，幼児教育の場には馴染まないのではないか，また，子どもにたちがお金というものに対して「浪費」とか，「出し渋り」といったマイナスの影響が出るのではないか，と気がかりであった。しかし，子どもたちと話し合いを始めると，予想を反してお金に対する子どもなりの金銭感覚をもち合わせていたことには驚かされた。実際に「朝市」を始めると多くの野菜や手作りパン，果物等が寄せられ，約130もの品物がそろい，子どもたちもその量の多さに驚いた。「わー，こんなにいっぱい集まった」という言葉から，提供してくださった方に対して自然と感謝の気持ちがわいていたように思われた。また，準備では年長児が，年中，年少児に対して役割を与えて協力し合う姿や，どのように袋に入れたら買ってくれる人たちが喜んでくれるか等，相手のことを考える姿が見られた。

【6月24日はじめての朝市の前日準備】

子どもたちと相談をしながら，チラシを見て調べます。あまり，チラシをじっくりとみることがなく，少し大人の気分になったようです。そして，自分たちが売ろうとする品物の値段を話し合いながら決めています。

今度は，朝市に必要なものを考えます。「かんばん，ふくろ，ポスター，レジ・・・」いろんな意見が出てきて，イメージが膨らんでいるようです。朝市で必要なものを紙に書き，張り出しました。特に，試食を置くなどはグッドアイデアです。

さあ～いよいよ準備にかかります。年長，年中，年少と全園児が力を出し合って作業をします。特に，年長が指示を出して，年中のできる仕事，年少のできる仕事を割りふっています。とても頼もしく見える場面でした。
　年中は年長児の言うことを聞き，年少児にも丁寧に教える姿が見られました。大変微笑ましい場面でした。

「そこもってて」と協力し合いながら野菜を袋詰めしています。年少児は年長とペアを組んで，買ってくれる人に公平になるようにと考え大きさをそろえながら袋詰めをしています。
　年少児は「できたよ！」と言いながら嬉しそうに箱詰めをしていました。役割を果たせた喜びや，だれかの役に立ったという実感を持ったようでした。

【6月25日朝市1回目・当日】

「いそがしい，いそがしい」と言いながら大きな荷物を運んでいます。準備をするのがとても楽しそうです。でも初めての朝市なのでどのくらいお客さんが来てくれるのか，どのくらい品物が売れるのかが少し心配です。

第6章 広がりの部屋

さあ，もう開店の時間。レジの人たちは「緊張するな〜」と少し不安げな表情です。「お釣りを間違えないかな―」「準備はこれでいい？」と確認し合いながら時間がくるのを待っています。

開店の時間，多くのお客さんに驚き・・・。
園児とは関係のない近所の人たちも来て，「この野菜あるけど買うて帰ろうか」といってたくさん買ってくれました。レジ担当の子どもたちは，お釣りを間違えないよう一生懸命に計算をしていました。
ほかの女の子は，「ありがとうございました。また来てください。」と，どのお客さんにも笑顔で語りかけていました。

売り上げは，なんと1万7千円を超えました。みんな大喜びでした。その後，年長児がお金の使い方を話し合い，
「つかわずにおいておく」
「みんなのすきなものをかう」
「やさいや，くだものをもってきてくれたひとにお礼の葉書を出す」など，様々な意見が出ました。
　お礼状です。丁寧に一生懸命書きました。皆さん本当にありがとうございました。その後年長児では，1円から1000円までのお金を観察し，絵をかき，それを使ってお釣りをわたす練習をし，2回目の朝市に臨みました。

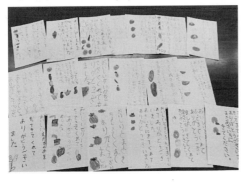

(6)「朝市」についてのアンケート調査の結果について

「朝市」終了後，年長の保護者にアンケート調査を実施。今回の活動では，実際のお金のやり取りをするという計画なので，子どもたちだけでなく，保護者の思いが気がかりであった。
　内容と結果については以下のとおりです。回収率　　26／32　　81.3％
問1　今回の「朝市」の活動についてどのようにお考えですか？
　　　ア．よい活動だと思う　　　　　　　　26／26
　　　イ．あまり良いとは思わなかった。　　 0／26
　　　ウ．どちらともいえない　　　　　　　 0／26
主なコメント内容
　　・子どもがかかわった（手伝った）ことを通して考えることができた。
　　・買った野菜を「おいしく食べてね」と言ってくれた。
　　・品物の袋詰めや準備をし，物を売ってお金をもらうという活動は，子どもにわかりやすい。
　　・物を売ってお金をもらうという体験で，お金に対する興味が出てきていいと思う。
　　・商品が並ぶまでの過程も体験できていろんなことを知り学べたと思う。
　　・電子マネーの支払いが多くお金を目で見ることも少なく，やり取りがわかってとても良い。
　　・意見を出し合い協力して活動できる。お金や野菜に触れ，買い物客の大人と触れ合える。
　　・仕事の大切さやお金の大切さを知ってくれるので，とてもよいと思う。

問2　活動についてご家庭で話題になりましたか。
　　　　ア．話題に出た　26／26　　　イ．話題に出なかった　0／26
　　コメント
- 何買った？今日食べよう！エコバッグ持ってきた？とか自分で払ってみたいとか話した。
- 今回の担当ではないが準備を手伝い「全員の協力があるから出来る！」といっていました。
- 家族みんなにいっていたり，自分たちで取り組んだことを・・・。
- 名札を作り，準備をした事，野菜のこと，お釣りの計算が難しいこと・・etc
- お父さんに朝市をすること，売り子さんになることを話し，一緒に野菜の値段をチェック。
- いくら売れたか。100円玉75枚に10円〜枚と細かく教えてくれた。合計も計算出来ていた。

問3　お子さんが「朝市」や「お金」について興味を示していますか。
　　　　ア．興味を示した　26／26　　　イ．興味を示さない　0／26

問4　今後もこの活動は続けたほうがよいと思いますか。
　　　　ア．続けたほうがよい　　　　　　24／26
　　　　イ．続けないほうがよい　　　　　0／26
　　　　ウ．どちらともいえない　　　　　2／26

問5　このような活動についてご意見があればお書きください。　14件（一部抜粋）
- 集まったお金の使い途，「かせいだ」のではなく，完全な寄附である点を子どもたちがどう理解するか，お金の流れや大切さをどこまで理解できるかに関心があります。
- 袋詰めや値付けなど普段できない体験ができ，生き生き。保護者同士の交流にもなる。
- 売り場が道路に面していて，少し危険かなと感じた。新しい取り組みとして素晴らしい。買った野菜はすぐに調理し，子どもには格別おいしかったようです。レジ係，売り子さんもお客さんとたくさんコミュニケーションが取れてその部分もとても子供のためになっていた。レジ係さんは何円か計算するのが大変だったそうです。計算が実践になって良い。
- 子どもも家族みんなで楽しみです。お金・食べ物や物の大切さを伝えているが難しいです。このような活動でより子どもたちに大切さが伝わるので「感謝の心」が芽生えてくれたらうれしい。先生方には準備等大変ですが，ぜひ続けてください。
- このような活動を通して，子どもなりの視点で物事に取り組み，考え，工夫しながら様々な力を獲得し高めていくことを改めて感じた。子どもの関心も深まり楽しそう。協力します。
- 大変良かったと思います。夏野菜のとれる時期でもあるし，月に2〜3回あればうれしい。先生は大変だと思いますが。それにしても今回あの野菜が135袋もあったということですか？びっくりしました。

(7) エピソード1　2月　日「きまりがあるの？」　　　　　　　　　　（名前は仮名です。）

　けんじは3歳児で入園してきた。入園当初，声をかけてもなかなか部屋に入らず保育室から飛び出すことが多くあった。しかし，年中児には少しずつ外には行かなくなってきたが，思ったことを教師や友達にストレートに口にだし，トラブルになることも多くあった。また，天体について特に興味をもち，星の名前や，宇宙に関してよく話をしていた。まわりの子どもたちも「ほしのことなら，けんじくんにきこう」と，その知識を認めていました。

　毎年2月恒例になっている郵便ごっこが始まった。けんじが4歳児の時，「なんでようちえんにはきまりがあるの？」といった手紙が私に送られてきた。私は少し戸惑ったが，「きまりがあることで，みんながたのしく，あんぜんにようちえんですごすことができるからだよ！」と返事を返した。本当にそれでけんじが納得をしたかどうかは自信が持てなかった。

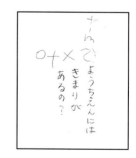

　そんなけんじも年長児になり，今回の朝市では大きな変化が見られた。

エピソード2　7月16日「次の方どうぞ・・・」

　むしむしとするする暑さにも負けず，子どもたちは朝市の準備を始めている。かずやとけんじも，登園するとすぐに荷物の片づけを終わらせ，エプロン，帽子，名札をつけ，準備に参加した。9時になり，お店が開店し野菜の周りには買い物をする人でいっぱいになった。そして，あっという間

にレジにも清算を待つ行列ができた。レジ係の仕事を頑張っていたけんじは，行列の方を見ながら「次の方どうぞ」と声をかける。お客さんがくるとすかさず「バックはお持ちでしょうか？」と聞く。「忘れたからかわいいの頂戴」とお客さん。すかさずけんじは「そういうと思って準備していました」というけんじの言葉に思わず笑いながら「じょうずやね」と答えくれた。一方かずやは，ビニール袋に張っている値段のシールを見ながら，いくらになるのかを計算している。教師に頼ることなく「400円です」と伝えるかずや。「これでいいかな？」とかずやの顔を見ながら，手のひらに100円を4枚乗せてお金を渡してくれるお客さん。かずやは「はい，ありがとうございました。」と言いながら，レジの中に大事そうにお金を入れていた。けんじもその様子を見ながら「またお越しください」とお客さんに声をかけている。けんじのことばにうれしく思ったお客さんは，けんじの頭を撫でながら「しっかりしてるね〜」と笑顔で帰っていった。

　2人で打合せをしたわけでもないのに，お金をもらう人，品物を袋に入れる人と自然に役割分担ができていた。普段の様子からは想像もできないようなけんじの姿が見られ驚いた。

(8) 成果と課題及び今後について

　「湧き出る善意の世界を知り，これを大切にすることは，豊かな心の育成を標榜する教育では特に重要です」（横山利弘著，道徳教育，画餅からの脱却より）と記されているように，今回のこの「朝市」は，多くの人たちの善意によって実践することができた。子どもたちのみならずその保護者も同様の思いをもっていた。自分を，自分たちを大勢の人が大切に思ってくれるということを知り，感謝の心が自然と生まれていた。「野菜をくれた人にお礼状を書かないかん」とごく自然に思えたことからその心が育ってきていると感じた。

　準備は，異年齢で行い，年上の子どもが年下の子どもたちに「これ持っといて」とか「いっしょに運ぼう」と言いながら，気づかう姿もみられ，相手のことを考えることができるような場面も見ることができた。保護者のアンケートでもこの活動についてはほとんどが肯定的な答えで，「ぜひ続けてほしい」という意見であった。家庭では自分たちが売った野菜が食卓に出ると，うれしそうに食べたり，朝市についての話を家族でするなど，家庭でのコミュニケーションも増えたとのことであった。買い物などでも物の値段に大変興味をもち，同じ品物でも値段の違いに気付くようになったようだ。そして，計算する力も身に付いたという思わぬ結果も出た。朝市では実際のお金に触れたことで，少しずつお金の価値に気付き，興味をもつようになった。また，お客さんとのやり取りで相手の気持ちを考えたり，買ってほしいという自分たちの思いを伝えようとするコミュニケーション能力も向上したのではないかと思う。年中児や，年少児も，いつかは自分たちもやってみたいという期待感をもったようだ。

　課題としては，年長児には自己充実できる場であっても，年中児や年少児がどのようにこの活動で自己発揮できるか，そして，教師はこの活動の意味をどのように伝えていくか。また，この活動をとおして，ルールやマナー，人に対する思いやりややさしさが育ったかどうか，それをどのように評価すべきか。

　今後は，金銭教育を継続することで幼児が主体的に計画し実行できるよう配慮を重ね，自立や自律が育ち，園目標である自ら考え，やさしい心や，感謝の心，そして素直な心が育ち，たくましく生きる力を持った子どもに育ってほしいと思う。そしてまた，幼児期から正しい金銭感覚を培うための実践や環境構成を今後も検討していきたいと考えている。

参考文献

　　文部科学省教育課程課／幼児教育課　Jul.2014　No..915「初等教育資料」㈱東洋館出版社
　　文部科学省　平成20年10月　「幼稚園教育要領解説」　フレーベル館
　　横山利弘　2007「道徳教育，画餅からの脱却」　暁教育図書株式会社
　　香川大学教育学部　小山沙織，久保田直寛，鈴木孝迪　2006「調査月報No..231」
　　植田和也　2006『「日銀グランプリ」から考える金融教育の大切さ』「調査月報No..231」
　　金融広報委員会　平成24年8月　金融教育ガイドブック―学校における実践事例集―
　　　　　　　　　　　　　　　　　　　　　　　　　　　　　　　　株式会社　清水書院

4　高等学校における道徳教育の実践について

(1)　はじめに

　みなさんは「道徳教育」と聞いて，どんなイメージをお持ちですか……？もっと具体的にお聞きするならば，高校の先生方は道徳教育に対し，どのようなイメージや考えをお持ちになっていますか……？「ルールを守らせること……」「規範意識を育て高めること……」「人間らしさを忘れないこと……」「みんなと仲良くすること……」「自分だけでなく，他人も大切にして敬うこと……」「清らかな心を持つこと……」「型苦しくて，ついついかまえてしまう……」「言葉では理解出来ても，幅広くて，何からどう取り組めば良いのか分からない……」「道徳教育に，本腰を入れて取り組む余裕や暇がない……」などと，様々なイメージや考えがあることでしょう。ただ，私が道徳教育を語るときには，いつもこの問いかけを投げかけることから始めます。

　小学校や中学校においては，現在週に1コマ「道徳の時間」が設定され，様々な教材も利用して道徳教育が実践されています。そして，早ければ平成30年度から，道徳を「特別の教科」と位置づけて全面的に導入されるわけですが，高校においては，当然そのような時間は設けられていません。せいぜいHR活動の時間の中で年間に1～2回の道徳に関連したHR活動が行われているぐらいが現状ではないでしょうか。また，各高校にはそれぞれ校風や特色があり，それゆえに高等教育において目指す方向性もそれぞれ若干違っているとも感じています。現在新学習指導要領の中で，学校活動全体を通して道徳教育を実践するようにとうたわれているわけですが，各高校において道徳教育に対する意識の高さや取り組む本気度には，残念ながら大きな差が生じているのではないでしょうか。

　私のモットーは「道徳教育を決して特別なものだとか，難しいものだとは考えずに，本来，人は人としてどうあるべきか……誰もが納得できるような身近で，基本的な，ごくごく当たり前のことから取り組もう」です。そして，実際に道徳教育に取り組んでいく中でポイントとなった点は，校長をリーダーとして，学校全体で本気で取り組もうとする意識を育むこと。また，縦の役割（各学科あるいは各分掌）と横の役割（各学年団），そしてその調和が上手く取れているかということです。特に校長がリーダーシップを発揮することが絶対に不可欠であると強く感じています。

　それではそんな考えのもとで，平成21年度から5年間，香川県立志度高等学校が全教職員一丸となって取り組んできた道徳教育について，ここで紹介させていただきます。

　本校は，商業科と工業科から構成される全国的にも珍しい専門高校です。1学年4クラスの小規模校で，卒業生の約半数が就職する「実社会」に近い高校です。「手を動かして学び，汗を流して習う」を教育目標に据え，実習・実技などの実学に重点を置いた資格検定や技能・技術の修得を中心とする教育を行っています。多くの卒業生が就職することから，常識ある職業人となるべく基本的生活習慣の確立（あいさつの励行・服装の整備・時間を守る・清掃をきちんとする）を目指した指導に特に特に重点を置き，良識ある社会人，すなわち，卒業後は地域文化の担い手となり健全な社会づくりに貢献できるよう，社会常識と品位ある生徒の育成を目指して「道徳教育」を実践してきました。また，高校での「道徳教育」は，小・中学校における義務教育段階の「道徳教育」を受け，実際に社会に通用する人間を育てることが求められる側面があると考えられ，いわば学校教育における「道徳教育の完成」ともいえる実践を行ってきました。

　高等学校では教科としての「道徳」はありませんが，すべての教育活動で道徳教育を実践します。このためには「道徳教育の全体計画」を重要視する必要があるので，本校ではすべての教育活動を「道徳教育」の視点から再検討を行いました。本校では校長から出された学校経営方針を中心に据え，全体計画（資料①参照）を策定しており，その具現化が「道徳教育の実践」（資料②参照）です。

　この実践では，毎朝の「あいさつ運動」など日常的に繰り返して行う教育活動をベースにし，各学校行事や商業科・工業科の両科がそれぞれ行う行事，学年団や生徒指導部が中心となり行う行事，道徳教育HR活動などを通じて，生徒間や生徒と教師間などの人間関係づくりや，生徒の思考・判断力を身に付けさせることにつながるよう配慮し，取り組んできました。

(2) 代表的な取り組みについて
① 日常的なベースとなる活動として
i 部活動あいさつ運動

　平成20年度より，生徒と教師が一体となったあいさつ運動を行っています。特別活動部が生徒会を含む運動部・文化部に協力を得て，始業前の8時～8時25分までの間，各部員と顧問教師が校門に立ち，登校してくる生徒に「おはようございます」と大きく・元気に声をかけます。声を掛けられ最初は照れくさそうにしていた生徒や無視して通り過ぎようとしていた生徒も，今では元気に「おはようございます」とあいさつを返しています。

　あいさつ運動の目的は，あいさつを交わした瞬間に生徒と教員のコミュニケーションが始まり，時には，昨日の部活動や家であったことなど，短い言葉ではあるが情報交換を行い，生徒個人と教員との距離を縮めるきっかけとなることです。また，生徒指導部の教員も校門に立ち，制服の着こなしや頭髪についても指導を行っていますが，服装等の乱れを取り締まることが主目的ではなく，服装等に現れる精神状態を把握するきっかけになればと考え，生徒指導上の問題行動予防の一助として実践しています。

　校門でのあいさつ運動は朝の登校時だけでなく，HRや授業時のあいさつ，更には，来訪者などへのあいさつの実施へと拡大しており，自校意識の高揚にも繋がっていると感じています。

　なお4年前からは，定期的にPTA役員を中心とした保護者の方々や学校評議員の方々にも，あいさつ運動に参加していただいており，より一層盛り上がったあいさつ運動を展開しています。

ii 朝読

　平成16年度より，朝のSHR前の10分間を朝の読書に充てています。生徒は登校後，SHR開始の前に自席に着き，持参した書物を読んでいます。実際，この時間に校内の廊下を歩くと，自らの靴音が廊下の奥まで響くまでに，校内は静まりかえっています。短時間なので一日に読む分量には限りがありますが，これが習慣化することで，登校してきた生徒の気持ちをスムーズに授業に切り替えられると判断しています。また，実社会が近い本校としては，漢字学習の側面もあり，読書力を伸ばすことにも役立っていると考えています。

iii 学校会議

　学校会議とは，学校の様々な事象を生徒・保護者・教職員が，より良い学校づくり・より一層充実した学校生活が送れることを目的として，それぞれの立場から自由な意見を出し，同じ土俵の上で議論し合うことです。本校ではこれまで，携帯電話の校内持ち込みや制服などの問題を話し合い，生徒・保護者・教職員の三者による「三者合意」により解決を図ってきました。今は，お互いがそれぞれの立場を尊重しながら，もっと自由に意見を出し合い，話し合えるようにと「フォーラム形式」となっています。また，24年度からは地域の代表者の参加も依頼して，生徒の社会的な視点を広げることができるような話し合いとなっています。具体的には，志度高祭（文化祭）の実施方法を話し合い，さぬき市社会福祉協議会の授産施設よりバザー出店をしていただけたり，JR志度駅のご協力によりミニ新幹線の運行展示（乗車も可能）を行ったりと，地域に愛され，自らも誇れる学校を目指し話し合いをすすめています。

② 生徒指導に関連する取り組みとして

　生徒指導に関する行事を道徳教育の観点で見直し，主な取り組みを次に紹介します。

i 携帯電話安全教室

　携帯電話については校内での使用は一切認めていませんが，届け出制で校内への持ち込みは認めています。最近ではスマートフォンの登場により，家族などとのコミュニケーション手段だけでなく，ブログやプロフでの情報発信や各種情報収集の端末として，携帯電話などは非常に便利な物となり，上手に付き合っていけば非常に有効な物であることには間違いありません。しかし，情報には「表情」が無く，表面の表現や言葉だけが伝えられてしまい，発信者の「意図」や「意思」などは伝えられにくいものです。このため，受け取る側に委ねる部分が大きく，プラスにもマイナスにもなり得ます。場合によっては悪意を隠すこともできるので，最近の青少年の犯罪にこれらの情報機器が絡んでいることが多いのは衆知のことであります。正しい知識と正常な意識を持たせることが不可欠となっている今，確固たる自尊・他尊の心を育み，自己責任を持たせることを重要な目的として，香川県警や大学教授，弁護士などの専門家に依頼し，年2回「携帯電

話安全教室」を行っています。

ii 交通安全教室

　さぬき警察署の交通課長など専門家に講師を依頼して，主に自転車の正しい乗り方などを中心とした，交通安全の意識高揚を行っています。特に，交通事故には急いだり不注意があったり等その原因があり，もともとは「人の心」が起こすものであるという視点に立った講話となっています。雨天時の傘差し運転の禁止や二列以上の並進等，高校生の交通マナーの悪さについて指摘をいただきましたが，講話後は「自分たちの勝手な行動により，他人が迷惑を受けていることが良く分かった」などの感想を寄せた生徒が多かったです。

iii 薬物乱用防止教室

　危険ドラッグも含め，薬物使用が原因とみられる悲しい事故や事件が後を絶たない昨今ですが生徒たちには甘い誘惑に負けず「ダメなものはダメ」と，はっきり断れる勇気を身に付けてもらいたいものです。現在も，そして将来においても，決して薬物に手を出すことが無いようにすることを目的として，警察関係や医者，薬剤師，保健所などの専門家に講話を行っていただいています。

iv 和の心を育む茶道教室 （道徳教育を推進する本校での一番の目玉となる学校行事です）

　日本の伝統文化「茶道」を体験することにより，礼儀や作法を実践的に学べ，我が国の伝統文化への理解や，相手を思いやる「おもてなしの心」にも繋がる絶好の機会だと確信し，１年生全員を対象に毎年，秋に実施しています。地域の茶道家師範十数名の協力を得て，茶道の心得でもある「和・敬・清・寂」の精神や相手を思いやる「おもてなしの心」を学ばせたいと願い，平成２１年度から生徒指導部が企画し行っています。２時間少々の僅かな時間ではありますが，茶席が初体験の生徒がほとんどであり，「正座の体験」は「落ち着き」にも結びついているようです。

v 服育マナーアップ教室

　本校は就職する者が過半数の専門高校であり，特に商業科からは販売等のサービス業へ進む者も多いです。卒業後，実社会に出てビジネスでの即戦力となるためには，TPOをわきまえた着こなしができる必要があります。このためには，それぞれの場面において適切な服装の着こなしが理解できなければならないので，高校段階においては，制定している制服を適切に着こなしていくという「心」の成長を促す必要があると考えられます。また，「服装の乱れは心の乱れ」という側面から，服装の乱れから生徒の心を知ることができると考えられ，精神的な不安定要因への足を踏み込める一つの契機とも考えられます。そうしたことから，本校では制服メーカーの専門アドバイザーと連携を取り講演を依頼したり，時には地元テレビ局のニュース番組でお馴染みのアナウンサーに来校していただき，他人から見られることの重要性やポイントなどについて講演をお願いしました。

vi ホスピタリティ・マインド講習

　「ホスピタリティ」とは，もじどおり「思いやり・心からのおもてなし」という意味です。「マナー」は相手に不快感を与えないための最低限のルールであり，そこに「心＝相手への配慮」が加わったのが，ホスピタリティといわれています。また，対価を求め，上下関係がはっきりしている「サービス」とも異なり，相手への「おもてなし」や「喜び」を与えることに重きを置いて

います。ホスピタリティにおいて重要視されるのは、人間性や心情、個性、感性などであり、報酬を求めているのではなく、「相手の喜び＝自分の喜び」と考えられます。「マナー講習」から一歩進んだ取り組みとして全校生徒に対し実施してきましたが、目に見える「マナー」との違いに気がついた生徒にとっては、新鮮な喜び・気付きであったのではないでしょうか。

③ 学年団や各学科における取り組みとして
ⅰ 集会
全校集会は毎月１回行い、学年別集会と学科別集会は学期毎に１回ずつ行っています。それぞれの集会を行う目的は、以下の通りです。

ア 全校集会
教師が夢や目標、生き様などを語る場として

イ 学年別集会
学校を支え合っていく同級生としての仲間意識を高める場として

ウ 学科別集会
それぞれの学科における縦の関係（先輩・後輩）を大切にし、科に対する帰属意識を高める場として

ⅱ 商業科における取り組みとして
商業科における特徴的な道徳教育は、ビジネスマナーです。ビジネスマナー講習会は、専門学校の接遇担当者及び、ビジネスマナーコンサルタント会社社長を講師として招き、社会に出て働く際、相手の立場を尊重することで相手を不愉快な気持ちにさせない言動を学習することを目的としています。道徳的にいえば「心遣い」ともいえ、目に見ることができない「こころ」を形にしたものといえます。また、マナーを学習することで「人の内面は外見や行動に出る」との考え方から、まず目で見える範囲から良くして、外から内部を磨いていこうとするものであります。具体的には、身だしなみ・姿勢・お辞儀・椅子の立ち座り・歩き方等の基本動作、部屋への入退室などの基本事項について、実践中心の講習を行っています。

この講習は「人のこころは見えないけれど、心遣いは見える」の言葉の通り、日々の授業等で実践することで生徒自身の「もの」となるとともに、学校全体の「落ち着き」に帰依しています。

ⅲ 工業科における取り組みとして
工業科の取り組みの特徴は、車椅子・テクノボランティアです。６月と１０月に授業における課題研究の時間での一環として、近くの病院を訪問し、機械についての技術を生かし、車椅子のメンテナンス・ボランティアを行っています。

具体的には、空気圧のチェック、ブレーキのきき具合、ペダルやハンドル等の清掃や点検、車輪の軸への潤滑油の補充など、基礎的な点検・整備を行います。生徒たちにとっては簡単な点検やメンテナンスですが、患者さんからは「些細な不具合であっても、日常の使用にとっては大きなことであるので、調整をしてくれることはとても助かる」との言葉をもらっており、ボランティア活動を行って、その喜びを実感できる取り組みとなっています。

④ チャレンジグリーン活動（校内緑化・美化）
文部科学省から道徳教育推進指定校を受けた平成２１年度より「校内美化と花いっぱい運動」を手がけてきた中で、香川県教育委員会のチャレンジグリーン活動へと発展させたものです。

当初は主に、中庭の整備・清掃・緑化に取り組むこと、花を育て、それをプランターに小分けし、正門から校舎の玄関周辺にかけていっぱいの花で装飾することを目的とする活動でした。夏になると夏休み中も含め、せっかく育てた花が枯れないようにと、ボランティア委員を中心に、部活動毎や特定のクラスに水やり当番を決めてもらい、暑い夏における花の保護に務めてきました。そして、さらにチャレンジグリーン活動へと発展させていった訳ですが、主に次の３点を重点的に取り組んでいきました。

ⅰ 生徒会とボランティア委員がプランターにゴーヤやヘチマ、朝顔を植え、緑のカーテンを作りました。
ⅱ 工業科が技術力を結集し、自転車型散水機を制作しました。
ⅲ 使用していない教室の消灯１００％を目指しました。

この３点の他にも、生徒おのおのが「自分たちの居場所の環境を良くする」という意識を、心の

どこかに置いているようで，その象徴としてサッカー部や女子バレーボール部，野球部などは，毎朝校内の清掃活動(環境美化)を行っています。
⑤ 道徳教育をテーマにしたHR活動として
　道徳教育に関してのHR活動は，各学年団の道徳教育係の担当でオリジナルの指導案を作成し，実施しています。参考までにある時に実施したHR活動の内容を，一例として紹介しておきます。
　　i　1年　　テーマ　「他者との融和」〜昔話「桃太郎」を通して考える〜
　　　鬼ヶ島で桃太郎が鬼を退治する，なじみ深い昔話の「桃太郎」を題材にする訳ですが，逆に鬼の視点に立ってみると，見方等が変わるのではないか？という試みでした。
　　ii　2年　　テーマ　「命のビザ　正しいこととは何なのか」
　　　第二次世界大戦の際，政府の命令に反しながら，多くのユダヤ人の人命をナチスから救った杉原千畝を題材に，命と命令について生徒に考えさせました。ちなみに，杉原千畝の妻の父が本校校長であったという縁から，生徒にとっては親近感を持ち，この授業に取り組めたと思います。
　　iii　3年　　テーマ　「生きる力」を考える
　　　香川県教育センターが専門研修の成果として「みち・高等学校道徳教育指導事例集」を平成24年4月に発刊しており，これを実際に活用してのHR活動です。松下幸之助の人生観を題材にした「優秀＜ツキ」の公式を，どのように解釈するかをテーマに授業を進めました。

（3）　成果と課題

　本校の日々の「道徳教育」は，朝のあいさつ運動と読書に始まり，清掃と帰りのSHRに終わる日常活動を基軸にして，生徒指導部を中心に各分掌と商業・工業の両科がそれぞれの特性を生かした講演等の教育活動を，学校行事などとしてスポット・インサーションすることで推進してきました。
　高等学校には教科「道徳」がなく，教育活動全体を通じて行うことになっていますが，高等学校では中学校以上に教科担任制の色合いが強く，道徳教育の視点をそのまま全教科・科目に入れていくのは難しい面があると思います。また，各教師の専門性や個性にも大きな差があり，「道徳教育」を実践していくためには，全体目標を学校の教育方針や教育目標として取り上げ，具体的な生徒像を規定するなどの方法により，教職員の意識統一を図っていくことが重要であると考えられます。
　本校は，前身の志度商業高校時代，商業高校として落ち着いた校風を築いていたと言われています。その後，平成15〜16年をピークとして生徒指導上，教育困難な状況に陥っていました。その後徐々に回復していましたが，平成21〜22年度に文部科学省の道徳教育推進校としての指定を受け，現在は，見事に落ち着きを取り戻しています。
　具体的に言えば，生徒の懲戒件数が1／3以下の一桁台に減少しただけでなく，24年度に関しては皆無となりました。朝の読書中の教室巡視では，静寂な廊下に自らの足音が「コツコツ」と響く静けさであります。また，朝のあいさつ運動は，登校する生徒に対してだけでなく，通勤のため本校のすぐ近くにある公共交通機関の駅に向かわれている通勤者や，朝の散歩を日課として楽しまれているご近所のお年寄りたちにも，元気よく「おはようございます」と声かけを行っており，今では地元近隣の方々と交わす朝のあいさつは，当たり前な自然な形として行われています。こういったことも功を奏し，一時，地元地域から失いかけていた本校への信頼が，徐々に取り戻せてきたのも事実です。
　また，現況の「落ち着き」のベースには，日々の様々な日常活動により培った，生徒と教師間の人としての信頼と理解があると考えられます。本来，「道徳」とは「人間と人間の関係」であり，「道徳教育」とは，「この関係を如何に構築していくかの方策」であると考えられます。つまり，各高校では教師や生徒それぞれに，それぞれの特色があり，状況も違うので，その方策(＝教育)は異なると考えられ，「絶対的な解答＝決まった指導方法」はないと考えられます。本校の場合，学校の規模や学校経営マネジメント，学校の持つ専門性と地域性などが上手くマッチし，生徒・保護者・教師間に適切な関係を構築できたことで「落ち着いた」現況をつくることができたと判断しています。

(4) 終わりに

本校において，道徳教育が上手くいった要素として，次のことが挙げられると考えています。
① フットワークとネットワーク（情報を共有し，素早く行動に！）
② 志度高校を，教師と生徒を，共に育てる場とする
③ 生徒の指導は厳しく，でも心の片隅に優しさを
　　（人はそれぞれ口では語れない境遇を背負って生きている。そのことを忘れない！）
④ 飲んで，歌って，踊って，語れる教師軍団！
⑤ 教師の精神や職場の雰囲気として
　　i　いいことは何でもやってみよう！
　　ii　失敗したら違うことをやればいい！
　　iii　ユーモアある教師集団
　　iv　自己開発・啓発できる教師
　　v　同僚を見捨てない心
　　vi　100%元気

最後に，志度高等学校は実業高校としての大きな役割として，『社会に出て貢献できる人づくり』という理念が，教育目標の中の大きな柱の一つになっていました。それゆえに，道徳教育が生徒にも教師にも浸透しやすかったのではないでしょうか……。実際5年間道徳教育に携わり，これまで紹介してきた学校全体での取り組みを通して，生徒たちがどんどんと落ち着きを取り戻し，学校全体も非常に落ち着いた雰囲気の中で，安全で安心して学べる学校へと変貌していく姿に，私のみならず多くの教職員がとても嬉しく思えたし，道徳教育に取り組めたことに，大きな喜びと楽しさを感じていました。今後も生徒たちのあるべき姿として，香川大学教育学部・七條正典教授から御教授いただいた，①明るく元気に！②夢や希望・目標を持つ（自らの人生を切り拓く）③多面的・多角的な視点を持つ（幅広い見方，考え方）④自信を持つ（自尊感情，普通であることの素晴らしさ）⑤自立と共生（自ら立ちつつ，共に生きる）⑥社会的絆を大切にする（かけがえのない存在）を目指し，微力ながらもますます道徳教育に邁進していきたいと決意をしております。そして『教育こそが人づくり～育てるために教える～』が，我々高等学校教育の原点だと，私は信じています。

注　　　釈

本文（2）－②－ivの茶道教室の中に出てくる「和・敬・清・寂」とは

「和」・・・お互いに心を開いて仲良くする。
「敬」・・・自分に対しては，過ちや軽はずみなことが無いように気をつけ，他人に対しては，尊敬すること
「清」・・・清らかという意味で，目に見えるものだけの清らかさでなく，心の中も清らかであるということ。
「寂」・・・どんな時にも動じない心を持つということ。

道徳教育全体計画

資料①
香川県立志度高等学校

関係法規等	校訓	生徒の実態
日本国憲法 教育基本法 学習指導要領 香川県教育基本計画	敬愛　勤労　熱誠 **志度高ブランドの進化**	・校内は生徒指導面等,落ち着きがみられ,昨年度はほとんど問題が生じていない。 ・部活動や資格取得等をモチベーションに指導を行っているが基礎学力は十分とはいえない状態である。 ・家庭的には問題を抱え,精神的に不安定な生徒は少なくない。 ・中学校で不登校や不適応を経験し,集団での活動を苦手とする生徒や自己肯定感の低い生徒が少なくない。

学校の教育目標

1. 基礎的,基本的な知識や技術・技能の習得をはかるとともに,専門性を高め,将来の夢を実現する確かな学力を養う。
2. 道徳教育の充実により,倫理観や遵法精神の育成をはかるとともに,感謝する心や他人を思いやる心を養う。
3. 部活動をとおして,忍耐力や体力,運動能力など健全な心身の育成をはかる。
4. 地域との連携やボランティア活動をとおして,勤労・奉仕の精神の育成をはかり,地域に必要とされる学校づくりを推進する。

めざす学校像・生徒像

(1) 学校像
　①落ち着いた雰囲気のなかで,生徒が将来に夢や希望を持って輝いている志度高校
　②学んでよかった,行かせて良かった,卒業後も母校を訪ねたいと思える志度高校
　③地域の人から,必要とされ信頼され,親しまれる志度高校
(2) 生徒像
　①夢や希望,目標を持ち,その実現に向かっていきいきと取り組む志度高生
　②気概と思いやりを持ち,広く社会に貢献できる志度高生
　③礼儀正しく,節度を持って事に当たる志度高生
(3) 教師像
　①高い専門性を持ち,授業において,一人ひとりの生徒としっかりと向き合える教師
　②生徒に深い愛情を持つとともに,厳しさを教えることのできる教師
　③目的意識が明確で,それぞれの教育活動の意義を認識して取り組める教師

校内の道徳教育推進体制

【分　掌】生徒指導部　特別活動部
　　　　　人権・同和教育部

【教　科】普通教科
　　　　　専門教科
　　　　　商業科
　　　　　工業科(電子機械・情報科学)

【部活動等】運動部・文化部・生徒会

教育目標達成のための実践目標および具体的内容

実践目標	重点目標と具体的内容
学力向上 授業改善	重点目標:基礎・基本の習得の徹底を図り,自己(未来)を開く授業 ①生徒に興味を持たせる授業 ②生徒に考えさせる授業 ③課題研究や体験を通して考えさせる授業 ④基礎・基本の徹底した習得を図る授業
道徳教育の推進 (心の教育)	重点目標:礼節をわきまえ社会に貢献できる人材 ①あいさつ,生徒への声かけ ②遅刻の防止,時間厳守 ③礼儀,節度のある態度 ④環境学習,チャレンジ!グリーン活動の取組
専門教育の向上 (キャリア育成)	重点目標:キャリア教育の充実 ①検定や資格取得への積極的な挑戦 ②各種競技会への積極的な挑戦と学習成果の発表 ③進路(キャリア育成)と結びついた専門教育等の充実 ④専門教育での地域社会への貢献
特別活動の充実	重点目標:未来を支える健康・体力・コミュニケーション力 ①部活動を通して体力作り・人間づくり ②競技力向上・技術技能強化 ③部活動の地域社会への貢献活動

全日制の指導計画

【全体に対する指導】
・朝の読書(10分間)
・生徒一人ひとりに集団と社会の一員であるという自覚を持たせる取り組み
　　全校生(部活動)による校門での朝のあいさつ運動。
・心の教育に重点を置いて心豊かで思いやりのある人材を目指す取り組み
　　HRを活用した,人間としての在り方生き方に関する学習　‥‥‥直接的道徳HR
・遵法精神,倫理観,正義感などの社会性を高める取り組み
《生徒指導部》
　・「交通安全教室」を開催し,交通マナーの大切さ,交通弱者に対する思いやりやいたわりの気持ちを持たせる。
　・「携帯電話・インターネット」に関する講演会や講習会を開催し,情報モラルを育成する。
　・「薬物乱用防止教室」を開催し,自己中心的な考え方を改めると同時に,違法なものに依存しない強い心を持たせる。
《人権・同和教育部》
　・「人権講演会」を開催し,人権意識や他者への思いやりを育てる。
《ボランティア活動》
　・生徒のボランティア活動による校内緑化,家庭クラブによる交通安全キャンペーン
　・車椅子の寄贈(「志度高デパート」や「ふれあい掘り出し物市」での収益金を車椅子購入代金に充てる)

【専門性を生かした指導】
・地域社会の一員として自覚を持ち,地域社会の推進に貢献する取り組み
　　インターンシップの全員参加(第2学年)。
【商業科】
　　さぬき市活性化運動:志度まちぶら探検隊との協働
　　さぬき市「ふるさと源内祭り」等の地元イベントへの参加
　　商業科生徒による「本校オリジナル商品開発」や販売実習,「ふれあい掘り出し物市」の企画プレゼンテーション
【工業科】
　　テクノボランティア等を通して,思いやりのある心を育てる取り組み(車椅子メンテナンス)
・「ビジネスマナー教室」を開催し,社会のルールを身に付けさせる。

月別道徳教育の実践　　資料②

月	道　徳　教　育　の　実　践
4月	部活動あいさつ運動（特活）・朝の読書・チャレンジグリーン（校内・緑化美化運動） 4/16（月）　第1回科別集会（服装検査） 4/20（金）　遍路ウオーク（1年遠足） 4/24（火）　全校朝礼（講話等）
5月	部活動あいさつ運動（特活）・朝の読書・チャレンジグリーン（校内・緑化美化運動） 5/ 1（火）　卒業生講話 5/18（金）　生徒総会・総体等壮行会 5/16（日）　オリジナル商品販売（商業科3年課題研究　地域商業研究選択生徒）
6月	部活動あいさつ運動（特活）・朝の読書・チャレンジグリーン（校内・緑化美化運動） 6/15（金）　車イス・ボランティア（テクノボランティア・岡病院） 6/19（火）　ホスピタリティマンイド講習会
7月	部活動あいさつ運動（特活）・朝の読書・チャレンジグリーン（校内・緑化美化運動） 7/ 5（木）　ビジネスマナー講習会（商業科3年） 7/ 6（金）　学校会議 7/11（水）　園児交流会 7/12（木）　薬物乱用防止教室 7/21（土）～7/29（日）　げんない学園（商業科3年）
8月	8/1（水）～8/28（火）の毎週月・木曜日　合計8日 　JR、琴電志度駅等での清掃奉仕活動（ボランティア委員および家庭クラブ委員） チャレンジグリーン（校内・緑化美化運動） 　ボランティア委員，家庭クラブ委員，部活動で順番を決め、毎日校内の水やりを行う。
9月	部活動あいさつ運動（特活）・朝の読書・チャレンジグリーン（校内・緑化美化運動） 9/10（月）～14（金）　さぬきっこ あいさつ運動　就職希望者指導（商業・工業科3年） 9/11（火）　ビジネスマナー講習会（商業科3年） 9/14（金）　就職希望者指導（商業・工業科3年） 9/18（火）　ビジネスマナー講習会（商業科2年） 9/21（金）　第2回科別集会（服装検査） 9/29（土）　ものづくり講座・ボランティア（志度高祭）
10月	部活動あいさつ運動（特活）・朝の読書・チャレンジグリーン（校内・緑化美化運動） 10/23（火）　茶道教室（1年生の恒例行事） 10/22（月）～24（水）インターンシップ（2年生）
11月	部活動あいさつ運動（特活）・朝の読書・チャレンジグリーン（校内・緑化美化運動） 11/ 2（金）　交通キャンペーン（家庭クラブ） 11/19（月）　車イス・ボランティア（テクノボランティア・岡病院）
12月	部活動あいさつ運動（特活）・朝の読書・チャレンジグリーン（校内・緑化美化運動） 12/14（火）　携帯電話安全教室 　　　　　　道徳教育HR（公開授業）
1月	部活動あいさつ運動（特活）・朝の読書・チャレンジグリーン（校内・緑化美化運動）
2月	部活動あいさつ運動（特活）・朝の読書・チャレンジグリーン（校内・緑化美化運動） 2/1（金）　商業科課題研究発表会
3月	部活動あいさつ運動（特活）・朝の読書・チャレンジグリーン（校内・緑化美化運動）

5　少年院におけるモラルジレンマ集会の実践について

(1) はじめに

　少年院は，非行のあった少年のうち，家庭裁判所から少年院送致の保護処分を受けた者を収容し，社会生活に適応させるための教育を行う施設である。香川県にある四国少年院は，全国に52施設ある少年院の1つで，主として四国4県の家庭裁判所の審判において少年院送致決定を受けた男子少年を収容している。

四国少年院外観

　また，少年院は，収容できる年齢ごとに「初等少年院（おおむね12歳以上おおむね16歳未満）」，「中等少年院（おむね16歳以上20歳未満）」，「特別少年院（犯罪傾向の進んだ，おおむね16歳以上23歳未満）」，「医療少年院（心身に著しい故障のある，おおむね12歳以上26歳未満）」という区分がなされている。四国少年院は，その中でも初等・中等の少年院であり，現在，14歳から20歳までの少年が共同生活を送っている。

　現在，当院には3つの集団寮があり，各寮定員24名で，一般的には入院後4週間目から出院3日前までの約10か月の期間を同じ寮で過ごしている。ただし，入院・出院時期は少年によって異なるため，一般的な学校のように一斉に入学・卒業というわけではなく，メンバーはどんどん入れ替わっていく。

(2) 少年院の教育内容

　少年院の教育は，教育の内容により5つの領域に分けられている。

①　生活指導
　健全なものの見方や考え方，行動の仕方などを身に付けさせ，在院生の個別の問題を改善させる指導。非行問題学習，問題群別指導，課題作文，ロールレタリング，社会適応訓練など。

②　職業補導
　勤労意欲の喚起，職業生活に必要な知識や技能の習得，資格取得などの職業指導及び職業訓練。当院の職業補導実習としては，溶接科，土木建築科，PC科，介護サービス科，農業科がある。

③　教科教育
　義務教育未修了者に対して義務教育に準ずる教育を行うほか，全院生対象に社会生活に必要な学力を身に付けるための補習教育，民間学力テスト，院外受験，通信教育，高等学校卒業程度認定試験など。

④　保健・体育
　心身の健康の回復・増進，健康管理の意識の覚せい，体力の向上等を図る指導。サーキットトレーニング，剣道，水泳，サッカー，持久走など。

⑤　特別活動
　運動会，成人式，誕生会などの各種行事，レクリエーションなど。

　当院において，モラルジレンマ集会は，①の生活指導の分野に位置付けられており，現在は月に2回，1回当たり75分の設定で，集団単位で集会を行っている。

(3) モラルジレンマ集会の実践と現状

　当院では，現在24種類のモラルジレンマ資料を用いて集会を実施している。集会を組織的に実施していくために，どのように展開していくことが望ましいかを記した「集会指導案」が整備されている。また，それとは別に，資料ごとの展開案も存在し，職員によって微妙な違いはあるものの，原則としてこれらに沿って集会は展開されていく。そして，その集会が

どのようなものであったかを「集会実施記録簿」に記録し，後から振り返りを行っている。

モラルジレンマ集会による指導は，討議を中心とする授業によって道徳性の発達を促すことを目的としているが，少年院では，能力，年齢，社会的経験等の少年間の差が大きいため，討議することの意味が理解できない少年がいたり，討議の意味が理解できたとしても題材からジレンマ（葛藤）の発生を読み取れない少年なども散見される。モラルディスカッションという討議方法は，一つの結論を出すものではなく，オープンエンドであるから，討議の過程で自分とは異なる意見を聞き，考えることが大切であるが，非行少年は総じて他者の気持ちを理解することが不得手であり，特に中学生などは，年齢が低く，社会的経験が乏しいこともあって，人の意見に耳を傾けることができにくい。

集会を始めるに当たっては，自分の考えだけにとらわれず，まずは他人の意見をきちんと聞くことや他人の意見を否定しないことを意識付けさせている。しかしながら，反対意見が出ただけで自分の存在が否定されたと思い，ふてくされたり感情的になって反論したりするなど，主題に沿った討論を進めることが困難な少年もいる。

このように，少年院では，他者の考えを取り入れたり，主人公の気持ちを理解することができない段階にとどまっている者も少なからずいる実情があるが，それでも，徐々に他の少年の意見を聞き入れることができるようになり，それを踏まえた上で自分の意見を主張するなど，集会を重ねるにつれ一定の成長も見られるようになる。また，最初は斜に構えていた少年でも，他の少年の発言に刺激され，討議に参加したくなったと述べる者もいる。実際，モラルジレンマ集会が行われたある日の日記を読むと「人間って色々な考えの人がいるなと思ったし，自分の中で確かにいいなと思うような意見もあった。」「他の人の話を聞くうちに，自分の意見が正しいと思えなくなった。」など，肯定的な反応を示す少年がほとんどである。

また，当院では，教育課程編成などの検証資料とするため，出院を間近に控えた少年に対し，アンケート調査を実施している。このアンケートの中には，モラルジレンマ集会について評価させる項目を設けているが，そこには，「色々な意見が聞け，視野が広がった」，「自分の考えが言えるようになった。」，「他人の意見を尊重できるようになった」など，自分の成長にとって有益であったとして肯定的な感想を記す者が多く見られている。

(4) 集会指導の難しさ

ほとんどの少年は，集会に肯定的な反応を示し，一定の効果が認められているが，一たび集会が上手くいかなくなると，効果を挙げるどころか，対人トラブルの火種になってしまうこともある。以下，簡単ではあるが，実際に起こった事例を紹介したいと思う。「プラットホーム上の決断」というジレンマ資料を用いて行った集会である。

これは，電車が迫っている場面で，プラットホームに転落したおばあさんを「助けるべき」か「助けるべきではない」かというジレンマである。「助けるべき」という立場からの「人として助けるのは当然」「おばあさんが死んだらかわいそう」といった意見に対し，「助けるべきではない」という立場からは「おばあさんは遅かれ早かれ死んでしまうのだから，助けても意味がない」「自分が死んでまで助けようとは思わない」といった主張をしていた。

集会が中盤に差し掛かった頃であるが，助けるべきではない派のA君が，助けるべき派に対し，「なんでそんなに，たかだか一つの命を大切にしようとするのか。その理由が全く分からない。」と疑問を呈することがあった。それに対し，助けるべき派のB君が感情的になり，「A君は頭おかしいんじゃないですか。」とA君の人格を否定するような発言をすることがあった。また，そのB君の発言を聞いたC君が，B君に対し「そういうことを言うべきではないと思います。」と語気強く言い放つことがあった。

結局，その場は職員がなだめるようにして終了し，その後個別に指導を行ったというケースである。少年たちには，日頃から言葉遣いに気を付けること，他人に対して感情的になってはいけないことなどを指導しているが，特定のテーマについて冷静に議論するといった経験が乏しいこともあり，結局，感情的なやりとりになってしまうことがある。そうなると，それを見ていた他の少年も悪影響を受け，結果として集団全体が秩序を失い，悪い方へと傾いてしまう恐れがある。

(5) 集団と規範

少年院において，規範意識の形成を行っていく上で，集団の在り方は極めて重要である。

規範とは，社会や集団の中で，その成員が共有している望ましい行為に関する価値基準である。一般的に，個人が規範を獲得する過程では，モデルが必要であり，その者の所属する集団の影響を受けやすいことから，反面教師という言葉はあるものの，誤った価値観を有する集団との関わりの中では，健全な規範意識が育ちにくい。反社会的な価値を身に付けた在院者の規範意識の再形成に当たっては，健全な価値基準を有する集団内での生活や教育が必要であり，質の高い健全な集団作りの過程を通して，在院者個々の規範意識を再形成していくこととなる。そのための具体的な手段として，当院では，モラルジレンマ集会をはじめ，ホームルーム（互いが気持よく生活するにはどうしたらよいか意見を出し合ったり，寮内のルールを確認したりするための集会）や復寮集会（ルール違反を犯した少年を再び集団寮に受け入れるための集会）など，様々な場面で集会を行っている。そのように，在院者同士で何かを話し合う場は，集団や個人の価値観を形成する上で，極めて大きな意味を持つ。

(6) おわりに

少年院の教育の大きな目的の一つは，先に触れたように，集団生活を通して健全な価値観を身に付け，他者と協調しながら生きていく力を身に付けることである。当院では，既に述べた集会の他，個別面接，職業補導，役割活動（洗濯や給食当番）など，様々な場面や活動を通して指導を行っている。これらは相互に関連し合い，入院前は全くといっていいほど身に付いていなかった社会性や規範意識が徐々に形成されていく。その中でもモラルジレンマ集会は，集団による相互作用を通して，道徳性の向上を図る上で効果的な教育活動となっている。

当院では現在，モラルジレンマ集会の充実化に向けて，現行資料の全面的な見直しを行っている。現在使われているものの中には，例えば，題材が歴史的で，それに関する知識がないと内容が把握しづらいものなど，少年院生の事情に見合っているとは言い難いものも含まれていた。そういった資料を極力取り除き，より院生自らの問題性に沿った資料作りをしたいと考え，当事者である院生に対し，学校，仕事，家庭など，これまでの生活で直面したジレンマ（葛藤）を感じた場面について聞き取りを行った。そこで出されたジレンマの多くは，少年たちの体験に基づくものであったが，一般的に見てジレンマとは感じないようなことを，独善的に捉えているものも多かった。そういった在院生の特性を踏まえた上で，彼らの関心を惹きつつ，より高い道徳性へと促す力を持った資料作りを今後も続けていきたいと考えている。

資料　集会実施記録簿（モラルジレンマ）

実施寮人員	（朝陽、光雲、希望）20人	実施者	
実施内容	優子のジレンマ		
討議内容	○コーチを引き受けるべき　11人→9人 ・大会は今回だけではないし，待ってくれている人がいる ・将来の仕事に役立つ ・コーチに代わりはいないが，大会出場者には代わりがいる ○断るべき　8人→10人 ・チームのエースとしての責任を果たすべき ・今までの頑張りを無駄にすべきではない ・大会のチャンスは少ない		
特記事項	他に「周りの人のことを考える立場がすごい」，「どちらも正解だと思う」といった意見が出ていた。全体的には，大学生のやるべきことはどちらなのかという観点での議論となり，平行線な印象があった。		

資料　当院で使用している集会指導案

モラルジレンマ集会指導案

指導時間	75分	
過程等	指導内容	留意事項
導　入 10分	○モラルジレンマ集会について説明する。 　①集会の目的 　②集会のルール 　③集会の展開の仕方	○自由に討議できるよう雰囲気作りに努める。 ○自己の考えだけにとらわれず，他人の意見をよく聞くよう指導する。
展　開 （前半） 20分	○ジレンマ資料の内容を確認する。 　①指名した少年に資料を朗読させる。 　②主人公・登場人物を整理させ，関係性・状況を正しく把握させる。 　③不明な語句，難解な語句の意味は説明する。	○読み間違いがあれば適宜訂正する。 ○理解の状況を確認しながら進行する。 ○キーワード等重要な事項については板書する。
	○主人公の立場に立ったとき，どちらの行動を選択するのかを考えさせ，選択する行動・その判断理由についてノートに記載させる。	○判断理由付けシートを配付する。 ○理由付けは具体的に記載させる。不十分な少年には助言を与える。
（後半） 30分	○どちらの行動を選択するか挙手により確認する。 ○行動を選択した理由を発表させる。 ○発問を行いながら討議を進める。 ○焦点となった事項については，討議を深めさせる。 ○討議が終了した時点で，両方の立場の選択理由を確認させる。	○必ずどちらかの行動を選択させる。 ○判断理由を板書する。 ○他者の意見について，誹謗中傷させない。 ○どのような意見であっても否定しない。 ○意見の発表が片方の立場に偏らないよう注意する。
まとめ 15分	○最終的にどちらの行動を選択するか挙手により確認する。 ○行動選択に変更があった少年については，その理由を確認する。 ○多様な意見・見方があることを理解させる。	○オープンエンドで終わる。 ○集会の感想を担当者が述べる。

おわりに

　編者の道徳授業体験で記憶に残っているのは中学校でのものである。その他は全然記憶にない。ただし，好ましい意味で記憶に残っているのではない。文部省指定の道徳教育研究発表会が中学校2年生時にあった。2年生になり急に学級会が増え，室長（学級委員）だった私は，その司会に苦労したのを覚えている。今思えば，公開発表に向けての布石であろう。研究会当日まで道徳授業が毎週欠かさずあった。道徳授業の度に，教師の望む答えを先回りして答えるのが道徳の時間であると思った。研究会当日の資料も答えが容易に分かるものであった。授業では誰も発言せず，重苦しい雰囲気がクラスを包んだ。室長として責任を感じた私は，意を決し先生が望む答えを最初に発表した。この発表を皮切りに発言が出始めた。次週の朝会，校長先生が「文部省の先生が研究発表を大変褒めておられた」とおっしゃられた。「そんなことないのに」と強く違和感を持ったことを覚えている。

　教員養成系の大学に入学し，受けた道徳授業も，道徳教育の歴史や原論等であった。テキストは村井実著『道徳は教えられるか』国土社である。大変有名な名著ではある。このテキストに関する内容は鮮明な記憶がある。欲を言えば，現場では必ず道徳授業をすることになるので，学生が教育現場に出て直面することを射程に入れた実践面での授業内容の時間もほしかった。教育実習では道徳授業を必ずさせられた。「意味」の見いだせない中学校での道徳授業体験と道徳授業方法が不十分であった道徳教育法の授業体験しかなく，大変困った。同じ学校に配属された友人から二分法を教えてもらい，四苦八苦してどうにか実習を終えた。

　教育現場に出てからは子どもに申し訳ないと思いつつも，しばらく満足に道徳授業ができなかった。教育現場を経て教員養成の現場に身を置き，毎週道徳授業を受けた体験があるだけ，教育実習で道徳授業をさせてもらっただけで幸運だったことが分かった。現場では毎週道徳授業をすることは少なかった。「はじめに」でふれたように，必ずしも今はそうではない。香川大学では，附属学校の先生方の協力のもと殆どの学生達は教育実習で道徳授業を体験している。編者のような苦労は教育を目指す学生にさせたくない，何より子どもがかわいそうである。

　本書は，「特別の教科化　道徳」としての方向性が示され，従来以上に道徳教育が問われているにもかかわらず，若年教員が増えて道徳の授業技術や豊かな指導方法等の伝授も難しい状況の中で，少しでも我々なりに道徳教育に資することが出来ないかを模索したものである。

　『体育の子』の筆者であり，体育教師として名高い佐々木賢太郎は，人間性を喪失した技術主義に陥ることを戒め，「体育の教師は体の技師であると同時に魂の技師でなければならない」と言った。道徳の指導技術の継承とともに，道徳教員としての「魂の技師」についても考え続けていかなければならず，さらに模索していかなければならないと考えている。

伊藤　裕康

「付録」小学校学習指導要領解説
　　（一部改正 H27.3.27）より　一部抜粋

【道徳教育の目標　第1章　総則】
　道徳教育は、教育基本法及び学校教育法に定められた教育の根本精神に基づき、自己の生き方を考え、主体的な判断の下に行動し、自立した人間として他者と共によりよく生きるための基盤となる道徳性を養うことを目標とする。

【道徳の目標　第3章　特別の教科　道徳】
　第1章総則の第1の2に示す道徳教育の目標に基づき、よりよく生きるための基盤となる道徳性を養うため、道徳的諸価値についての理解を基に、自己を見つめ、物事を多面的・多角的に考え、自己の生き方についての考えを深める学習を通して、道徳的な判断力、心情、実践意欲と態度を育てる。

【小学校の内容項目】
　第1学年及び第2学年を1・2年と略記
　第3学年及び第4学年を3・4年と略記
　第5学年及び第6学年を5・6年と略記

　　A　主として自分自身に関すること

1　善悪の判断，自律，自由と責任
　1・2年　よいことと悪いこととの区別をし，よいと思うことを進んで行うこと。
　3・4年　正しいと判断したことは，自信をもって行うこと。
　5・6年　自由を大切にし，自律的に判断し，責任のある行動をすること。

2　正直，誠実
　1・2年　うそをついたりごまかしをしたりしないで，素直に伸び伸びと生活すること。
　3・4年　過ちは素直に改め，正直に明るい心で生活すること。
　5・6年　誠実に，明るい心で生活すること。

3　節度，節制
　1・2年　健康や安全に気を付け，物や金銭を大切にし，身の回りを整え，わがままをしないで，規則正しい生活をすること。
　3・4年　自分でできることは自分でやり，安全に気を付け，よく考えて行動し，節度のある生活をすること。
　5・6年　安全に気を付けることや，生活習慣の大切さについて理解し，自分の生活を見直し，節度を守り節制に心掛けること。

4　個性の伸長
　1・2年　自分の特徴に気付くこと。
　3・4年　自分の特徴に気付き，長所を伸ばすこと。
　5・6年　自分の特徴を知って，短所を改め長所を伸ばすこと。

5　希望と勇気，努力と強い意志
　1・2年　自分のやるべき勉強や仕事をしっかりと行うこと。
　3・4年　自分でやろうと決めた目標に向かって，強い意志をもち，粘り強くやり抜くこと。
　5・6年　より高い目標を立て，希望と勇気をもち，困難があってもくじけずに努力して物事をやり抜くこと。

6　真理の探究
　5・6年　真理を大切にし，物事を探究しようとする心をもつこと。

　　B　主として人との関わりに関すること

7　親切，思いやり
　1・2年　身近にいる人に温かい心で接し，親切にすること。
　3・4年　相手のことを思いやり，進んで親切にすること。
　5・6年　誰に対しても思いやりの心をもち，相手の立場に立って親切にすること。

8　感謝
　1・2年　家族など日頃世話になっている人々に感謝すること。
　3・4年　家族など生活を支えてくれている人々や現在の生活を築いてくれた高齢者に，尊敬

と感謝の気持ちをもって接すること。

5・6年 日々の生活が家族や過去からの多くの人々の支え合いや助け合いで成り立っていることに感謝し，それに応えること。

9 礼儀

1・2年 気持ちのよい挨拶，言葉遣い，動作などに心掛けて，明るく接すること。

3・4年 礼儀の大切さを知り，誰に対しても真心をもって接すること。

5・6年 時と場をわきまえて，礼儀正しく真心をもって接すること。

10 友情，信頼

1・2年 友達と仲よくし，助け合うこと。

3・4年 友達と互いに理解し，信頼し，助け合うこと。

5・6年 友達と互いに信頼し，学び合って友情を深め，異性についても理解しながら，人間関係を築いていくこと。

11 相互理解，寛容

3・4年 自分の考えや意見を相手に伝えるとともに，相手のことを理解し，自分と異なる意見も大切にすること。

5・6年 自分の考えや意見を相手に伝えるとともに，謙虚な心をもち，広い心で自分と異なる意見や立場を尊重すること。

C 主として集団や社会との関わりに関すること

12 規則の尊重

1・2年 約束やきまりを守り，みんなが使う物を大切にすること。

3・4年 約束や社会のきまりの意義を理解し，それらを守ること。

5・6年 法やきまりの意義を理解した上で進んでそれらを守り，自他の権利を大切にし，義務を果たすこと。

13 公正，公平，社会正義

1・2年 自分の好き嫌いにとらわれないで接すること。

3・4年 誰に対しても分け隔てをせず，公正，公平な態度で接すること。

5・6年 誰に対しても差別をすることや偏見をもつことなく，公正，公平な態度で接し，正義の実現に努めること。

14 勤労，公共の精神

1・2年 働くことのよさを知り，みんなのために働くこと。

3・4年 働くことの大切さを知り，進んでみんなのために働くこと。

5・6年 働くことや社会に奉仕することの充実感を味わうとともに，その意義を理解し，公共のために役に立つことをすること。

15 家族愛，家庭生活の充実

1・2年 父母，祖父母を敬愛し，進んで家の手伝いなどをして，家族の役に立つこと。

3・4年 父母，祖父母を敬愛し，家族みんなで協力し合って楽しい家庭をつくること。

5・6年 父母，祖父母を敬愛し，家族の幸せを求めて，進んで役に立つことをすること。

16 よりよい学校生活，集団生活の充実

1・2年 先生を敬愛し，学校の人々に親しんで，学級や学校の生活を楽しくすること。

3・4年 先生や学校の人々を敬愛し，みんなで協力し合って楽しい学級や学校をつくること。

5・6年 先生や学校の人々を敬愛し，みんなで協力し合ってよりよい学級や学校をつくるとともに，様々な集団の中での自分の役割を自覚して集団生活の充実に努めること。

17 伝統と文化の尊重，国や郷土を愛する態度

1・2年 我が国や郷土の文化と生活に親しみ，愛着をもつこと。

3・4年 我が国や郷土の伝統と文化を大切にし，国や郷土を愛する心をもつこと。

5・6年 我が国や郷土の伝統と文化を大切にし，先人の努力を知り，国や郷土を愛する心をもつこと。

18 国際理解，国際親善

1・2年 他国の人々や文化に親しむこと。

3・4年 他国の人々や文化に親しみ，関心をも

つこと。

5・6年 他国の人々や文化について理解し，日本人としての自覚をもって国際親善に努めること。

D 主として生命や自然，崇高なものとの関わりに関すること

19 生命の尊さ

1・2年 生きることのすばらしさを知り，生命を大切にすること。

3・4年 生命の尊さを知り，生命あるものを大切にすること。

5・6年 生命が多くの生命のつながりの中にあるかけがえのないものであることを理解し，生命を尊重すること。

20 自然愛護

1・2年 身近な自然に親しみ，動植物に優しい心で接すること。

3・4年 自然のすばらしさや不思議さを感じ取り，自然や動植物を大切にすること。

5・6年 自然の偉大さを知り，自然環境を大切にすること。

21 感動，畏敬の念

1・2年 美しいものに触れ，すがすがしい心をもつこと。

3・4年 美しいものや気高いものに感動する心をもつこと。

5・6年 美しいものや気高いものに感動する心や人間の力を超えたものに対する畏敬の念をもつこと。

22 よりよく生きる喜び

5・6年 よりよく生きようとする人間の強さや気高さを理解し，人間として生きる喜びを感じること。

中学校学習指導要領解説
（一部改正 H27.3.27）より 一部抜粋

【道徳教育の目標　第1章　総則】

道徳教育は、教育基本法及び学校教育法に定められた教育の根本精神に基づき、人間としての生き方を考え、主体的な判断の下に行動し、自立した人間として他者と共によりよく生きるための基盤となる道徳性を養うことを目標とする。

【道徳の目標　第3章　特別の教科　道徳】

第1章総則の第1の2に示す道徳教育の目標に基づき、よりよく生きるための基盤となる道徳性を養うため、道徳的諸価値についての理解を基に、自己を見つめ、物事を広い視野から多面的・多角的に考え、人間としての生き方についての考えを深める学習を通して、道徳的な判断力、心情、実践意欲と態度を育てる。

【中学校の内容項目】

A 主として自分自身に関すること

1 自主，自律，自由と責任

自律の精神を重んじ、自主的に考え、判断し、誠実に実行してその結果に責任をもつこと。

2 節度，節制

望ましい生活習慣を身に付け、心身の健康の増進を図り、節度を守り節制に心掛け、安全で調和のある生活をすること。

3 向上心，個性の伸長

自己を見つめ、自己の向上を図るとともに、個性を伸ばして充実した生き方を追求すること。

4 希望と勇気，克己と強い意志

より高い目標を設定し、その達成を目指し、希望と勇気をもち、困難や失敗を乗り越えて着実にやり遂げ

5 真理の探究，創造

真実を大切にし、真理を探究して新しいものを生み出そうと努めること。

B 主として人との関わりに関すること

6 思いやり，感謝

思いやりの心をもって人と接するとともに、家族などの支や多くの人々の善意により日々の

生活や現在の自分があることに感謝し，進んでそれに応え，人間愛の精神を深めること。

7 礼儀
礼儀の意義を理解し，時と場に応じた適切な言動をとること。

8 友情，信頼
友情の尊さを理解して心から信頼できる友達をもち，互いに励まし合い，高め合うとともに，異性についての理解を深め，悩みや葛藤も経験しながら人間関係を深めていくこと。

9 相互理解，寛容
自分の考えや意見を相手に伝えるとともに，それぞれの個性や立場を尊重し，いろいろなものの見方や考え方があることを理解し，寛容の心をもって謙虚に他に学び，自らを高めていくこと。

C 主として集団や社会との関わりに関すること

10 遵法精神，公徳心
法やきまりの意義を理解し，それらを進んで守るとともに，そのよりよい在り方について考え，自他の権利を大切にし，義務を果たして，規律ある安定した社会の実現に努めること。

11 公正，公平，社会正義
正義と公平さを重んじ，誰に対しても公平に接し，差別や偏見のない社会の実現に努めること。

12 社会参画，公共の精神
社会参画の意識と社会連帯の自覚を高め，公共の精神をもってよりよい社会の実現に努めること。

13 勤労
勤労の尊さや意義を理解し，将来の生き方について考えを深め，勤労を通じて社会に貢献すること。

14 家族愛，家庭生活の充実
父母，祖父母を敬愛し，家族の一員としての自覚をもって充実した家庭生活を築くこと。

15 よりよい学校生活，集団生活の充実
教師や学校の人々を敬愛し，学級や学校の一員としての自覚をもち，協力し合ってよりよい校風をつくるとともに，様々な集団の意義や集団の中での自分の役割と責任を自覚して集団生活の充実に努めること。

16 郷土の伝統と文化の尊重，郷土を愛する態度
郷土の伝統と文化を大切にし，社会に尽くした先人や高齢者に尊敬の念を深め，地域社会の一員としての自覚をもって郷土を愛し，進んで郷土の発展に努めること。

17 我が国の伝統と文化の尊重，国を愛する態度
優れた伝統の継承と新しい文化の創造に貢献するとともに，日本人としての自覚をもって国を愛し，国家及び社会の形成者として，その発展に努めること。

18 国際理解，国際貢献
世界の中の日本人としての自覚をもち，他国を尊重し，国際的視野に立って，世界の平和と人類の発展に寄与すること。

D 主として生命や自然，崇高なものとの関わりに関すること

19 生命の尊さ
生命の尊重について，その連続性や有限性なども含めて理解し，かけがえのない生命を尊重すること。

20 自然愛護
自然の崇高さを知り，自然環境を大切にすることの意義を理解し，進んで自然の愛護に努めること。

21 感動，畏敬の念
美しいものや気高いものに感動する心をもち，人間の力を超えたものに対する畏敬の念を深めること。

22 よりよく生きる喜び
人間には自らの弱さや醜さを克服する強さや気高く生きようとする心があることを理解し，人間として生きることに喜びを見いだすこと。

執 筆 者

七條 正典 ・香川大学教育学部教授：はじめに、1章1
伊藤 裕康 ・香川大学教育学部教授：はじめに、1章2、3章3、5章2、おわりに
櫻井 佳樹 ・香川大学教育学部教授：1章3、2章1
植田 和也 ・香川大学教育学部准教授：1章5、5章7、6章3
山岸 知幸 ・香川大学教育学部准教授：1章4、3章4
谷本 里都子・香川大学教育学部准教授：3章2、5章1、5章3、5章7
相賀 啓太郎・四国少年院法務教官：6章5
太田 晶子 ・岡山大学教育学部附属小学校教諭：4章2
片岡 元子 ・香川大学教育学部准教授： 6章1、6章2
金倉 吏志 ・学校法人まゆみ幼稚園 園長：6章3
日下 哲也 ・高松市立上西小学校 校長：2章2、2章3
黒田 拓志 ・香川大学教育学部附属高松小学校教諭：4章4
近藤 貴代 ・香川大学教育学研究科大学院生：4章10
佐立 明 ・香川県立三本松高校教頭：6章4
清水 顕人 ・香川大学教育学部附属坂出小学校教諭：4章7
高木 愛 ・香川大学教育学部准教授：5章5
野村 一夫 ・丸亀市立飯山北小学校校長：3章5
福家 亜希子・香川大学教育学部附属高松中学校教諭：5章6
前 裕美 ・香川大学教育学研究科大学院生：4章9
宮脇 充広 ・高松市立屋島西小学校 教頭：2章4
宮脇 啓 ・高松市立国分寺中学校 校長：5章4
山下 真弓 ・高松市立下笠居小学校 教頭：4章1、4章3
山城 貴彦 ・香川大学教育学部附属坂出中学校教諭：5章2
山本 木ノ実・香川県教育センター主任指導主事：3章1、4章6
横山 友亮 ・丸亀市教育委員会主任指導主事：4章5
吉原 聖人 ・香川大学教育学部附属高松小学校教諭：4章8

美巧社の出版本の紹介

道徳教育に求められる
リーダーシップ

七條　正典　植田　和也　編著
2016年3月15日　発行
定価　1,500円＋税

教員としてのはじめの第一歩
～若き力を生かしてはばたけ～

谷本里都子　植田　和也
山本木ノ実　田﨑伸一郎　高木　愛
2016年3月28日　発行
定価　1,200円＋税

未来への扉を拓く道徳教育

2015年3月10日　初版第1刷発行
2016年3月31日　初版第2刷発行
定価　1,500円+税

編著者　　七條正典　伊藤裕康　櫻井佳樹
　　　　　植田和也　山岸知幸　谷本里都子

発行・印刷　　株式会社　美巧社
　　　　　〒760-0063
　　　　　香川県高松市多賀町1-8-10
　　　　　TEL　087-833-5811

ⓒ2015 Printed in Japan　　印刷・製本　㈱美巧社
ISBN 978-4-86387-057-4
C3037